工場の経済地理学

《改訂新版》

松原 宏・鎌倉夏来 著

原書房

はしがき

昨年から今年にかけて，東北や山陰の工場を訪ねる機会が増えてきていた。訪問先では，2008 年秋のリーマンショックから回復してきた話を，多く耳にした。今は工場訪問できる状況にないが，新型コロナウイルスによるダメージは，想像に難くない。世界中の多くの工場が操業停止を余儀なくされ，グローバルなヒトとモノのフローは寸断され，国内の工場と海外の工場との分業は，再検討が必要になっている。

初版のはしがきの冒頭でふれた「まち・ひと・しごと創生本部」による地方創生は，今年度から第 2 期に入る。第 1 期の検証作業では，東京一極集中に歯止めがかからないばかりか，新たな格差も示唆された。ところが，コロナ禍の下で，地元での就職，地方移住や転職，本社機能等の地方移転を進める機運が高まっている。これを機に多極型の国土構造に変えていくことが重要だと考えるが，本書では，すでに立地している工場の機能に注目し，工場の進化を政策的に促すことを提起している。

外観は昔ながらの工場でも，新製品や新技術を生み出す「マザー工場」であったり，生産機能と研究開発機能とが一体化した拠点になっていることを発見する機会が増えている。地方の「発祥工場」に，東京から本社機能の一部を移転するケースもみられる。もちろん，こうした工場がどこにでもあるわけではない。グローバル競争の荒波のなかで，あるいは「コロナショック」により，閉鎖を余儀なくされる工場も多く，なかなか厳しい現実があるのも確かであろう。だがしかし，日本国内には，さまざまなショックに耐え，製品や工場の機能を変えながら，力強く存続している工場が少なくない。今回の危機に対しても，回復していくものと思われるが，「国内回帰」や IoT 化・AI 導入を進めていく上では，2017 年に施行された「地域未来投資促進法」などの政策的支援が重要となろう。

初版と同様にこの改訂版においても，比較的大規模な工場を中心に取り上げ，そうした中核工場の地域定着と進化過程に注目し，理論的検討を行うとともに，産業の視点と地域の視点をもとに実態把握を行い，今後の政策的課題を考えていくことにしたい。

本書は，3部，7つの章から成っている。第Ⅰ部理論・マクロ分析篇では，まず工場に関する内外の研究成果を整理し，工場の経済地理学の意義と課題を提起し（第1章），その上で日本の工場の現状と課題について，マクロ的な分析を行っている（第2章）。続く第3章では，日本の産業部門を，素材工業（鉄鋼，石油精製，石油化学），機械工業（電機，自動車，工作機械），日用消費財工業（繊維，ビール，化粧品）に大きく分け，それぞれの部門について，オイルショック，円高，リーマンショックなどの経済変動やグローバル競争の激化，企業組織の再編などにより，立地変化がどのように進んできたか，主要工場の動向を中心に特徴を明らかにしている。改訂にあたり，第1章では進化経済地理学の新しい研究成果を盛り込み，第2章では工場立地動向などのデータを更新し，第3章では工作機械工業と化粧品工業を新たに加えた。

産業の切り口を重視した第Ⅰ部に対し，第Ⅱ部では地域の切り口を前面に出しているが，今回，九州に代えて北陸を取り上げることにした。首都圏近郊で機能変化がみられた大規模工場（第4章），北陸において技術軌道の転換を行った工場（第5章），三重県の地域中核工場（第6章）というように，立地条件の異なる3つの地域の工場を事例に取り上げ，工場の立地履歴，製品内容や機能変化の実態を明らかにしている。

最後の第Ⅲ部政策篇では，産業立地政策の変遷を回顧するとともに，「地域未来投資促進法」の現状を明らかにし，今後の地域経済産業政策と地域中核工場のあり方を検討している（第7章）。

ところで，筆者は2009年に，同じ原書房から『立地調整の経済地理学』という本を刊行しているが，本書はその後継本という位置づけもしている。第3章は，前書で取り上げた主要産業部門の立地について，最近の動向を紹介するように心がけた。立地調整論では，工場の新設，移転，閉鎖に加え，既存工場の「現在地での変化」を重要な構成要素としている。この「現在地での変化」については，共著者の鎌倉夏来が，東海道線沿線の大規模工場の機能変化を詳細に検討し，論文にしているが，これを第4章に収録している。

また最近では，工場における技術の系譜に着目し，技術軌道の把握とそうした軌道の転換と工場の進化，さらには地域の進化との関係について，北陸や山陰の工場を訪問して考えてきた。北陸については，地域イノベーション施策との関係で，文部科学省科学技術・学術政策研究所のディスカッション・ペーパーにまとめたので，その一部を第5章で紹介している。

第6章は，2013年～16年にかけて，三重県庁の方々と「工場カルテ」を携えて県内の主要工場を訪問調査した成果である。まだ4～5年しか経っていないが，随分変わってきており，一部の企業については直接お話をお聞きするとともに，プレスリリースや新聞記事をもとに，加筆・修正を行った。

工場訪問において，多忙な中ご説明いただいた工場長様はじめ，親切にご対応いただいた工場関係者の皆様にあつくお礼を申し上げたい。また，企業選定から企業訪問の手配に関しては，北陸経済連合会，北陸産業活性化センターの皆様，三重県雇用経済部企業誘致推進課の皆様に大変お世話になり，改めて謝意を表したい。

最後に，工場に関する本の意義に理解を示していただき，改訂版の刊行にお世話いただいた原書房の成瀬雅人社長に，心より感謝申し上げたい。

2020年8月
蝉しぐれのなか自宅にて
松原　宏

目　次

第Ⅲ部　政策篇

図表写真一覧

第 4 章

第I部

理論・マクロ分析編

第 1 章
工場の経済地理学
――研究史と課題――

1. 分析単位としての工場

本書では，経済地理学，とりわけ工業地理学の分析にあたり，工場に焦点を当てる。中岡哲郎（1971）は，著書『工場の哲学』のなかで，「工場というのは技術や生産を論じる人々によって案外みおとされる角度である」（p.31）と述べた上で，「生産の基本単位は工場であり，したがって労働の中の人間関係を規定する基本単位も工場」として，工場の重要性を強調している。その上で，「工程という概念が工場を理解する場合，最も重要である。それは製品の加工の手順を示すと同時に，製品の移動の経路を示している。したがってそれは工場内の地理的配置，機械の配置や人員の配置をも示している」（p.32）と述べている。

その上で中岡は，「一九世紀末から二〇世紀の初めにかけて，今日の産業社会の骨組をなす大量生産工場の二つの型が明確な姿をとった。一つは自動車工業を典型とする流れ作業にもとづく組立て機械工業である。もう一つは鉄鋼業・化学工業を典型とする装置工業である。そのいずれにおいても工場の編成そのものはマニュファクチュア的である。すなわち，分業にもとづく協業」（p.44）であるとしている。[1)]

その後，工場の編成に関する議論は，単一の工場内のみならず複数の工場間の関係にも発展していく。たとえば，坂本和一（1988）は，自動制御型の機械とコンピュータ情報処理システム，データ通信システムといった「新しい技術革新の導入を基盤として，労働対象の流れのシステム化もより広い空間的な拡がりを持つようになり，工場結合体も，『場所集中型』にとどまらず，広域の工場を網羅した『場所分散型』に展開している」（pp.169-170）と現代の生産システムを特徴づけている。[2)]

また，工場とりわけ大工場は，クラフト的生産体制に代わる大量生産体制を体現する存在として位置づけられてきたが，ピオリ・セーブル（Piore and Sabel, 1984）は，1970年代に危機を迎えた大量生産体制に代わる方向性として，「柔軟な専門化」(flexible specialization)に注目している。彼らの議論の特徴は，生産の柔軟性を実現するコンピュータ制御機械の普及といった技術的側面をふまえつつも，柔軟な専門化体制がもつコミュニティ的な性格に重点を置いている点にあり，いわば工場と地域社会との関係に視野を拡げているとみることができる。[3)]

そして現在，さまざまなモノをインターネットで接続し，自動認識や自動制御，遠隔計測などを行おうとするIoT（Internet of Things），AI（Artificial Intelligence 人工知能）を導入した「スマート工場」，そして「自ら考える工場」をインターネットでつなぎ，製造業のしくみを大きく変えようとする「インダストリー4.0」が注目を集めている。その一方で，「発明や斬新なデザインを思いついたら，製造サービスサイトにファイルをアップロードして，望みの個数だけ製品を作ってもらうこともできるし，3Dプリンタのような高機能の卓上デジタル工作機器を使って，自分で作ることもできる」（アンダーソン，2012, p.27）といった「メイカームーブメント」によって，「ファブラボ」や「DIY工場」などが世界中で増殖するという未来予測まで登場している。

このように，工場を取り巻く世界はますます多元化してきているが，以下ではまず工場に関する経済地理学の研究成果を振り返り，工場に焦点を当てた研究の今日的意義を検討することにしたい。

2. 工業立地論における工場

工場の立地に関する基礎理論は，ドイツのアルフレッド・ウェーバー（Alfred Weber, 1909）によって与えられた。**図1-1**は，ウェーバーの工業立地論の3つの指向論を図示したものである。[4)]彼の理論の大きな特色は，原料や製品の重量関係といった技術的要素に着目し，輸送費や労働費，規模の経済の効き方といった工業の業種別の特性によって，当該業種の立地傾向を知ることができる点にある。また，原料指数，労働係数，加工係数といった計測可能な指標や，立地三角形や臨界等費用線といった扱いやすい図形によって，最小費用立地点を

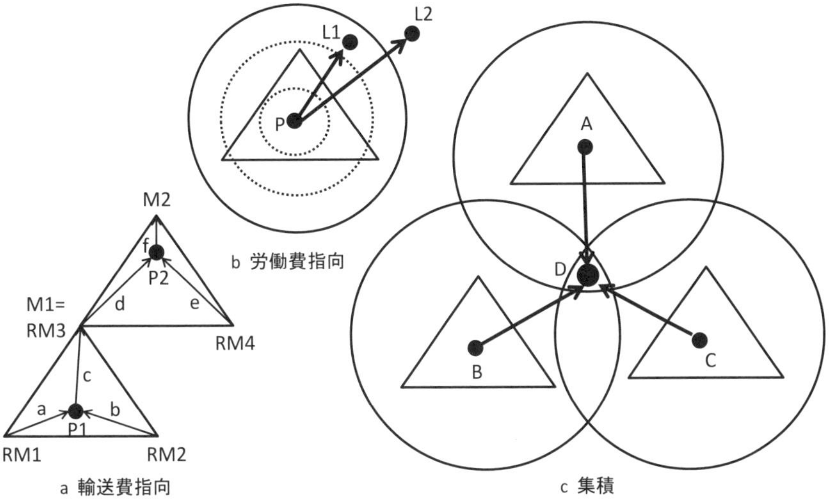

図 1-1　ウェーバーの工業立地論

出所：松原作成.

求めようとしている。

しかしながら，現代の工場立地を理論的に論じようとする場合には，こうした古典的理論に依拠した検討のみでは限界があり，新たな理論的探求が必要となる[5]。古典的立地論の時代，資本主義の自由競争の時代では，新規参入の自由を前提とし，専ら単独の工場の立地が問題とされてきた。しかしながら，鉄鋼や石油化学，自動車，電気機械，ビールなどの業界構造をみればわかるように，少数の巨大寡占企業が市場を支配する現代資本主義の時代においては，寡占企業間の立地の相互依存・競合関係を考慮し，しかも複数企業・複数工場を対象とした新たな立地論が必要となる。また，一国内での工場立地だけではなく，複数の国にまたがって事業を展開する多国籍企業の立地，さらには国境を越えたグローバルな観点からの工場間の競争関係や協調関係をも研究対象にすることも重要な課題となっている。

図 1-2 は，寡占企業による複数工場立地の 2 類型として，①市場分割（・相互浸透）型と②空間分業（工程間・製品間）型を示すとともに，多国籍企業の立地を考える際に重要となる国境を挟んだ工場間の競争関係を示したものである。①市場分割（・相互浸透）型は，寡占企業各社が全国市場をいくつかの市

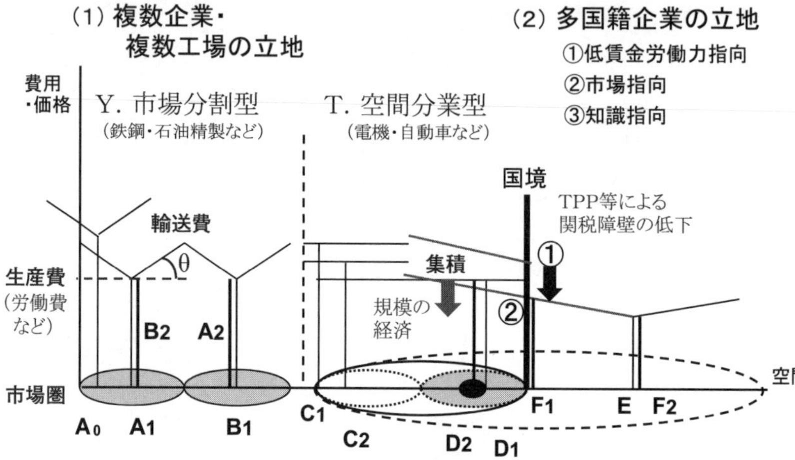

図 1-2　現代立地論の課題

注：　A0 ～ F2 は各企業の工場を示す．数字が大きいほど，新しい工場を示す．
　　　A 企業と B 企業の製品は同一，C 企業と D 企業では製品間・工程間分業がなされている．
出所：　松原作成．

場圏に分割し，それぞれの市場圏に各社の工場を配置したものであり，鉄鋼，石油精製，石油化学，ビールなどの業種があげられる。②空間分業型は，寡占企業各社が製品別に全国市場をカバーする 1 つの拠点工場を配置し，さらに工程別の分担関係を明確にして複数工場を配置したものであり，この例としては，電機，自動車などがあげられる。両者は，成立・発展過程に違いがあるとともに，リストラクチャリングなどの立地調整の過程においても差異が認められる。[6]

また，図の右側には，海外の工場の生産費と輸送費を描いている。多国籍企業の立地に関しては，ヴァーノン（Vernon, 1960）のプロダクトサイクル論，ハイマー（Hymers, 1972）の優位性をめぐる先進国間の相互浸透論をもとに，低賃金労働力指向や市場指向が指摘されてきたが，近年では知識指向に視野が拡張されてきている。国境を挟んで関税障壁が高く設定されていた時期においては，国境を越える際に輸送費の不連続な上昇があり，それぞれの国の産業・企業・工場は保護されていた。しかしながら，TPP などの自由貿易圏の拡大により，関税障壁が撤廃されると，それぞれの工場は，生産費をめぐるグローバルな競争に向かうことになる。

また，進出国内での多国籍企業の立地選択においては，母国による差異や国境立地（**図 1-2** の F1）など，特有な傾向がみられたが，市場の均質化が進み，部品の現地調達率が高まるとともに，現地企業と同様な立地（**図 1-2** の F2）に向かうものと考えられる。[7)]

以上，理論の要点を述べてきたが，現代工場の立地は複雑であり，実態調査研究の成果をふまえて内容を深めていくことが不可欠である。そこで次節では，主に工業地理学の研究史を中心に，工場がどのように捉えられてきたかという点に焦点を絞り，研究の流れを整理することにしよう。

3. 工場に関する地理学研究の歴史

(1) 工場分布論と工場地域論

GIS（地理情報システム）での工場分布図の作成が容易にできるようになった現在，1 つ 1 つの工場の属性を認識しながら手書きで表し，その分布をみようとした初期の工業地理学の文献は，かえって新鮮で，示唆されることが多い。[8)] たとえば，武見芳二（1930）は，昭和初期の東京市における工場分布図を業種別に作成し，工場位置決定の要因として，①工場の位置は比較的低い地域に選ばれる，②河海の沿岸に工場は密集する，③大工場の位置決定の要因としては，陸運よりも水運が特に重要視される，④工場の分布は場末地帯に最も密である，等々の諸点を指摘した。

また，辻本芳郎ほか（1962）は，1958 年末時点で従業員 30 人以上の東京都内の 6,764 工場を取り上げ，業種別・従業員規模別分布図を製作し，各業種の分布特性を明らかにするとともに，東京の工業の全体的把握を試みた。その結果，東京の工業の本質は，手労働を主とした問屋的雑貨工業ないしは問屋的組立工業の集積であり，中小工場の多い東京の工業の分布は，①軽工業と一部の重量物を扱う素材部門を含む城東・中央地域，②組立工業とその関連部門が集積した城南・城北地域，③西部に成立しつつある環状分布地域群，に大別されるとした。[9)]

工場が密集する地図から集積論を構築する試みは，欧米の工業地理学でもなされてきた。たとえば，アメリカの経済地理学者スコット（Scott,1988）は，既存研究によりながら，バーミンガムにおける銃と宝石の製造業，イーストロンドンの履物工業，ニューヨークの衣服産業，東京の自動車工業についての工場分布図を示すとともに，ロサンゼルス大都市圏における婦人服産業やプリント回路基板などの工場分布図を新たに作成し，産業組織と社会的分業に着目した独自の集積論を展開している。

こうした集積だけではなく，レッシュ（Lösch, 1940）の均等分布論をはじめとして，工場が分散している分布図をもとにした議論も成り立ちうる。現在，日本の半導体工場の多くが閉鎖されてしまったが，『半導体産業計画総覧 1985 年版』（産業タイムズ社）によると，国内 374 工場の地方別内訳は，関東 112，九州 63，東北 58，中部 45，近畿 39 の順となっていた。輸送費制約の少ない半導体の工場は，労働市場の競合を避けるために，他社の工場のない「すきま」を埋めていくように，ほぼ全県に工場が立地してきたのである。

これに対し，太田勇ほか（1970）は，工業化の史的展開における時期的差異が工業都市の都市化の諸層を規定すると考え，工場の変化と都市化との関係を検討したもので，工場地域論の代表的な研究成果といえる。そこでは，工業化の段階が 3 期に分けられ，第Ⅰ期（産業資本の確立から独占資本の成立期まで）では，岡谷，四日市，八幡，室蘭，第Ⅱ期（独占資本の確立から戦時経済の崩壊期まで）では，川崎，日立，延岡，新居浜など，第Ⅲ期（日本資本主義の再建から「地域開発」期まで）では，相模原，東海，市原などの諸都市が取り上げられ，工場や社宅，市街地分布図をもとに，詳しい記述がなされている。

こうした工場地域論は，大規模工場と地域との関係が比較的明瞭に表れる企業城下町の研究において，発展を遂げてきた[10]。最近では，企業城下町の中核的工場の事業転換による影響，産学官連携による地域イノベーション，労働組合と地方政治との関係など，新たな切り口による研究成果も登場してきている（外枦保大介 , 2018）。

(2) 工場機能論と工場間分業論

これまでの研究では，工場を単一の存在，そして生産機能のみを扱うことが多かったが，欧米では 1960 年代から 70 年代にかけて，企業組織構造に対応した空間構造や立地連関，企業の立地行動に着目した研究が多くなされた。マクニー（McNee, 1960）は，大企業の機能的空間組織の研究を行い，「企業の地理学」の提唱者となった。また，クルンメ（Krumme, 1969）を中心とした「ワシントン学派」の研究者たちは，複数工場制企業の立地行動・立地調整に関する実証研究を精力的に行った[11]。しかしながら，「企業の地理学」は，個別企業の実証研究が中心で，実証研究を整理する形での工場の特性や製品の変化による類型化の域を出るものではなく，不況や失業といった先進資本主義国で深刻化してきた構造的問題に対して，必ずしも十分な説明や解決策を提示できずにいた。

1980 年代になると，企業が作り出す空間構造の資本・労働関係や工場の質的差異に注目し，外部支配や分工場経済問題の解明に力点を置いた研究が登場してくる。なかでもマッシイ（Massey, 1984）は，管理の階層性と生産の階層性という 2 つの側面に着目し，空間構造を 3 つの類型に区分した（**図 1-3**）。第 1 の類型が，管理部門と生産部門とが 1 地域に併存している「局地集中型」で，イギリスの伝統的な繊維工場などにあたる。第 2 の類型が，管理面での階層化・分化は進んだものの，生産機能の階層化が未発達で，各工場とも工程の完結性を保持している「クローン分工場型」で，市場分割型のビール工場などが該当する。第 3 の類型が，管理・生産両機能とも階層化が進み，各工場とも一部工程に特化した「部分工程型」で，現代イギリスのエレクトロニクス工業などに典型的にみられる。マッシィは，明瞭な階層関係をともなった本社の分離と工程間の空間分業の進展といった空間構造の変化の中に，当時のイギリスにおける工場の閉鎖などのリストラクチャリングを位置づけ，さらに歴史性や地域性

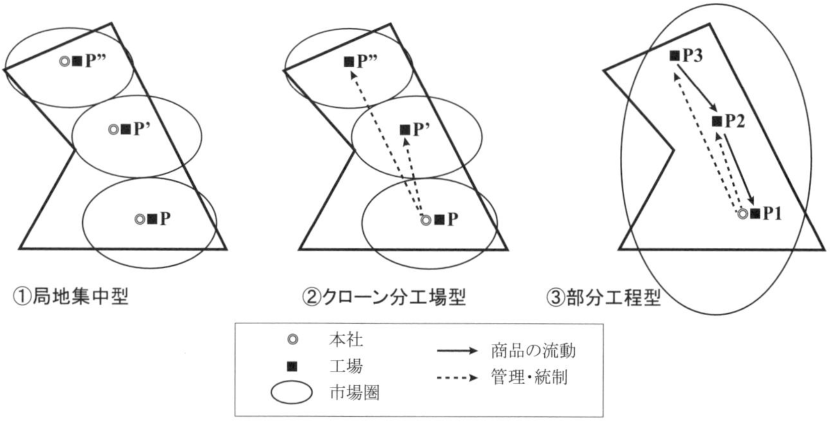

図 1-3　マッシィによる空間構造の 3 類型

注：　P，P’，P” は同一製品工場を，P1，P2，P3 は特定工程に特化した工場を示す．
出所：　松原作成．

を考慮しながら研究を深めていったのである。

こうした欧米での研究に対して，日本では，日本資本主義の特殊性との関係や寡占間競争との関係から工場の配置が論じられてきた。川島哲郎（1963）は，日本工業の地域的構成の特徴として，工業の局地的集積・集中，機械工業の地理的分布の偏倚性とともに，地域間で工程の縦断的分業がみられる点を指摘した。また矢田俊文（1967）は，製油所立地の研究において，独占資本間の激しい地域市場競争による立地展開を明らかにし，その後の北村嘉行・矢田俊文編（1977）『日本工業の地域構造』での市場分割立地の摘出につなげている。さらに山口不二雄（1977）は，日本工業の立地類型を，①成長的・大量生産的大資本領域の市場戦略的工業配置（製鉄，テレビ，ビールなど），②非成長的・多品種少量生産的分野・小経営による主産地形成的生産配置（繊維など），③成長的・多品種少量生産的分野・中小資本による地方分散的生産配置（部品など）に分け，全国的な工場配置の比較分析を行った。

また，疎開工場や納屋工場，開発工場など，歴史性や地域性に規定された工場の特性や工場の機能を掘り下げた日本特有の研究成果がある点にも注目したい。[12] とりわけ佐々木滋生（1992,1993）は，「製造業企業の業務系機能・部門においては，下位部門への機能移管または権限委譲による＜分散・分権化＞と，上位部門への新たな機能の＜集約・統合化＞が同時に進行しつつある」として，国内生産工場の機能高度化を，①技術集約型工場，②開発一体型工場，③開発特化型拠点，④事業統括型拠点といった4つの類型に分類し，業種別に典型的な事例をあげている（**図1-4**）。1990年代以降，日本企業の海外立地が本格化し，国内産業の空洞化，工場閉鎖が問題にされる中で，新製品の量産工程の立ち上げや改良，海外量産拠点の立ち上げ，人材の教育・訓練などの海外拠点の支援といった役割を担う「マザー工場」に関する議論が盛んになってきている。[13]

ところで，工場間分業論に関しても，下請制や系列，協力会など特徴的な取引関係を反映して，日本では相当量の研究蓄積がある。[14] 繊維などの地場産業は，地域内で工程間分業が行われ，産地内での社会的分業が発達している（上野和彦，2007など）。鉄鋼や化学などの素材工業は，エネルギー効率や輸送費低減のため工程間結合が重要で，コンビナートを形成することが多い（山本正雄編，1976など）。また，自動車工業の場合は，完成車工場を頂点に，下請企業・サプライヤーが階層的に組織され，「ピラミッド構造」をなし，近接した工場

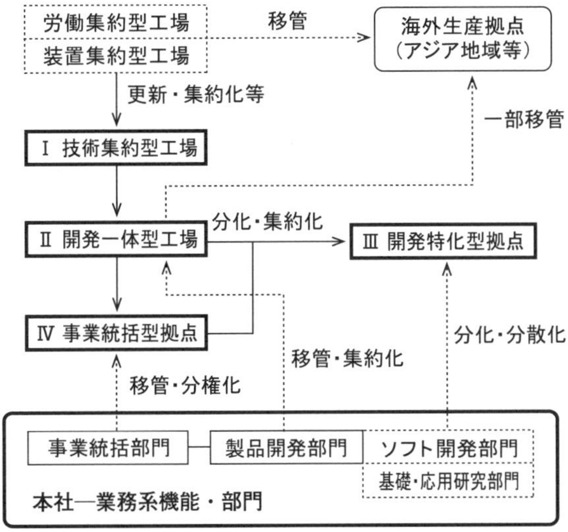

図 1-4　製造業企業（加工組立型業種）における事業所立地類型の移行プロセス〈試案〉
出所：佐々木滋生（1992）p.39.

群により集積が形成されてきた（渡辺利得，1970；宮川泰夫，1977 など）。これに対し，電気機械工業は地方分散立地を示すが，大手企業の生産子会社をキープラントとして，それを取り巻く地元の衛星工場，衛星工場から外注を受ける納屋工場といった「階層的立地」がみられ，それらの工場と労働者の属性や農業を基盤とした地域労働市場との対応関係が明らかにされてきた[15]（山口不二雄，1982；友澤和夫，1999；末吉健治，1999 など）。

一方で，大企業の大規模工場を取り上げ，分業関係を明らかにした研究としては，合田昭二（2009）があげられる。合田は，①プラント数変動の要因と個別プラントの内容変化の要因，②企業内空間的分業，③企業間の分業や連関構造の 3 点を研究課題とし，繊維縮小期における紡績大企業による生産再配置，帝人を事例とした合織工業の企業内空間的分業，川崎重工業を事例とした航空機工業における企業間連関を明らかにした。こうした大企業の大規模工場をめぐる分業関係に関する研究は，外注連関や知識フローなどの関係論的視点の導入により新たな展開を示してきている[16]。

4. 工場をめぐる立地調整と進化論的アプローチ

(1) 立地調整論

各種生産拠点や諸施設の新設，閉鎖，移転，現在地での製品転換・機能転換や増強・縮小など，企業が事業展開を行っていく上での各種の施設や機能を新設したり，再編成したりする行為は立地調整（locational adjustment）とよばれる。松原宏（2009a）では，立地調整を4つの構成要素，すなわち新設，移転，閉鎖，現在地での変化（in situ change）に分け，それぞれについて研究成果を整理している。

図1-5は，工場レベルと企業レベルの立地調整がどのような関係にあるか，空間的次元として，地域経済，国民経済，海外がどのように関わるかを模式的に示したものである。立地調整を考える基本軸は，横に長い四角で示した企業組織の軸にある。ここで企業①，②，③は，海外も含めた空間に複数工場を展開しており，しかも工場を閉鎖したり，増強したり，縮小させたりといった立地調整の結果は企業ごとに異なっている。また，地域A，B，C，Dは，それぞ

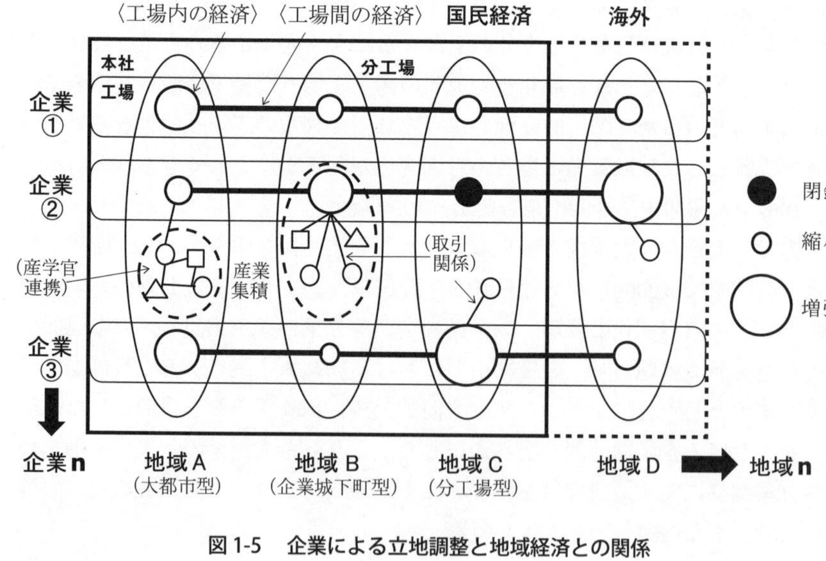

図1-5　企業による立地調整と地域経済との関係
出所：　松原作成.

れ国内の中心地域である大都市圏，産業集積地域，国内の周辺地域である地方圏，海外といった位置や特徴の異なる地域を想定している。そして各地域で立地調整の影響は異なっており，その結果地域間関係の総体である国民経済の地域構造も変化してきていることを示している。

こうした立地調整のメカニズムの解明にあたっては，基本軸たる企業の意思決定とその要因に関するさまざまな企業論の理解が必要となるが，筆者はまず，バラッサが内部経済を「工場内の経済」と「工場間の経済」を分けている点に注目してみたい（Balassa, 1961)。内部経済については，単一工場レベルでの規模の経済を取り上げる議論がほとんどであるが，立地調整の理論を考える上では，複数工場を想定した調整が問題になるからである。

ここで「工場間の経済」の内容としては，工場間で発生する部品や中間財などのモノの輸送費，移動時間も含めた事業所間のヒトの移動コスト，事業所間の通信費といった費用の節約などがあげられるだろう。ただし，近接性を求めて集積が生じると，労働力の調達が難しくなったり，地価の高騰や混雑といった集積の不利益が発生し，コストアップ要因になる。また，リスク分散のためには，距離を離した分散立地が求められるが，グローバル競争の下で新製品投入のスピードが決め手となる業界においては，本社と研究所と工場との地理的近接性が重視される傾向が強い。

バラッサ自身は，水平的結合と垂直的結合とのケースに分けて「工場間の経済」を論じるとともに，経営管理費用の逓増といった「工場間の不経済」についても言及している。しかしながら，「工場間の経済」のより詳しい内容およびそれをふまえた立地調整がどのようなものになるかについては未解明な点が多く，今後の検討課題といえよう。

(2) 進化経済学と工場

経済地理学にとって，個別産業の立地変化や地域経済の構造変動，マクロな地域構造の歴史的変遷といったテーマは親しみやすく，多くの研究成果が蓄積されてきている。しかしながら，経済現象の歴史性を経済地理学がどのように取り扱うべきか，こうした点を意識的に論じた研究は，多くないように思われる。

川島（1986）は，次のように述べている。「経済現象の歴史性を経済地理学に即していえば，少なくとも以下三つの意味をもっている。第一は経済現象の空間的展開にみられる差別性の少なからぬ部分は，時間的な先後関係，発展段階の差異に求められうるということ，第二に経済現象の空間的展開を貫いている法則性は，特定の時代，段階に固有な規定を受ける，すぐれて歴史的な法則性であること，第三に経済現象の空間的展開は，先行する諸段階の継承として存在していること，たとえば，いわゆる地理的慣性（geographical inertia）の問題などもこのことにかかわっている」(p.9)。

またマッシイ（Massey, 1984）は，産業の空間構造を類型化するとともに，歴史的に形成されてきた「諸層」の結合による産物として地域経済の構造を描いている。松原（2009a）でも，マクロレベルで立地調整を検討する際に，「産業立地と地域経済・地域社会との『ジグザグした過程』をみていくこと」(p.9) の重要性を指摘している。

こうした地理的慣性や歴史的「諸層」，立地調整過程といった歴史的観点を検討していく上で，進化経済学の議論をみておくことは重要だと考えられる。まず第1に，ネルソン・ウィンター（Nelson and Winter，訳書，2007）が，『経済変動の進化理論』の中で，「企業の規則的で予測可能な行動パターンのすべてを表す用語として，「ルーティーン」という鍵概念を提示している点に注目したい。彼らは，「ルーティーン」を以下の3つに区分している。第1は短期の行動を支配する「実行上の特性」，第2は新規工場の建設など企業の資本ストックの増減を決定するもので，投資の意思決定を定式化するにあたって確率の要素が関わる，第3は時間の経過にともなって修正していく働きをするもの，である。なお，「ルーティーン」の修正に関しては，組織行動としての「探索」が重要となる。こうした「ルーティーン」は，人間の遺伝子に相当する「企業の遺伝子」とでもいうようなものであり，企業行動の一部をなす立地調整を説明する上で重要な概念といえる。

第2に，『組織進化論』を著したオルドリッチ（Aldrich，訳書，2007）が，進化論アプローチを用いて，現代産業社会における組織，組織個体群，組織コミュニティの出現について説明している点を取り上げたい。ここで組織とは，「目的志向，境界維持的で，人間行動の社会的に構築されたシステム」(p.3)，組織個体群とは，「産業や地域などのように共通の傾向を持つ複数の組織の集合体」，組織コミュニティとは，「複数の共生する組織個体群を含む集合体」と定義されている（p.1)。オルドリッチは，組織進化に関わる4つの展開過程として，「変異」(variation)，「選択」(selection)，「保持」(retention)，「闘争」（struggle）をあげるとともに，進化論アプローチと他のアプローチとの比較を行っている。また,組織の転換や組織と環境の共進化についても言及しており，「進化する環境の中で組織個体群が生存できるのは，変化する状況により良く適合する新しい組織が創設されるときだけである」,「新しい組織が登場しないなら，組織個体群自体が滅びるであろう」と述べている（p.284)。さらには，新しい組織個体群が,「新しいニッチを創造することによってか，あるいはすでに占有されているニッチに進入することによって，組織個体群のコミュニティの内部に自分自身のための空間を切り出す」図を描いている（p.329)。その上で，既存研究に依拠しながら，組織から組織コミュニティまでの各分析レベルごとに，認知戦略と社会政治的戦略を整理している。

第3に,『進化的経済学と創造的破壊』を著したメトカーフ（Metcalfe，訳書，2011）が，行動の多様性と市場メカニズムによる経済的選択を中心的な話題にしている点に着目したい。彼は,「変化のメカニズムは創造性が個々の行為で発揮されることに由来しつつも，この行為は著しく協調性を欠いている。しかしこの厖大でミクロ的な創造性の帰結は，そうした創造性の成果が市場過程によって強力に統合されるという点に深く依存している」(p.7）と述べている。また，進化は何を意味するかという問いに対して，彼は「進化的な議論は特定の実体群の相対的重要度が時間をつうじてどのように変化するか，なぜ一部の実体が除去され，別の一部の実体は生存しつづけるのかを説明することにかかっている」（p.29）と述べ，究極的には2つの現象，すなわち「存続持続性」(viability）と有意味な比較を行うことのできる実体間の成長速度の差異が関心対象になるとしている。その際，有意味な比較を行える基準として,「各実体が同一の個体群（population）に属するエレメントになっていること」(p.30）をあげている。

(3) 進化経済地理学の可能性

欧米の経済地理学者たちが，進化経済学に関心を示し出したのは，比較的最近のことといってよい[17]。2006年にケンブリッジ大学にて進化経済地理学に関するワークショップが開催され，それをもとにボシュマ・マーティン編の『進化経済地理学ハンドブック』が刊行されている（Boschma and Martin, 2010)。

この『ハンドブック』は，全部で5部，24章から成るが，まず序章で，進化経済地理学にとっての3つの主要な理論的枠組みとして，①一般的なダーウィニズム，②複雑系理論（Complexity Theory），③経路依存理論（Path Dependence Theory）が提示されている。それぞれの理論では，①現代の進化生物学の概念として，変異，淘汰，適応，保持などが，また②の複雑系の議論では創発（emergence），自己組織化（self-organisation），履歴（hysteresis）などが，③の経路依存では，状況依存（contingency）や自己増強（self-reinforcing），収穫逓増効果によるロックインなどの基礎概念の整理がなされている。

序章に続く第Ⅰ部では理論的検討がなされ，一般的なダーウィニズム，経路依存，複雑系，近接性といった諸概念と進化経済地理学との関係が整理されている。第Ⅱ部以降は，実証研究となるが，まず第Ⅱ部では，企業や産業のダイナミクスと空間的クラスターとの関係に，第Ⅲ部では，ネットワーク進化に焦点が当てられている。第Ⅳ部では，制度と共進化の課題が取り上げられ，第Ⅴ部では集積の進化と進化に注目した経済景観が取り上げられている。理論研究については，他分野からの研究成果を多く導入してきているものの，肝心の空間や地域，場所の進化過程についての議論が，手薄なままに終わっているように思われる。また実証研究についても，一部に興味深い研究成果もみられるものの，総じて進化経済地理学独自の分析というよりは，クラスター研究や地域イノベーション研究に進化的アプローチを加えたものが多くなっている。以下では，経済景観の進化と経路依存との関係を論じた第3章のマーティン・サンレーの論文を中心に，進化経済地理学の分析視角を探っていくことにしよう（Martin and Sunley, 2010）。

そこでは，経路依存にともなう均衡状態と進化についての3つの異なる捉え方が提示される。1つ目は，デイヴィット（David, 1985）らによるもので，経済進化のプロセスは，技術や産業，地域経済において，外部ショックがない限り，選択された特定の均衡状態にロックインしたものとされる。2つ目は，セッターフィールド（Setterfield,1993）によるもので，「一時的な均衡」の連続として，経路依存的な経済進化を捉えようとするものである。3つ目がマーティンたちの捉え方で，技術や産業，制度が徐々に明らかになる軌跡に沿って進化する，動態的でオープンな歴史的プロセスとして考えるもので，経路依存の非均衡概念と呼ばれている。そこでは，内生的な進化，外部要因による進化に加え，内生的な衰退現象も含めた多様な進化経路の可能性があり得るとされ，この点は地域経済の経路依存的な進化を議論する際に重要な視角を提供するものといえよう。

彼らはまた，産業のライフサイクルや立地特性と地域経済の進化との関係に着目し，ある地域の産業の経路依存的な軌跡が，相互依存している状態を「経路相互依存」（path-interdependence）と呼んだり，新たな経路の創造における場所の重要性を指摘している。そこでは新しい経路の起源を，外部ショックなどの偶然的なものと，政策などを通じた意図的なものとに分類するとともに，古い経路とどう入れ替わるのか，地域的経路依存に関する興味深い議論を展開している。加えて，連鎖がいつ交差するかがその後形成される軌跡にとって重要となる点を指摘した「反応連鎖（reactive sequence）モデル」（Mahoney, 2000）や，異なる時間に生じるイベント間のつながりとして社会的過程を捉える経路依存とは異なる「プロセス連鎖（process-sequencing）モデル」（Howlet and Rayner, 2006）といった新しい議論の紹介もなされている。

以上，進化経済学と進化経済地理学の文献を検討してきたが，実証分析への適用可能性を検討する際に，留意すべき点をあらかじめ指摘しておくことにしたい。

まず第１に，進化経済学では，個体進化よりもむしろ個体群を基本的な対象とすることが多い。進化経済地理学の実証研究においても，産業クラスター地域といった同業種企業が比較的狭い地理的範囲に集まった企業群を取り上げることが多い。その上で，個体数の変化，すなわち企業の廃業や新設，工場の閉鎖や新設が問題にされ，その要因分析がなされることが多い。その場合，個体群をどのように捉えるか，個体群の進化を検討する地理的空間スケールをどのように設定するかが検討課題となる。すなわち進化経済地理学の対象を同業種集積地域に限定するのか，それとも地理的範囲を拡げるとともに，異なる業種の工場まで対象を拡げることが可能かどうかが問題となる。

第２に，寡占的大企業の場合，特定地域に限定されず，国内外に複数工場を有していることがほとんどである。これまでの経済地理学では，これを企業内空間分業として，分析することが多かった。こうした企業内空間分業の動態的過程をみていく上で，進化経済地理学の観点が活きてくるのではないかと考える。すなわち，立地調整論では，スクラップ・アンド・ビルドの地理学，選択的閉鎖の問題をこれまで扱ってきたが，そうした変化の説明にあたって進化経済学の「変異や保持，淘汰」といった概念が有効かどうかが検討課題といえよう。

第3に，進化経済地理学の重要な概念として，「経路依存」がある。これは，過去の履歴が現在の状態を規定しているとするもので，「ロックイン」や「立地慣性」との相通じる議論といえよう。プラスの面とマイナス面と両義的といえるが，個別企業や個体群ではなく，それらが立地している地域について，「経路依存」概念が適用可能かどうかが重要となる。

(4) 地域の進化と技術軌道論

2010年代以降も，進化経済地理学の研究は盛んで，「地域の進化」に焦点が当てられてきている。そこでは，地域の産業特性として，「関連多様性」，「非関連多様性」[18] のどちらが地域の成長をもたらすか，成長の源泉を地域内と地域外のどちらに求めるか，こうした点が論点になっている。

ボシュマほか（Boschma et al., 2017）は，地域多様性の理論を深めるために，進化経済地理学の成果を整理するとともに，「寄せ集め」（bricolage）によるニッチ分野の開拓を通じた経路創造など，「非関連多様性」の意義に注目している。その上で，地域多様化に向かう過程を，地域産業との関連がみられるか否か，地域産業部門が既存のものかニッチか，といった組合せをもとに，「複製」（replication），「移植」（transplantation），「外適応」（exaptation），「激変」（saltation）の4つに類型化している。

たとえば，農業に特化していたデンマークの地域が風力タービンの生産という非関連ニッチに多様化する場合もあれば（非関連でニッチ・激変），ICTに特化したシリコンバレーが自動運転に関するニッチを創造する（関連でニッチ・外適応）といった変化がある。

こうした進化経済地理学の研究と地域イノベーションシステムの研究とを結合しようとする研究も登場してきている。トリィプルほか（Tripple et.al., 2018）は，進化経済地理学が，内生的で企業主導の経路発展に傾斜している点を批判し，既存産業が多様化する経路分岐（path branching）と新産業が登場する経路創造（path creation）から成る地域産業の経路発展（path development）を，外生的で多様な主体の役割を合わせて検討することが重要であると主張する。その上で，制度的厚みと産業構成が異なる3種の地域イノベーションシステム

(①多様な産業集積からなる大都市圏や先端技術地域，②特定産業に特化した古くからの工業地域，③天然資源が豊富な周辺地域）からいくつかの事例を取り上げ，新産業創出における地域内と地域外との相補性，外部からの知識の誘引（attraction）と吸収能力（absorptive capacity）に関わるローカル，非ローカル組織の役割や政策のありかたを論じている。

ところで，知識に焦点を当てた地域イノベーションシステムの研究に対して，技術を重視する技術軌道（technological trajectory）に関する研究も増えてきている。[19] もちろん，技術移転や技術伝播の空間的側面や地域的特性などに関する研究は以前からもあったが，イノベーションが「どこで生まれたか」だけでなく，「どのような地理的・空間的過程を経て生まれたか」といった進化経済地理学的な観点を重視し，その過程が当該産業の技術特性によってどのように異なるのかを，データに基づき実証する点が注目される。

たとえば，ノーマラー・ヴァースペーゲン（Nomaler and Verspagen，2016）は，特許データをもとに技術の系譜をたどり，技術軌道を特許の世代を超えた引用の鎖（deep citation）によって捕捉しようと試みた。しかも，これを合衆国のクラスターと地理的に関係づけることによって，技術軌道がクラスター間で発展してきたことを示している。

こうした欧米での議論を踏まえ，本書の第 5 章では，工場の技術軌道とその転換，地域の進化との関係について検討することにしたい。

5. 工場の経済地理学の意義と課題

2014 年 9 月に内閣官房「まち・ひと・しごと創生本部」が設けられて以降，国の各省庁や地方自治体では，人口減少社会への対応が重視されるとともに，東京一極集中に対して，地方移住や本社機能等の地方移転が重要な政策課題となっている。

東京から本社を地方に移転させることはなかなか難しい課題だと考えられるが，本書の第Ⅱ部「地域編」でみられるように，すでに立地している既存工場に，研究開発のうちの開発機能が，生産拠点に附随して新設もしくは増強されることが増えてきている。

また，地方の田園地帯に立地する「地方田園工場」は，当該地域の若者にとって，魅力的な就職先となりうる。高齢化が進み消滅可能性が高い市町村がリストアップされて物議をかもしているが，むしろ若年層が比較的長い期間安定的に多い都市をリストアップした研究成果によると，大学や自衛隊の基地のある都市とともに，大規模工場のある都市が多くあげられていたのである（森尾淳・中塚高志 , 2014)。こうした大規模工場では，比較的長期にわたり安定的な雇用の場を提供しており，そのことが結婚や出産につながり，そうした工場のある都市は，人口減少に対して抵抗力のある都市ということができる。

一方，経済産業省がこの間進めてきた産業集積政策は，「地域未来投資促進法」の登場によって転換期を迎えつつあり，産業集積に対して，地域の中核企業に注目する動きが強まっている。そうした地域の中核企業の重要な生産拠点が，中核工場なのである。

本書では，こうした中核工場の地域定着と進化，地域中核工場を中心とした地域イノベーション，広域連携に注目し，理論的検討を行うとともに，産業の視点，地域の視点をもとに，実態把握を行い，政策的課題を考えていくことにしたい。

本書での分析フレームワークは，**図 1-6** のとおりである。この図では，左下

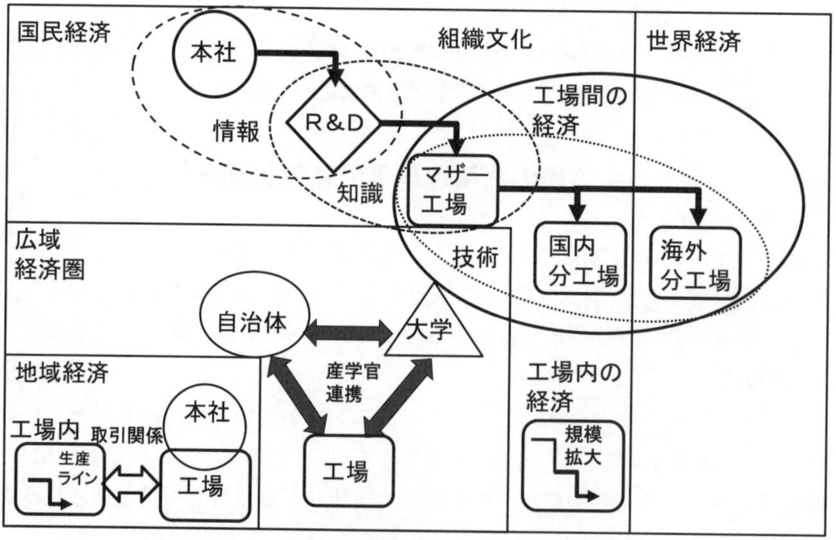

図 1-6　「工場の経済地理学」における分析枠組み

出所：　松原作成.

に基本的対象となる工場を置き，空間スケールの違う地域として，地域経済，広域経済圏，国民経済，世界経済を置いている。これに対し，左上から右方向に，本社，R & D，マザー工場，国内分工場，海外分工場から構成される企業組織を示し，それが組織文化に特徴づけられながら，情報，知識，技術によって関係づけられ，国民経済と世界経済にまたがって企業内空間分業を形成していることを示している。

工場内部では，工場レイアウトが重要となるが，その背景には製品設計思想（アーキテクチャ）が関係してくる[20]。より具体的には，ロボット化や機械設備の構成，従業員の作業内容，流れ作業とセル生産との組み合わせなど，全体として生産ラインがどのように組まれているかは，生産性に大きく関わってくる。工場内での IoT 化・AI 導入をどう進めていくかといった課題とともに，工場間の IoT 化・AI 導入も求められてこよう。その際，5G さらには 6G といった通信技術の世代交代を見据えて，工場内・工場間の通信環境を刷新し，離れた工場間における機械の「同期化」をいかに実現するかも将来的な課題となっている。

当該工場を中心として，地域内および地域間で，受注，発注といった取引関係がどのようになっているか，取引関係の空間性は，地域経済の特徴や地域間の関係を左右するものといえる。

こうした取引関係を中心とした工場間の関係とは別に，新製品開発や生産ラインの工程革新などをめざした工場と研究所，本社との企業内イノベーション，また工場と大学，公設の試験研究機関との産学官連携を通じた地域イノベーションといったイノベーションに関わる事業所間の関係について，近接性の意義，それとは対照的にグローバル化の必要性，こうした点も重要な論点になってきている。

このように，工場を起点に，比較的狭い基礎的地域経済圏で工場への通勤流動をもとに地域労働市場が形成され，そうした地域労働市場の特徴は，工場での生産内容によって左右されるとともに，労働力を生み出す家計が農業などの他の産業とどのように関係しているか，地域社会の特性がどのようであるかによって変わってくる。また，比較的広い広域経済圏の範囲内で，工場と工場との関係，工場と大学，公設試験研究機関などとの産学官連携がどのように機能し，地域イノベーションにつながっているか，こうした点の検討も重要といえよう。

以上のように空間スケールの重層性を考慮した空間的視点のみならず，時間的視点も不可欠であり，工場の立地調整や進化についての実証研究や議論を積み重ねていくことが求められるのである。

注

1） 中岡のこうした議論を受けて，実際の工場のレイアウトや組立ライン，動力と作業機械と作業者との関係など，工場の内部構造に焦点を当てた研究がある。たとえば，和田一夫（2009, 2013）は，「フォードシステム」の実態や日本での受容，トヨタの「かんばん方式」の実態を明らかにしている。

2） 坂本（1988）は，単純協業による初期マニュファクチュアを第1段階，労働組織の革新といえる分業による本来的マニュファクチュアを第2段階，労働手段の革新といえる機械と蒸気機関の導入による工場の形成を第3段階，工程編成の革新としての流れ作業型工程編成と管理組織の革新としてのライン・アンド・スタッフ組織によって特徴づけられる工場結合体（場所集中型）の形成を第4段階，労働手段の再革新としての自動制御型機械体系と管理手段の革新としてのオンライン情報処理システムによって特徴づけられる場所分散型工場結合体の形成を第5段階としている（p.169）。

こうした生産システムの発展段階の観点から工場を捉える研究に対して，ドーア（Dore，訳書，1987）の『イギリスの工場・日本の工場』に代表されるように，労使関係をはじめとした制度諸形態の国際比較の観点から工場に着目する研究もある。

3） ピオリ・セーブルは，柔軟な専門化の4つの面として，①独立した小企業の地域的な集合体，②ゆるやかな結びつきをもつ大企業の連合体，③中心企業とそれと安定した関係をもつ小企業，④独立した作業場からなる工場をあげている。

4） ウェーバーの工業立地論に関する説明は，松原編（2013a）を参照。

5） 現代工業の立地論構築の試みについては，松原（2006）を参照。

6） 複数企業・複数工場の類型ごとの立地調整については，松原（2009a）を参照。

7） 多国籍企業の経済地理学研究では，母国や業種による立地パターンの違いや進出先地域経済への影響などに関心が向けられてきた（松原 , 2006）。これに対し国際経営論では，「日本的生産システム」の現地での「適用・適応」関係により

「ハイブリッド化」するという仮説の下に，日本企業のアメリカ現地工場の詳細な分析がなされてきた（安保哲夫編 , 1994; 河村哲二編 , 2005 など）。

8）とはいえ，単なる分布論に留まることなく，工場分布の形成要因や存立基盤，社会経済的意味などを解明していくことが必要である。

9）日本全体については，西村睦男（1951,1952）が，従業員 100 人以上と 100 人未満に分けてドットマップを作成し，1950 年時点の工場分布を概観している。また，京浜での研究に続き，板倉勝高ほか（1968）は，阪神地域で工場分布図を作成し計量的分析を行い，京浜よりも工業集団の範囲が狭いことを明らかにするとともに，組立工業，日用消費財工業の分析により，多分に農村的・商業的・部品的で，輸出が多く量産的であると特徴づけている。

中京地域については，栗原光政（1978）が，多くの工場分布図をもとに，名古屋工業地域の特徴と郊外移転，刈谷や豊田の機械工業地域，尾西の繊維，瀬戸の陶磁器などの在来工業地域の形成を示している。さらに東京については，竹内淳彦（1972）が，歯車，金型，金属プレス工場など，底辺産業の工場分布図を作製し，地域的生産体系の存在を指摘，紺野昭（1967）は，都市計画の観点から業種別工場分布の特徴を分析している。

10）1960 年代には，大手の造船所に関する研究が目立つ。たとえば，藤森勉（1960）は，三井造船玉名事業所を取り上げ，工場レイアウトを示すとともに，生産工程，製品外注や下請加工など関連工業部門の実態，本工，臨時工，社外工など労働力の実態を明らかにしている。また村上雅康（1973）は，IHI の相生工場を取り上げ，下請関連工場の実態と地域経済との関連を多面的に検討している。オイルショック以降は，日立についての岩間英夫（1993）の研究，豊田市についての都丸泰助ほか編（1987）の研究など，電機や自動車の企業城下町についての研究が多くなっている。このほか，都市計画の観点から戦前から 1950 年代前半までの工場の立地を分析した沼尻晃伸（2002）の研究，野田，倉敷，日立での空間形成を企業戦略と関係づけた中野茂夫（2009）の研究も注目される。

11）イギリスの工業地理学者ワッツは，大規模な製造業企業の空間構造や分工場経済に関する理論・実証研究を行うとともに，「企業の地理学」に関する欧米の研究成果を整理している（Watts, 1980, 1981, 1987）。

12）新津新生（1999）は長野県を，新田安信（2010）は岩手県の北上地域を，それぞれ取り上げ，第 2 次大戦中の疎開工場が地方工業化に果たした役割について論じている。また，江波戸昭ほか（1975）は長野県岡谷市における納屋工場の実態を紹介している。

13）近藤章夫（2007）は，九州地域産業活性化センター（1995）や山口隆英（1996）などの既存研究を整理し，以下の諸点をマザー工場の特徴としてあげている。①マザー工場では，基礎研究の成果を取り入れて製品化するまでの応用研究を重点的に行い，試作段階から初期量産段階までの生産機能に特化している。②新製品の量産技術，コストダウン，ラインの合理化などが試験運用され，技術的に確立されるまで試行錯誤が繰り返される。磨き上げられて確立された技術は随時他工場へ移転される。そして技術指導等のかたちで他工場に対して技術援助を行う機能を持つ。③他工場やグループ会社，技術提携を行っている他社などから技術者を受け入れて新技術の開発を促進する。また，他工場から従業員を受け入れて再教育をするなど，技術面と人材面のインキュベータ（孵卵器）の機能を担う。

14）青野壽彦（2011）は，茨城・北茨城地域，長野・伊那地域，長野・上小地域，山梨・郡内地域における下請機械工業の存立形態を詳細に明らかにしている。工場間分業関係は，地域により異なる。東京都大田区の工場集積について，小田宏信（2005）は，「セミラチス型の狭域的連関構造」と表現している。これに対し松橋公治（1982a,b）は，両毛地区における自動車部品メーカーの立地，日産自動車栃木工場の三次下請層の個別経営的構造と地域集団的構造を明らかにし，農山村部にみられる垂直的な構造とは異なり，東京の城南地域に代表されるような大都市内部における「多角的結合形態」に近づきつつあるとしている。

15）2000年代以降のフレキシブルな生産に対応した地域労働市場の変化に関して，中澤高志（2014）は，大分県杵築市・国東市における間接雇用労働者の急増と大量の民間アパート建設，2008年の金融危機後の自治体の緊急雇用対策と労働者の対応，空き家の発生を明らかにしている。

16）鹿嶋洋（1995）は，大手電機メーカーT社の青梅工場を取り上げ，外注管理政策の変化を明らかにするとともに，一次外注工場の外注連関の地域的展開，二次外注連関の検討を行った。また鎌倉夏来（2014a）は，旧財閥系化学企業の研究開発拠点間の分業関係の違いを，特許情報をもとにした知識フローの観点から明らかにした。

17）2007年にはJournal of Economic Geography誌，2009年にはEconomic Geography

誌で特集号が組まれている。なお，進化経済地理学については，外枦保（2018）が研究動向を紹介するとともに，企業城下町研究への適用を試みている。

18)「関連多様性」と「非関連多様性」の違いについては，松原・鎌倉（2018, pp.321-324）を参照。

19) ドーシ（Dosi, 1982）は，技術パラダイムに関する論考で，技術軌道を「ある技術パラダイムに規定された問題を解決しようとする技術的な活動や進歩の過程（pp.153-154）」として定義している。技術軌道に関する実証的な研究も増えてきている（Suzuki and Kodama, 2004；Verspagen, 2007；Mina et.al., 2007；Vlčková et.al., 2018 など）。

20) 藤本隆宏（1997, 2001）は，自動車工場のレイアウトを取り上げながら，生産システムの進化について論じるとともに，日本の製造業の強みを「擦り合わせ」によって説明し，製品設計思想（アーキテクチャ）の議論を展開している。また，設計思想と分業との関係を整理した柴田友厚（2012）によると，「部品間に複雑な相互依存関係が形成されているインテグラル型の製品は，緊密で複雑な調整を行う能力に秀でている垂直統合型の仕組み」および「設計機能や生産機能など機能間の明確な線引きよりも相互にオーバーラップさせる分業の仕組み」と相性がよいのに対し，「オープン・モジュール型の製品は，デザイン・ルールが社会的に共有されているために，社外からモジュールを調達し組み合わせるという水平分業型の構造分業」および「機能間に明確な境界を引いて機能を分離させる分業の仕組み」（pp.50-52）と相性がよいとされている。

第2章
日本の工場の現状と課題

1. 工場立地動向の推移

まず最初に，経済産業省による「工場立地動向調査」の結果をもとに，新規工場立地の歴史的推移をみてみよう。**図 2-1** によると，工場立地件数の毎年の伸びにより「山」が形成された時期が 3 回ある。1 回目は戦後の高度成長期の 1970 年代前半であり，2 回目がバブル期の 1980 年代後半にあたる。これらが「大きな山」であるのに対し，1990 年代，バブル崩壊後の不況で落ち込んでいた工場立地件数は，2002 年の 844 件を底に増加傾向に転じ，2007 年には 1,791 件まで回復，景気回復期に「小さな山」がみられたのである。

この第 3 の「小さな山」の評価をめぐっては，2 つの見方があるように思われる。1 つは，1990 年代初めのバブル崩壊以降，海外立地が大きな流れであって，国内立地はもはや影響力を失ったとするものである。もう 1 つは，2002 年以降の「国内回帰」が，デジタル家電ブームによって牽引されたように，今後も新たな技術革新により，国内立地は重要性を失っていないとするものである。

ただし，評価を待つことなく，2008 年のリーマンショック以降，立地件数の減少が顕著になり，2010 年には 786 件と過去最低を記録することになった。そして 2012 年以降は，立地件数，面積ともに，わずかだが毎年増加する傾向がみられるものの，「山」を形成するような力強い動きにはなっていない。

では，日本国内のどのような地域が立地先として選ばれているのだろうか。2002 年～ 2006 年の地域別工場立地件数をみると，関東内陸が 1,039 件（15.9％）で最も多く，以下東海 992 件（15.2％），南東北 788 件（12.1％）の順となっていた（**図 2-2**）。注目すべき点は，これらに続いて近畿臨海 576 件（8.8％），関東臨海 562 件（8.6％）が登場してきた点である。

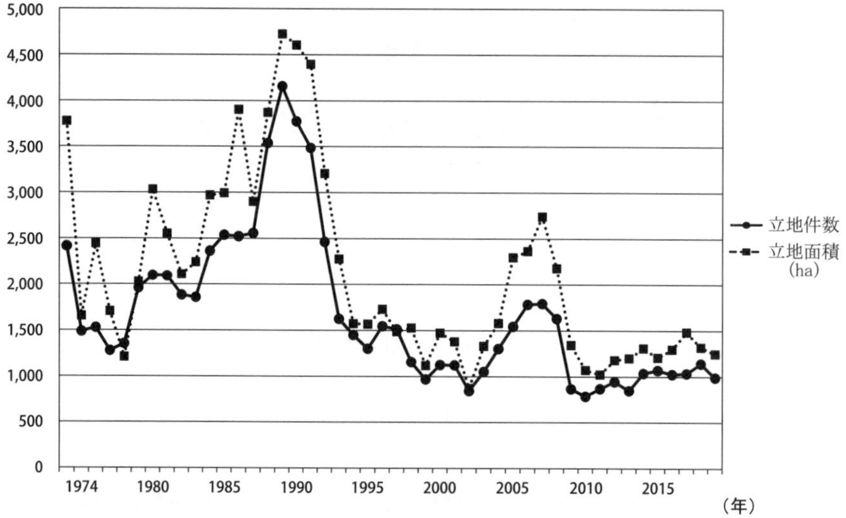

図 2-1　全国における工場立地件数および立地面積の推移

注：　2008 年以降は電気業を除いた数値.

出所：　経済産業省「工場立地動向調査結果」より松原作成.

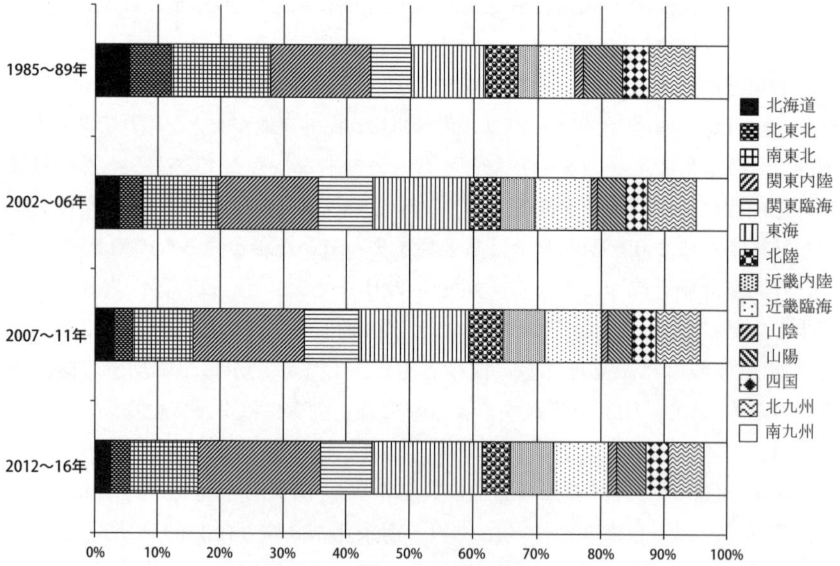

図 2-2　地域別工場立地件数の変化

出所：　経済産業省「工場立地動向調査結果」より松原作成.

「工業等制限法」(1959 年〜 2002 年）の規制を受けてきた関東臨海や近畿臨海は，これまで専ら工場を地方に移転させる移転元の役割を担ってきた。これらの地域が，工場の新たな立地点として再評価されてきているのである。こうした傾向は，立地件数が大幅に伸びたバブル期（1985 年〜 89 年）と比べてみると，より鮮明になる。すなわち，東海，関東臨海，近畿臨海での構成比の伸びが顕著で，逆に南東北や北東北，山陽などで構成比の減少幅が大きくなっていた。工場が地方に分散する時代は総じて弱まり，北関東を含む大東京圏から静岡，愛知，大阪，兵庫にいたる大都市圏地域に立地が集中する傾向が強まっていることが明らかになった（**図 2-2**)。

こうした傾向は，2007 年〜 11 年の地域別構成比をみると，さらに強まっていることが確認できる。とくに，関東内陸や東海，近畿内陸では，構成比の伸びが顕著であった。その後の 2012 年〜 16 年をみると，関東内陸が引き続き伸びたものの，東海では横ばいに留まり，大都市圏間で差異が生じてきている。地方圏においても，東日本大震災の復興関連の立地施策もあり，南東北が伸びた一方で，人手不足が深刻な北陸では減少幅が大きくなっている。

なお，1985 年〜 89 年と 2002 年〜 06 年との対比で伸びが大きかった関東臨海や近畿臨海の構成比が，2007 年〜 11 年では増えていない点，立地制約が働いている点にも注意を払う必要がある。

また，1985 年〜 89 年と 2002 年〜 06 年の業種別立地件数を比べると，衣服，電気機械の減少に対して，食料品，一般機械，輸送用機械の伸びがみられた（**図 2-3**)。これに対し 2007 年〜 11 年では，輸送用機械の引き続いての伸びと化学の伸びが顕著であった。衣服に加えて，木材・家具，窯業・土石などの地域資源型業種，電気機械工業の構成比が低下し，食品と一般機械，輸送用機械，金属製品が主要な業種となっている。

このように，1970 年代，80 年代の工業地方分散は，衣服と電気機械によって主導されてきたが，これに代わって自動車を中心とした輸送用機械が工場立地の主導役になってきたのである。「第 3 の自動車産業集積地域」として注目を集めている北九州地域が，地方圏では例外的に立地件数を伸ばしているのは，その証左といえよう。ただし，2012 年〜 16 年の構成比をみると，食料・飲料の伸びは継続しているのに対し，輸送用機械で低下が生じてきている点に注意が必要である。

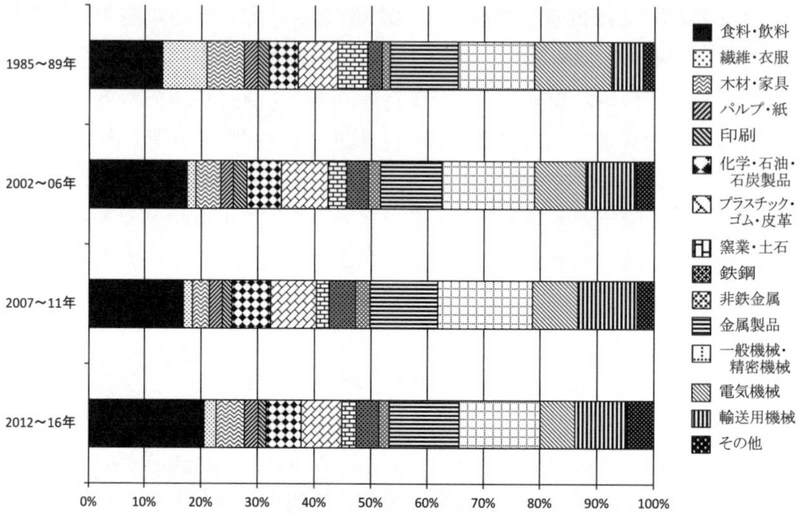

図 2-3 業種別工場立地件数の変化

出所：　経済産業省「工場立地動向調査結果」より松原作成.

以上，工場立地件数の推移をみてきたが，既存研究や最近の新聞報道などを総合的に踏まえ，日本企業の立地力学を模式的に示すと**図 2-4** のようにまとめられる。この図では，企業の立地領域を国内大都市圏と国内地方圏，海外の 3 領域として同心円で示し，立地力学の方向性を矢印で表している。

第 1 期（1950・60 年代）においては，東京や大阪といった大都市圏内部に立地する本工場が，下請企業と大都市圏内の労働力を活用しながら生産を行っていたが，第 2 期（1970・80 年代）になると，高速道路や国内航空網の発達により，土地と労働力を求めて分工場の地方立地が進んでいった。大都市圏内の本工場の中には閉鎖される工場がある一方で，研究開発拠点に転換されるものもあった。なお，1985 年のプラザ合意による円高によって，輸出に代わり欧米での現地生産が進んだが，当時はバブル経済の下で国内立地も活発で，北東北や南九州などに工場が拡がっていった。

バブルがはじけ，「失われた 10 年」と呼ばれる第 3 期（1990 年代）は，日本企業の海外立地が本格化し，国内では産業の空洞化，工場閉鎖が進んだ時期にあたる。こうした海外立地は，第 4 期（2000 年代以降）も続いており，ASEAN4（タイ，マレーシア，インドネシア，フィリピン）や中国に加えて，ベトナムやイ

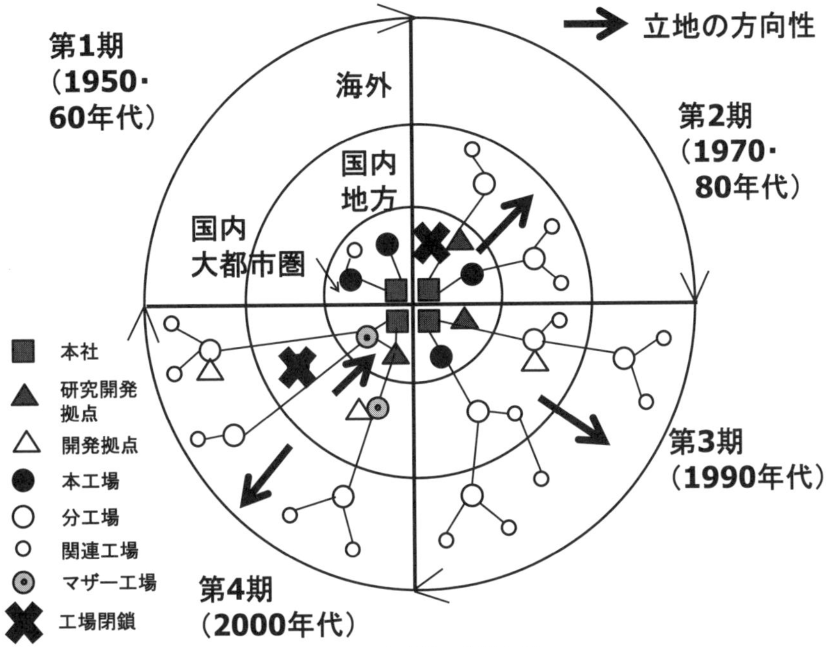

図 2-4　日本企業の立地力学

出所：複数の日本企業の立地変化事例を参考に松原作成.

ンドなど，新たな地域に拡がってきている。[1] 一方で，新たな動きとして，前述の「工場立地動向」に表れていた大都市圏地域への回帰，「求心力」も働いている点に注目する必要がある。グローバル競争の下で，新製品投入のスピードが重視され，本社と R & D，設計，試作，量産を行う国内生産拠点との地理的近接性が重要性を増しているのである。

2. 大規模工場の立地変化

(1) 大規模工場数の変化

次に，「工業統計表」をもとに，従業員数 300 人以上の大規模工場の立地変化をみてみよう。ただし，ここでの変化は，閉鎖や新設によるものだけではなく，規模縮小や規模拡大をも含むことに留意しておく必要がある。

業種別の大規模工場数の変化をみると，2 度の増加期と減少期をみてとることができる（**図 2-5**）。最初の増加期は，高度成長期の 1960 年から 1970 年にかけての時期で，金属や電気機械などの業種の大規模工場が増加していた。第 2 の増加期は，1980 年代のバブル経済の時期で，電気機械工業が再び大きく伸びていた。これに対し，最初の減少期は 1970 年代のオイルショックの時期で，繊維の大規模工場の大幅な減少が特徴的であった。繊維工場，とくに紡績工場は，第 2 次大戦前から大都市圏の鉄道駅付近など交通の便の良いところに立地していたものが多く，工場跡地は商業施設やマンションなどに転用されていった。第 2 の減少期は 1990 年代のバブル崩壊後の時期で，化学や金属といった素材工業の大規模工場の減少がみられた。これらの工場は，京浜臨海部など古くからの工業地帯に分布していることが多く，「エコタウン計画」の下でリサイクル施設が立地したり，研究開発機能やインキュベーション施設の展開等によって，都市の性格を大きく転換する上で，工場跡地が活用された。現在も第 2 の減少期に含まれると考えてよいが，2000 年から 2010 年にかけては，電気機械の減少を食品や輸送用機械の伸びが補っており，小幅な減少にとどまっている[2)]。

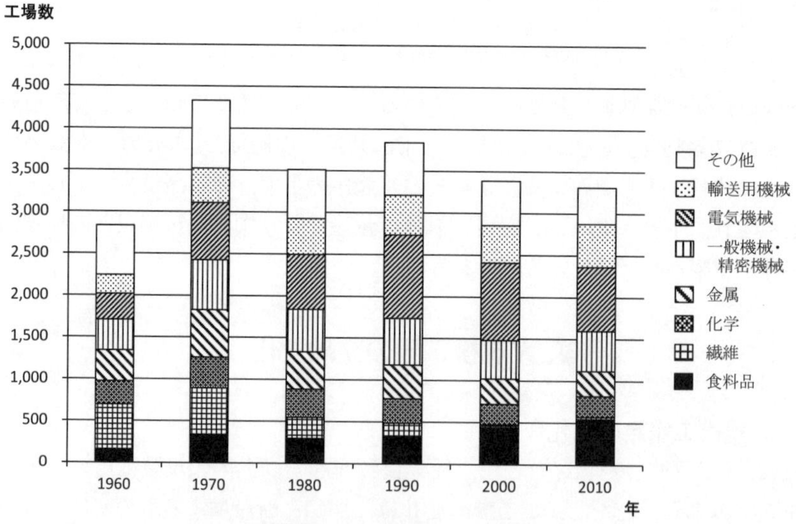

図 2-5　業種別にみた大規模工場数の変化

注：　化学には石油製品・石炭製品製造業を，金属には鉄鋼，非鉄金属，金属製品製造業を含む.
出所：「工業統計表」各年版より松原作成.

次に, 地方ブロック別に大規模工場の変化をみると, 第 1 の増加期は, 南関東, 関西, 東海での増加が顕著で, 第 2 の増加期は東海, 北関東, 東北での伸びが目立った (**図 2-6**)。これに対し, 第 1 の減少期では南関東, 関西, 東海の三大都市圏で大幅に減少し, 第 2 の減少期では南関東と関西での減少が大きく, その他の地方圏でも減少もしくは横ばいを示した。これに対し, 東海は 2000 年～ 2010 年にはむしろ増加し, 地方圏でも北関東と甲信越は同様な傾向を示した。グローバル競争が激化し,「産業空洞化」が叫ばれる 2000 年代以降においても, 少なくとも大規模工場に関しては, 総数は大きく変わらず, むしろ業種間および地域間での変動の方が大きかった点は注目に値する。

地域間の変動に関して, 1970 年と 2010 年の都道府県別大規模工場数を比べてみよう (**図 2-7**)。2002 年に「新聞業・出版業」が工業以外の「情報通信業」に変更されたため, 単純な比較はできないが, 東京, 神奈川, 大阪, 兵庫といった京浜, 阪神工業地帯で減少幅が大きくなっている。既存の研究成果を踏ま

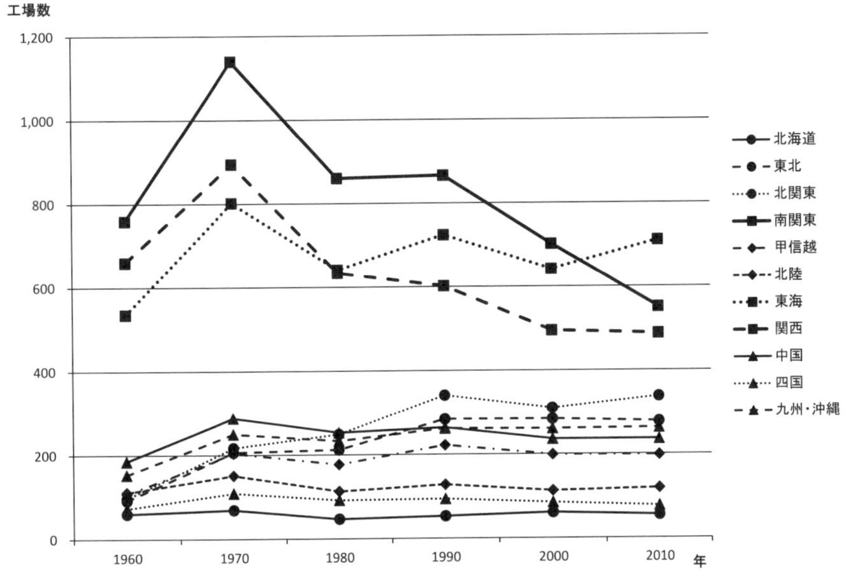

図 2-6　地方別にみた大規模工場数の変化

注：　北関東は茨城, 栃木, 群馬の各県, 南関東は埼玉, 千葉, 東京, 神奈川の都県, 北陸は富山, 石川, 福井の各県, 東海は岐阜, 静岡, 愛知, 三重の各県を含む.

出所：「工業統計表」各年版より松原作成.

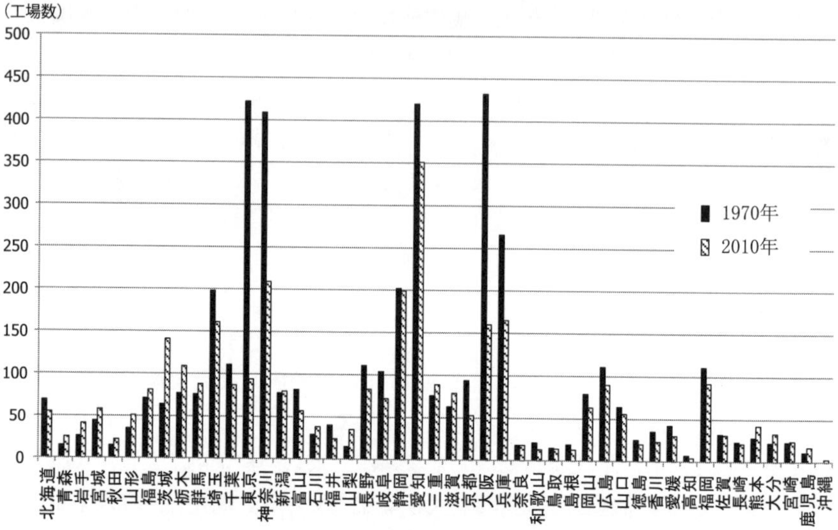

図 2-7　都道府県別にみた大規模工場数の変化

出所：「工業統計表」各年版より松原作成.

えると，これらの大規模工場は，都市化の進展により，オフィスビルや大型商業施設，マンションなどに転用されていった。愛知県でも都市化の進展により，繊維関係の工場が商業施設やマンションなどに転用されたが，その後自動車関係の大規模工場が増加したために，減少幅は相対的に小さくなっている。関西，中四国，北部九州といった西南日本で減少している県がほとんどであるのに対し，北関東，甲信越，東北といった東北日本で増加している県が大半であり，東西の違いもみてとれる[3]。1970 年代以降は電気機械工業を中心に，地方工業化が進んだ時期とされるが，労働力と広い土地の提供という点では，東北や南九州が主たる地域であった。

(2) 大規模工場の機能変化

大規模工場数の変化をみてきたが，それは企業による工場の閉鎖や移転，新設といった立地調整の結果を反映したものといえる。ただし，大規模工場の中には，製品内容や機能は変化しているものの，立地場所を変えず長期間存続しているものも少なくない。こうした「現在地での変化」(in situ change) は目にみえず，捉えにくいが，工場用地の利用変化を考えていく上ではきわめて重要な観点といえる。以下では，筆者が行った「大規模工場の履歴に関するアンケート調査」結果の一部を紹介することにしたい（松原，2008a）。なお，調査は従業員数もしくは敷地面積で大規模な日本の主要 500 工場を対象とし，128 社より回答が得られた（2007 年 3 月に実施，回収率 25.6%，回答は各工場の総務責任者）。

まず，製品内容の変化についてみてみると，「カテゴリー内の変化」が全体の 52%，「大幅な変更」が 31%，「ほとんど変化なし」は 17%と少数であった。部門別にみると，基礎素材型および生活関連型では「カテゴリー内の変化」が多かったのに対し，加工組立型においては「大幅な変更」と回答した企業が比較的多かった。

「大幅な変更の内容」については，「新製品の登場」と「製品の移管」とが同数であった。これを部門別にみると，生活関連型と基礎素材型においては「新製品の登場」が多くを占めていたのに対し，加工組立型では「製品の移管」が主となっていた。

次に，経営組織面での変化をみると，「組織内の変更」が 45%で最も多く，「ほとんど変化なし」が 29%，「所有企業の変更」が 27%の順であった。このうち，「所有企業変更の内容」については，「分社化」が 35%で最も多く，次いで「M & A」（33%），「持ち株会社化」（26%）の順であった。これを部門別にみると，加工組立型では「分社化」，基礎素材型では「持ち株会社化」が高くなっていた。こうした企業の組織変更は，1990 年代以降に顕著になるが，「日本的経営」の大幅な見直しが工場のあり方に与えた影響はきわめて大きかったといえる。

ところで，過去 5 年において生産機能以外で重要となってきている機能を複数回答可で聞いたところ，総回答数は 242 となり，複数の機能を有している工場が多くなってきていることがわかった（**表 2-1**）。全体として最も多かったのは「R & D」（63%）で，以下「海外生産支援」（40%），「試作」（31%），「管理・統括」（24%），「研修」（24%）の順であった。

当該工場の全社的位置づけについても，総回答数が 238 となり，多様な位置づけがなされていた。「量産拠点」が 45%で最も多く，以下「マザー工場」（42%），「地方生産拠点」（41%），「研究開発拠点」（27%），「発祥工場」（20%）の順であった。このように，大規模工場では，製品内容ばかりではなく，経営組織の変更や生産機能だけから研究開発機能などを有したものへと変わってき

表 2-1　日本の大規模工場における機能の変化と全社的位置づけ

A 生産機能以外での重要な機能

			生産機能以外で重要となっている機能						
部門	工場数	回答数	R&D	試作	ソフト開発	管理・統括	海外生産支援	研修	その他
生活関連型	N=20	27	9	5	0	2	2	5	4
基礎素材型	N=41	73	26	8	0	8	12	12	7
加工組立型	N=67	142	39	23	12	18	33	11	6
合計	N=128	242	74	36	12	28	47	28	17
複数回答回答率(%)	N=117		63.2	30.8	10.3	23.9	40.2	23.9	14.5

B 全社的な位置づけ

			全社的にみた当該工場の位置づけ						
部門	工場数	回答数	発祥工場	マザー工場	本社工場	地方生産拠点	量産拠点	研究開発拠点	その他
生活関連型	N=20	32	5	3	1	11	7	4	1
基礎素材型	N=41	78	9	21	3	16	20	8	1
加工組立型	N=67	128	12	30	4	26	30	22	4
合計	N=128	238	26	54	8	53	57	34	6
複数回答回答率(%)	N=128		20.3	42.2	6.3	41.4	44.5	26.6	4.7

注：　生活関連型には，食料飲料，繊維衣服，紙パルプを含む.
　　　基礎素材型には，鉄鋼，化学，石油，非鉄金属，金属製品を含む.
　　　加工組立型には，一般機械，電気機械，輸送用機械を含む.
出所：　2007年4月に実施したアンケート調査結果より松原作成.

ていた。

こうした大規模工場の機能変化をマクロ的に把握することはきわめて困難であるが，1つの試みとして，製造業就業者に占める専門的・技術的職業従事者割合の上位20市区町村を示してみた（**表 2-2**）。この割合が，2010年～15年に上昇した市区町村では，域内の大規模工場が生産機能中心から研究開発機能を強化してきていることを類推することが可能といえよう[4]。

3　工場用地の変化と工場跡地の活用

(1) 工場敷地面積の推移

これまでみてきたように，グローバル化が進む中で工場の立地動向も複雑化

表 2-2　製造業就業者に占める専門的・技術的職業従事者割合の上位 20 市区町村

			2015 年		2010 年	
順位	都道府県名	市区町村名	製造業就業者に占める専門的・技術的職業従事者割合（%）	製造業就業者のうちの専門的・技術的職業従事者数（人）	製造業就業者に占める専門的・技術的職業従事者割合（%）	製造業就業者のうちの専門的・技術的職業従事者数（人）
1	広島県	府中町	31.2	4,321	28.6	3,732
2	静岡県	裾野市	28.0	3,820	17.9	2,387
3	山梨県	忍野村	25.5	1,007	26.6	819
4	愛知県	刈谷市	25.1	13,419	19.3	9,925
5	長野県	塩尻市	24.4	2,815	19.1	2,177
6	京都府	長岡京市	23.9	2,283	25.8	2,868
7	大阪府	門真市	23.1	5,367	22.1	5,495
8	神奈川県	南足柄市	22.6	1,052	18.3	1,014
9	滋賀県	野洲市	19.8	2,038	15.9	1,512
10	茨城県	日立市	19.6	5,497	15.2	4,847
11	茨城県	ひたちなか市	18.5	4,107	15.2	3,498
12	愛知県	豊田市	16.9	19,254	14.1	15,456
13	愛知県	大口町	16.3	2,112	14.1	1,812
14	静岡県	浜松市 南区	16.0	2,975	13.0	2,567
15	兵庫県	高砂市	15.9	2,406	12.4	1,974
16	静岡県	牧之原市	13.0	1,657	8.6	1,037
17	愛知県	大府市	12.9	2,461	9.7	1,834
18	静岡県	磐田市	12.3	4,843	9.4	3,653
19	滋賀県	湖西市	11.8	2,690	9.0	2,064
20	群馬県	大泉町	11.4	1,313	11.9	1,685

注：　全国の市区町村について，「従業地による産業，職業別就業者数」から製造業就業者のうちの専門的・技術的職業従事者数とその割合を調べ，2015 年時点で 1,000 人以上の市区町村を抽出し，割合の高い順に並べた．

出所：　「国勢調査結果」より鎌倉作成．

してきており，工場の新規立地のみならず，移転や拡張，閉鎖，縮小，機能変化といった多様な変化を捉えていくことが必要になっている。こうした近年の工場立地の量的・質的変化は，工業用地の需給にいかなる変化を与えてきたのだろうか，以下では，「工業統計表」の用地・用水編を用いて，工業用地の変化をみてみることにしよう。なお，用地･用水編で集計されている対象工場は，従業員数 30 人以上の工場である。

図 2-8 は，1965 年以降の事業所数，工場敷地面積および 1 事業所当たりの敷地面積の推移を示している。高度経済成長期にあたる 1960 年代後半から 70 年代前半まで，事業所数，工場敷地面積，1 事業所当たり敷地面積ともに毎年大きな伸びがみられた。1970 年代後半以降，オイルショック後の低成長期に入る

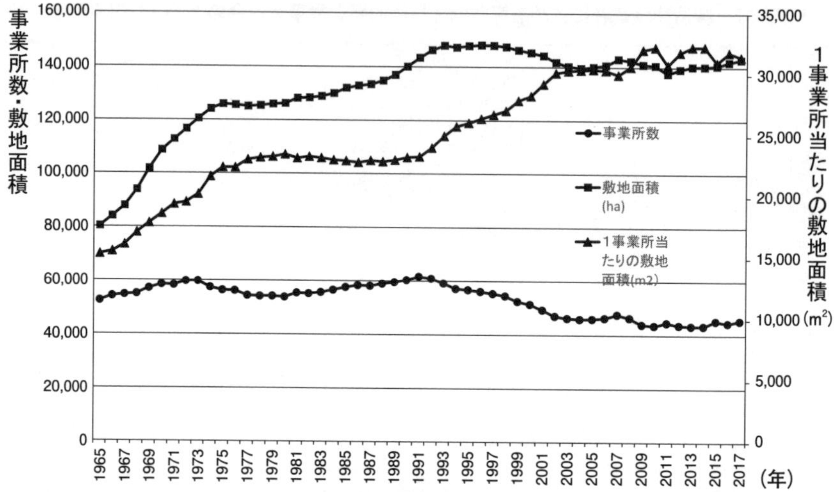

図 2-8 工場敷地面積の推移

出所：「工業統計表（用地・用水編）」より松原作成．

と，事業所数は減少，敷地面積はほぼ横ばいで推移し，1980 年代後半のバブル期に再び事業所数と敷地面積は増加傾向をみせるようになる。こうしたこれまでの推移に対し，バブル崩壊後の不況期に入ると，3 本の線はそれぞれ別な動きをみせるようになる。事業所数は，明確な減少カーブを描き，敷地面積は横ばい傾向を経て，1990 年後半から 2000 年代に入ると減少傾向を示すようになる。これに対し，1 事業所当たりの敷地面積は，大幅な増加傾向を示すようになるのである。

日本全体の工場敷地面積は，1996 年の 148,000ha をピークに減少に転じ，2004 年～ 2007 年に一時的に増加するものの，再び減少してきている。これを業種別にみると，高度成長期の 1960 年代には，鉄鋼や化学といった素材工業が敷地面積を大きく増大させたのに対し，オイルショック後の 1980 年代には，電気機械や輸送用機械などの機械工業や食料・飲料工業で面積の増大が大きくなっていた（**図 2-9**）。また，1990 年代には化学工業や輸送用機械で増加がみられた。これに対し，減少を示した業種に注目すると，1970 年代には繊維工業で大幅な減少がみられ（1970 年～ 80 年で約 2,000ha，17.8％の減少），80 年代も 10％を越える減少率が続き，1990 年～ 2000 年には約 2,500ha，33.4％もの減少率を記録した。この他，木材・木製品も繊維と同様に 1970 年以降減少傾向に

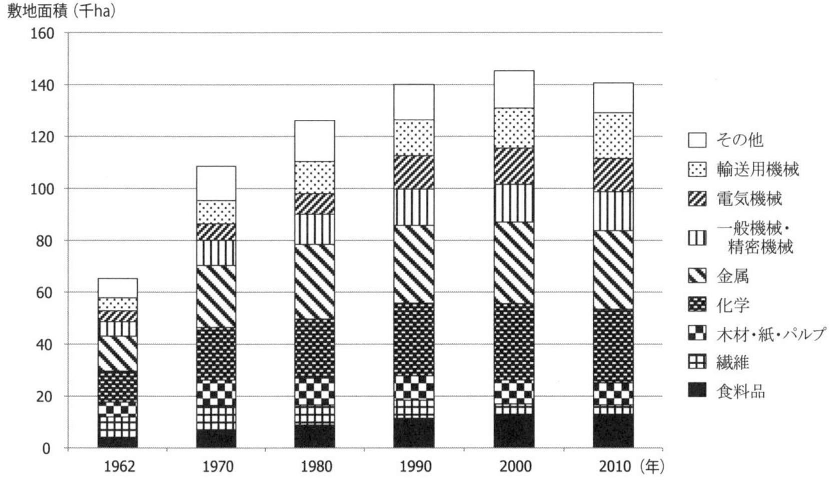

図 2-9　全国の業種別工場敷地面積の変化

注：　化学には石油製品・石炭製品製造業を，金属には鉄鋼，非鉄金属，金属製品製造業を含む.

出所：　「工業統計表（用地・用水編）」各年版をもとに松原作成.

あり，1980 年以降は石油製品・石炭製品，鉄鋼業が，1990 年以降は家具・装備品，窯業・土石が，それぞれ減少業種に加わるようになった。そして，2000 年～10 年になると幅広い業種で減少がみられるようになり，とりわけ電気機械の減少が大きかった点が特筆される。

次に，都道府県別に敷地面積の変化をみると，1970 年～ 80 年では減少県は東京都，大阪府，秋田県（非鉄金属の減少が関係）の 3 都府県，1980 年～ 90 年では東京都，神奈川県，大阪府，高知県，福岡県の 5 都府県であったが，1990 年～ 2000 年には 11 都府県，2000 年～ 10 年には 33 都府県にのぼっている。2000 年～ 10 年の工場敷地面積の変化を都道府県別にみると，東京都での減少率が最も大きく（35.5%），これに徳島，沖縄，鹿児島，高知，大阪，神奈川，北海道の道県が 10%を越えるマイナスで続いていた。これに対し，工場敷地面積の増大がみられた県は，熊本，大分，滋賀など少なく，増加率もごくわずかにとどまっていた。

また，工場敷地面積の上位 3 県を取り上げ，1970 年，1990 年，2010 年の 3 時点における業種別の工場敷地面積の変化をみてみよう（**図 2-10**）。愛知県では，1970 年～ 90 年にかけて工場敷地面積が増加した後，2010 年にかけては横ばいとなっている。1970 年～ 90 年，1990 年～ 2010 年の両期間を通じて，繊維の減少と輸送用機械の増加が対照的である。これに対し茨城県では，1970 年～ 90 年に大幅に工場敷地が増加した後，1990 年～ 2010 年にかけても増加している。1970 年～ 90 年は，鹿島臨海コンビナートに立地した鉄鋼，石油化学の用地増加が顕著であり，1990 年～ 2010 年は，電気機械が減少する一方で，一般機械・精密機械と食料・飲料の増加が特徴的である。兵庫県では，鉄鋼や化学といった素材工業が 1970 年～ 90 年に敷地を増加させたものの，1990 年～ 2010 年に減少に転じ，そうした減少分を輸送用機械などの機械工業の増大が補うことはできなかった。

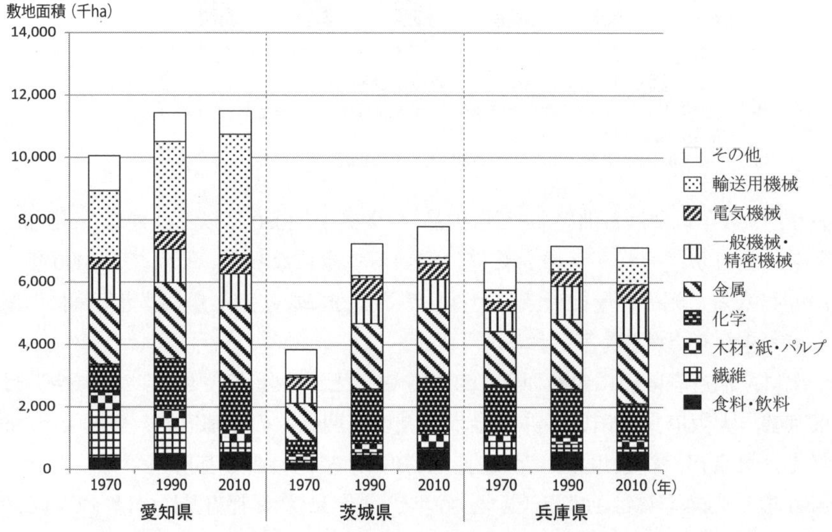

図 2-10　上位 3 県における業種別工場敷地面積の変化

出所：「工業統計表（用地・用水編）」各年版をもとに松原作成.

(2) 工場跡地の発生要因

前節では全国的には工場用地が減少傾向にあることをみたが，それは工場跡地の発生を意味し，政策的にはその活用が重要となる。工場跡地活用の方向性を考える上では，工場閉鎖の要因を理解することが重要であり，そのためには当該工場の特性と経営環境および立地環境の変化をおさえておくことが必要となる。それらの影響を受けて，企業による立地調整が行われるが，**図 2-11** では，立地調整の構成要素を新設，移転，閉鎖，現在地での変化の 4 つに分けている。ただし実際は，複数の構成要素が絡み合うことも少なくない。日本の工場の閉鎖事例については，新聞記事データベースをもとに収集できるが，それらをもとに工場閉鎖の類型化を試みてみよう。

第 1 のケースは，老朽化した工場を閉鎖し，新たな場所に工場を新設するもので，ここでは「移転閉鎖」と呼んでおこう。首都圏近郊では，食品工場の閉鎖が最近多くなっているが，高速道路等のアクセスの良い地点に生産性の高い工場が新設され，これに伴い老朽化した工場が閉鎖されるケースが増えている。

この場合の閉鎖工場の多くは，工場としては古く，都市化が進行する中で操

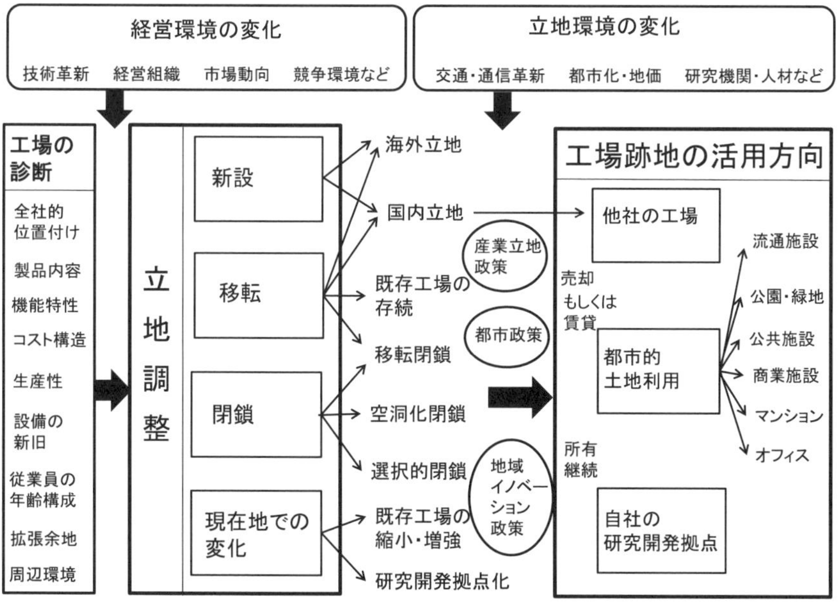

図 2-11　企業の立地調整と工場跡地利用の方向性

出所：松原作成.

業環境は悪化してきたものの，大都市圏の内部で鉄道交通の便の良い場所に立地しているので，オフィスや商業施設，マンションなどの都市的土地利用に転換する可能性が高い。また，企業が継続して土地を所有し，研究開発拠点として，活用する事例も少なくない。

第2のケースは「空洞化閉鎖」とでも呼ぶべきもので，海外への生産移管や国際競争力を失ったことによって国内工場が閉鎖されるケースである。半導体工場や薄型テレビの工場など，電気機械工業の工場閉鎖がこうしたケースの代表例といえる。

第3のケースは，2つ以上の工場を1工場に集約し，他の工場は閉鎖するという「選択的閉鎖」である。これは第2のケースのうち，全ての国内生産を止めてしまうのではなく，一部の生産を国内に残す，もしくは量産ラインを国内に存続させ，マザー工場にする場合と考えることもできる。

1970年代のオイルショック後の構造不況期にも，鉄鋼や石油化学などの工場のスクラップ・アンド・ビルドが行われたが，相対的に小規模で古く市場から遠い工場がスクラップ化され，大規模で新しく市場に近い工場がビルドされるケースが多かった。ただし，遠隔地の工場がいつも不利とは限らない。企業文化が影響することもあり，「創業の地を重視する」という理由で，工場が存続したり，新事業の工場が新設されたりする場合もある。また，近年の電気機械工業の地方工場間の場合には，複数工場間の生産性の比較がなされ，相対的に設備が老朽化し，人件費の割合が高い工場が閉鎖されるケースが多い。日本では1970年代に地方の工業化が進んだが，40年近くが経過し，設備の老朽化と従業員の高齢化が進んだ生産機能のみの工場が閉鎖にいたるケースが多くなっている。

また，第2，第3のケースの閉鎖が増えてきた背景には，企業に閉鎖を回避する余裕がなくなってきている点があげられる。分社化，子会社化等の組織の細分化やM＆Aによる組織再編が，事業・製品内容の転換の余地を狭め，事業の撤退が即座に工場閉鎖につながるケースを多くしたと思われる。このような事情のために，これらのケースの閉鎖工場，とりわけ地方工業化の下で特定の業種・製品の生産機能に特化した工場の跡地利用に関しては，適合する他の企業を見いだすことが難しく，空き地・空き工場の状態が長期化するものも増えてきている。

(3) 工場跡地の活用事例

表 2-3 は，「日経テレコン」を利用して「工場跡地」という用語で新聞記事検索を行い，関係企業のプレスリリースなども参照し，特徴的な工場跡地活用の事例をまとめたものである。

第 1 に，大都市圏近郊におけるビール工場跡地の複合的都市開発の事例が注目される（表 2-3 の No.1）。本社，研究開発施設，研修所，マンション，商業施設など，機能の複合化が特徴となっている。このうち，工場跡地を大型商業施設に転換する事例は，従来から全国各地でみられたが，新たな変化に留意することが重要である。1 つは出店側の戦略の変化で，既存大型店の整理・統合と「改正まちづくり 3 法」による出店規制の下でこの間低調にあった大手小売

表 2-3　工場跡地活用の事例

No.	企業・工場名	所在地	工場敷地面積（千 m^2）	閉鎖年	新用途の概要
1	キリンビール京都工場	京都府京都市・向日市	220	1999	2011 年にイオンモール（株）に商業事業用地（83,574 m^2）を売却，2014 年度中の開業予定. すでに，オムロンヘルスケアの新本社・研究拠点，京都銀行の新研修センター等の立地が進んでいる.
2	クボタ行徳加工センター	千葉県市川市	53	2011	三井不動産とGLプロパティーズ（シンガポール政府系デベロッパー）が共同で，延床面積 12 万 1 千 m^2 の「マルチテナント型」大規模物流施設を建設，2013 年 9 月に竣工.
3	松下冷機等藤沢工場	神奈川県藤沢市	190	2008	パナソニックなど9社と藤沢市による 1,000 戸の環境配慮型の「FUJISAWA サステナブル・スマート・タウン」を建設，2013 年度から分譲.
4	サッポロビール大阪工場	大阪府茨木市	122	2008	立命館大学の経営学部，政策科学部等が移転，大阪茨木新キャンパスとして 2015 年 4 月に開設.
5	キューピー仙川工場	東京都調布市	17	2011	用地は売却せず，延床面積 28,000 m^2 の研究所，グループ企業のオフィス，品質保証部門および見学施設を集約した複合施設を建設，2013 年に竣工.
6	ソニー一宮テック	愛知県一宮市	90	2009	2011 年にコナミが取得，ゲーム機器の製造・物流拠点.
7	養命酒岡谷工場	長野県岡谷市	16	1972	岡谷市が取得し，土地開発公社を通じて工業用地として分譲.
8	ソニーEMCS小見川工場	千葉県香取市	62	2009	2010 年に香取市が 1800 万円で買い取り，2012 年に再公募の結果，自動車部品，食品会社等3社に無償譲渡が決定.
9	大和ハウス札幌工場	北海道恵庭市	144	2008	38,000 m^2 の敷地に年間発電量 165 万 kWh のメガソーラーを建設，2013 年に竣工.

出所：「日本経済新聞」および各社のウェブサイトより松原作成.

チェーンが，新業態での出店ペースを大幅に引き上げてきている点が注目される。もう1つは地域側の変化で，広域商圏における都市間競争やコンパクトシティが指向される中で，工場跡地を中心市街地活性化の新たな契機として活用しようとする動きが強まっている。

第2に，工場跡地を新鋭の物流施設に転換しようとする事例があげられる（No.2）。新たな大型物流施設への投資は，2002年頃から外資系企業により手がけられてきたが，ロジスティクスの効率化，増大するインターネット通販への対応に加えて，東日本大震災後のBCP対応やサプライチェーンの強靱化が新たな課題となっている。こうしたなかで，三大都市圏の湾岸部や高速道路の開通・延伸により交通アクセスが向上した内陸部の工場跡地では，新たな需要に対応する新型物流施設を建設する動きが強まっているのである。また，こうした事例を通じて，三井不動産や三菱地所などの大手不動産企業が，CRE（企業不動産）戦略支援事業として，物流施設事業に参入し，工場跡地活用に積極的に関わり出してきた点，さらには，外資系企業の投資，不動産証券投資によるグローバルな資金調達によって工場跡地活用がなされてきている点も注目に値する。

第3に，工場跡地が環境配慮型の先進的な都市づくりに活用される事例があげられる（No.3）。エレクトロニクス企業が，自社の工場跡地の住宅地開発に関わる中で，太陽光発電システムや蓄電池，省エネ機器，「スマート家電」などの新事業モデルの展開を図ろうとするもので，同様の動きは，大阪府茨木市の東芝の工場跡地でもみられる。従来からの工場跡地活用では，都市再生機構（UR）や大手建設会社が関わることが多いが，藤沢市での「スマートシティ・プロジェクト」では，パナソニックに多様な民間企業8社が，加わるとともに，藤沢市との公民連携が謳われており，新たな主体間関係が打ち出されている。

以上のように，大都市圏内の比較的交通アクセスの良い工場跡地については，オフィス，住宅，大型商業施設，流通施設など，さまざまな用途に跡地が活用されている。この他，大学の新キャンパスとして工場跡地が活用される事例もみられる（No.4）。大都市圏では工場跡地活用を都市再開発に結びつける傾向が強いが，税収確保，雇用創造，地域の競争力強化の観点からは，企業が土地所有を継続し，工場跡地を新しい研究開発拠点に変更することを政策的に促していくことが，今後は重要になると思われる。

本書の第 4 章では，神奈川県内の東海道線沿線大規模工場の土地利用変化・機能変化を取り上げ，集約型の R ＆ D 拠点が 2000 年以降増えている点に注目している。こうした研究開発拠点への転換事例は，キユーピーの仙川工場（No.5）のように，首都圏近郊で多くなってきている。

もっとも，工場での生産停止後，研究開発拠点に変更していくことが可能な場所は限られている。多くの閉鎖工場にとって現実的な選択肢は，他の企業の工場として活用していくことであり，地域経済にとっても税収や雇用の確保等の点から望ましい方向といえる。2009 年に閉鎖したソニー一宮テックの事例では，ゲーム機器のコナミが 11 年に跡地を取得し，12 年から製造・物流拠点として活用することになったが，跡地の売却先が決まるまで 2 年かかっている（No.6）。このように，他の企業の工場として工場跡地を活用していく上では，ある程度の時間が必要であり，自治体による積極的な取組みが重要となることもある。たとえば，千葉県香取市のソニー EMS の工場跡地は，香取市が 1800 万円でソニーから土地を購入し，無償で立地企業に譲渡することにし，応募のあった企業を選択した結果，自動車部品，食料品などの 3 社が立地することになった（No.7）。長野県岡谷市においても，市が工場跡地を買い取り，工業用地として分譲していくとのことである（No.8）。また，加藤護（2012）が岩手県一関市や愛知県春日井市の事例を紹介しているように，空き工場の「居抜き利用」を支援する自治体の取組みも重要であろう。

2012 年 7 月 1 日から再生エネルギーの全量買い取り制度が導入され，自然エネルギーを利用した発電が加速しつつある。大和ハウスの北海道恵庭市の工場跡地は，メガソーラーの建設用地として活用されているが（No.9），こうした事例は，今後も増えていくだろう。雇用効果という点では，大分県宇佐市の縫製工場跡地を神奈川県平塚市のジーンズ製造企業が買収し，ジーンズの縫製工場を 2013 年 2 月に新設する事例が注目に値する（「日本経済新聞」地方経済面九州，2012 年 12 月 15 日）。ジーンズの海外生産に対抗できる国内立地の優位性を活かした跡地活用の事例であり，地元雇用（50 人）の増大にも寄与するもので，こうした跡地活用の事例を増やしていくことが重要であろう。

(4) 工場跡地活用の方向性

新聞記事の検索作業の過程で，工場閉鎖の件数の多さに比して，工場跡地活用の事例が，とりわけ地方圏で少ないことを実感したが，跡地活用をどのように進めていったら良いのか，政策的課題をあげていくことにしたい[5)]。

当然ではあるが，まず第1に，工場跡地を「不良資産」とせずに，貴重な地域資源として位置づけることが重要だろう。工場跡地の活用策を進める上で，工場跡地の履歴を含めた正確な把握は必須であり，十分な情報提供が用意されていることが前提となる。工場跡地がどのような場所にあるか，閉鎖決定からどの程度の時間が経過しているのかによって，工場跡地活用をどう進めていくかは異なる。

大都市圏内の交通至便なところに発生した工場跡地では，都市再開発を通じて，都市構造を変えていく重要な種地としていくことが考えられる。しかしながら，大都市圏といえども，従来型の都市的土地利用の拡充には限界がみえており，高齢化が進む中で，企業撤退の税収減を避けることが求められよう。そうした点を考慮すると，工場機能の変化を上手に捉え，研究開発拠点への再投資を促すことも重要であろう。また，地方圏の工場においても，生産機能に特化した工場は少なく，製品開発や試作機能を兼ね備えていたり，海外の量産拠点を支援するマザー工場として位置づけられている拠点も少なくない。

その際，当該工場の製品，機能の面から全社的位置づけを明らかにし，生産性や機械設備等の新旧，従業員の年齢構成などを把握するなど，「工場診断」を試みることが有効だと考える。自治体関係者が，こうした工場診断を進めるなかで，工場閉鎖リスクに備えるとともに，マザー工場化や研究開発拠点化に対する各種助成制度の導入など，既存工場の存続と機能高度化を促す立地政策を具体化していくことが可能になるように思われる。

これに対して，工場跡地の位置条件が不利で，生産停止からかなりの時間が経過している場合は，転換の可能性は限られてくる。従来は，工場跡地が商業施設として活用されることが多かったが，大型店自体の統合・閉鎖が増えてきている中で，最近では，他の企業の工場として活用していく施策の重要性が増している。工場立地の新たな動向を捉え，「地域未来投資促進法」などの産業立地政策を踏まえて，工場跡地活用を図っていくことが重要となろう。

あるいはまた，工業用地としてではなく，医療・福祉サービスの拠点，体験型産業観光の拠点，芸術・文化のマグネット拠点など，全く新しい発想で工場跡地活用を方向づけていくこともありうるだろう。いずれにしても，地域資源としての工場跡地は，多様な可能性を有しており，跡地を活かそうとする関係主体の地域力に依存しているのである。

注

1）日本企業の多国籍化は，すでに1970年代に始まっていた。当時は，繊維や電子部品などの工業が，韓国や台湾などのアジアNIESに豊富で低賃金労働力を求めて進出する傾向が強かった。1980年代後半は，業種は自動車や電機，進出先は欧米が中心で，貿易摩擦の解消と現地市場指向の立地であった。1990年代も，業種は電機や自動車が中心ではあるが，立地先はタイやマレーシアなどのASEAN諸国から中国に，そして2000年代にはベトナムやインドなどへと拡大しつつある。進出目的も，低賃金労働力を求めたものから，新中間層の台頭を受け，新興国市場の伸びに牽引された市場指向の要素も加わってきている。これにより，生産機能の海外移転のみならず，開発部門の海外立地も進んできている（鎌倉・松原，2012）。

2）2017年時点の大規模工場数は3,496で，2010年の3,314より増えている。2010年と比べてみると，食料品が546から629へ，輸送用機械が515から580，化学が250から269，一般機械・精密機械が483から528と増加したのに対し，電気機械は761から678に減少していた。

3）2000年～10年では，東日本の都県で減少が目立つのに対して，西日本の府県では減少幅が小さく，増加もみられ，「西高東低」傾向となっている。この間に最も多い32工場の増加を示したのが茨城県で，以下愛知，岐阜，三重の順となっていた。業種の内訳をみてみると，茨城県では食品や一般機械の工場が，東海3県では輸送用機械の工場が増加していた。

4）たとえば，府中町はマツダ，裾野市はトヨタ自動車，忍野村はファナック，刈谷市はデンソーやアイシン精機など，塩尻市はセイコーエプソンが，それぞれ立地していることで知られている。

5）経済産業省では，『工場跡地等の実態及び利活用方策に係る調査』を実施するとともに，2010年3月に『工場跡地等利活用事例集』をまとめている。自治体アンケート結果からの分析であることに留意する必要があるが，工場閉鎖の理由は，「集約化」によるものが128件，「事業からの撤退」が48件，「倒産」によるものが39件であったのに対し，「海外への移転」によるものは4件にとどまっていた。

閉鎖工場155件の利活用の用途としては，工場が83件で最も多く，これに商業施設（33件）が続いていた。自治体の施策でも，閉鎖工場跡地に対して工場立地を促す施策が採られることが多く，岩手，福島，長野，愛知，鹿児島などの県のウェブサイトでは，工場跡地一覧等の情報提供がなされている。

第3章
主要産業の工場立地変化

1. 産業構造の変遷と日本の主要工場

図3-1は，日本工業の業種別構成比の推移をみたものである。第2次世界大戦前の主導産業としての地位を回復するように，戦後復興期の1950年時点では，繊維工業が最大の部門であった。しかしながら，1955年以降の高度成長期になると，繊維工業の割合は急速に低下し，代わって鉄鋼などの金属や化学といった素材型工業の割合が上昇することになる。一般機械，電気機械，輸送用機械などの機械工業も伸びをみせるが，1970年代までは素材型工業の割合の方が高かった。

こうした構図は，その後1970年代の2度のオイルショックにより大きく変

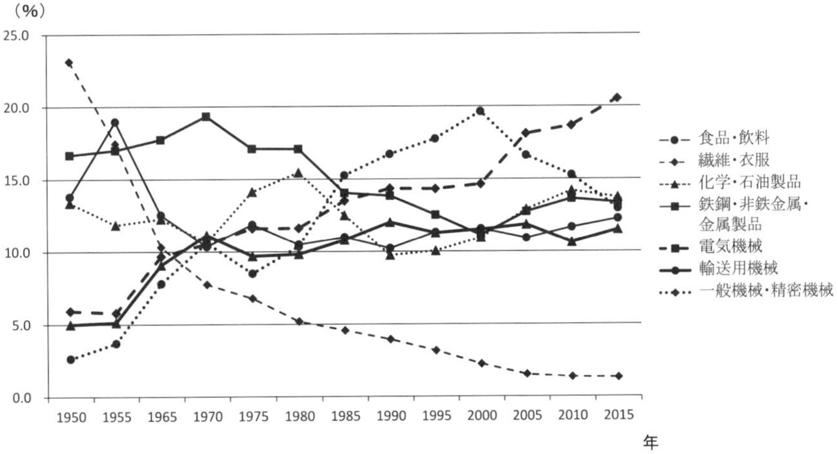

図3-1 日本工業の業種別構成比の推移

出所：「工業統計表」各年版，全事業所の製造品出荷額等により松原作成.

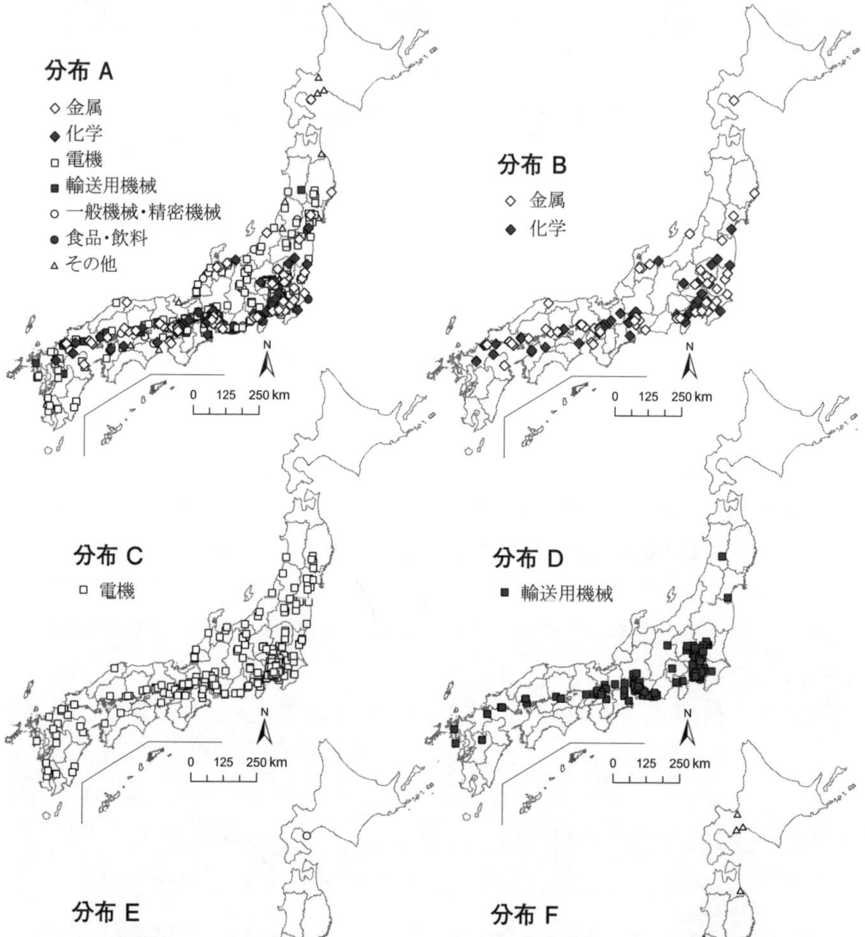

図 3-2　日本における従業員 1,000 人以上の工場（1990 年）

出所：『全国工場通覧（1992 年）』より松原・鎌倉作成.

わる。すなわち，1980 年代以降，重厚長大な素材型工業の割合が低下する一方で，機械工業，とりわけ軽薄短小なハイテク産業である電気機械工業が，大きな伸びをみせるのである。

そして 2000 年代以降，IT バブルの崩壊，家電不況，韓国，台湾，中国との競争激化などが絡み合い，電気機械工業の割合が低下する一方で，円安の下でのアメリカへの輸出の伸びを背景に，自動車を中心とした輸送用機械が主導産業に躍り出るのである。また，成長するアジア市場への輸出の伸びを背景に，鉄鋼や化学といった素材型工業の復活もみてとることができる。

また，**図 3-2** は，『全国工場通覧』をもとに，1990 年時点の従業員 1,000 人以上の 694 工場を取り上げ，業種別に分布をみたものである。[1)]全体（**分布 A**）としては，東京湾から，伊勢湾，大阪湾，瀬戸内海へと続く太平洋ベルトに大規模工場の連なりがみてとれる。これに対し，日本海側には少ないが，富山，石川，福井の北陸 3 県には線上に金属，化学，電機，一般機械・精密機械の大規模工場が連なっている。内陸部に関しては，北関東，長野県，新潟県，福島，宮城，山形の南東北に電気機械の大規模工場が比較的多く分布していることがわかる。

業種別の特徴をみると，金属や化学といった素材工業は，金属の大規模工場については北海道や東北，北関東，日本海側にも一部みられるものの，全体としては太平洋ベルトへの集中が著しい（**分布 B**）。機械工業については，電気機械が，関東，関西，東海から，東北や甲信越，北陸，九州へと地方分散が顕著であるのに対し（**分布 C**），輸送用機械の場合は，南関東から北関東にかけて最も多く分布し，東海がこれに次ぎ，近畿にも比較的多く，集中的であることがみてとれる（**分布 D**）。なお，広島，山口，福岡は自動車工場だが，熊本はオートバイ，長崎は造船の工場である。一般機械・精密機械についても，南関東から北関東にかけて，静岡から愛知にかけて，また大阪から瀬戸内海を経て福岡にかけて，連なった分布がみられる（**分布 E**）。日用消費財工業，特に食品・飲料については，三大都市圏に多くの大規模工場が立地している（**分布 F**）。

この後 1990 年代以降の日本経済は，バブルの崩壊により衰退傾向が長く続き，産業の空洞化により，工場閉鎖が相次ぐことになる。以下では，素材工業，機械工業，日用消費財工業の 3 つに分け，主要産業部門の工場に焦点を当て，立地変化をみていくことにしよう。

2. 素材工業の立地変化

(1) 鉄鋼業

2015年7月，「明治日本の産業革命遺産　製鉄・製鋼，造船，石炭産業」が，世界遺産として登録された。8県にまたがる23の産業遺産のうち，岩手県釜石市の橋野鉄鉱山は，最も古い洋式高炉跡であり，官営八幡製鐵所では，1901年に火入れが行われた東田第一高炉をはじめ，近代製鉄業が確立された。八幡では，筑豊炭田の石炭と中国大陸からの鉄鉱石を主な原料としていたが，ほぼ同時期に創業を開始した釜石や北海道室蘭市の製鉄所では，鉄鉱石と石炭の調達の便が考慮された国内資源立地型の工場であった。その後，1930年前後になると，軍需産業への対応を背景に，京浜と阪神の工業地帯で市場立地型の製鉄所もみられるようになる。

日本の製鉄所が大きく変わるのは，戦後高度成長期で，鉄鉱石はオーストラリア，ブラジル，インドなどから，石炭はオーストラリア，カナダ，アメリカなどからというように，海外原料に依存することになり，東京湾，伊勢湾，大阪湾，瀬戸内海の3湾1内海で，臨海立地・市場立地型の新鋭製鉄所が次々と建設されることになった。しかも，1953年の川崎製鉄（当時）千葉製鉄所をはじめとして，銑鋼一貫製鉄所が合理的な工場レイアウトの下で各地で造られたのである。[2)]

1960年代後半から70年代前半における日本の製鉄業の伸びは著しく，オイルショック以降は1億トン前後で推移するものの，1980年代以降はアメリカ合衆国を抜いて，先進工業国（ソ連や中国を除く）で第1位の地位を維持してきている（**図3-3**）。

また，日本国内では，東日本と西日本で市場の伸びが不均等であったこともあり，西日本（和歌山市）に本拠地をもつ住友金属（当時）は，東日本への進出を図り，最終的には茨城県の鹿島に新たな拠点を建設する。鹿島では砂丘を掘り込んで掘り込み式港湾が建設され，臨海工業地帯が形成された。これに対し，東日本（川崎市）を本拠地とする日本鋼管（当時）は，西日本に拠点を求め，広島県福山市に新たな拠点を設けるというように，寡占間競争により「東西相互浸透立地」と呼ばれるような特徴的な立地もみられた。

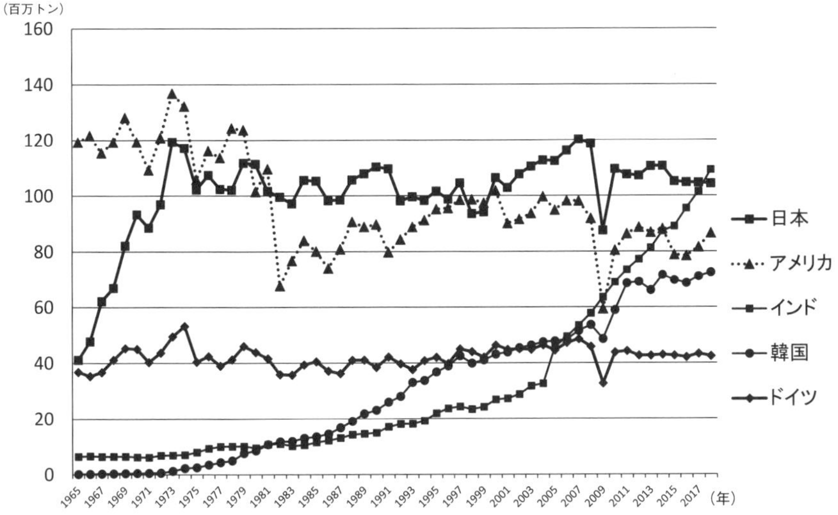

図 3-3　主要国の粗鋼生産量の推移

注：　ドイツの 1990 年までは旧西ドイツの数値．旧ソ連との差が大きいロシアと 2000 年以降急上昇する中国は除く．中国の粗鋼生産量は，2000 年の 1 億 2850 万トンから 2018 年には 9 億 2826 万トンになっている．

出所：　日本鉄鋼連盟「日本の鉄鋼統計」,「鉄鋼統計要覧」より松原作成．

1970 年代初頭時点で粗鋼生産量 500 万トン以上もしくは従業員数 1 万人以上の製鉄所を並べてみると，新日本製鐵（当時）の八幡，広畑，名古屋，君津，日本鋼管の京浜，福山，川崎製鉄の千葉，水島，住友金属工業の和歌山となっていた（日本工業立地センター，1972，p.392）。このように，高度経済成長期には，東西 2 基地，東中西 3 基地など，多くの製鉄所が新設されたが，1970 年代のオイルショック後の不況により，過剰設備が表面化することになった。合理化計画の下で，製鉄所のスクラップ・アンド・ビルドが求められることになるが，高炉大手各社の製鉄所別粗鋼生産量の推移をみてみよう（**表 3-1**）。

新日本製鐵においては八幡，釜石，室蘭など，国内原料依存型の古くて小規模で市場から離れた位置にある製鉄所がスクラップ化され，君津，大分，名古屋など，相対的に新しく市場に近接した大型製鉄所がビルドされてきた。また住友金属工業においては，従来からの和歌山よりも新しく首都圏市場に近い鹿島の生産量が大きくなっていた。これに対し，日本鋼管においては，京浜よりも福山，川崎製鉄においても，千葉よりも水島の生産量が多くなっており，

表 3-1　高炉大手企業の製鉄所別粗鋼生産量の推移

企業名	製鉄所名	創業年	1965年	1975年	1985年	1995年	2005年
新日鐵住金	**合計**		**13,735**	**36,775**	**29,295**	**26,112**	**29,878**
（旧新日本製鐵）	室蘭	1909	2,410	3,771	1,879	1,115	1,492
	釜石	1903	807	1,092	753		
	君津	1968		8,436	6,316	7,782	9,507
	名古屋	1964		5,021	4,155	5,418	5,677
	堺	1965	816	3,973	1,964		
	広畑	1939	2,770	3,762	1,603	999	1,153
	八幡	1901	6,889	7,490	5,835	3,382	3,870
	大分	1972		3,230	6,790	7,416	8,179
（旧住友金属工業）	**合計**		**4,184**	**14,146**	**11,254**	**9,969**	**11,810**
	鹿島	1971		5,873	5,921	5,888	7,731
	和歌山	1961	2,935	6,472	4,372	2,948	4,079
	小倉	1939	957	1,801	961	1,133	
JFEスチール	**合計**		**4,265**	**15,930**	**12,600**	**11,255**	**13,124**
（旧日本鋼管）	京浜	1927	4,265	2,497	5,627	3,646	3,987
	福山	1966		13,433	6,973	7,609	9,137
（旧川崎製鉄）	**合計**		**4,348**	**14,666**	**11,372**	**10,487**	**13,403**
	千葉	1953	4,190	6,154	4,762	3,465	4,112
	水島	1967		8,512	6,610	7,022	9,291
神戸製鋼所	**合計**		**2,436**	**7,805**	**6,460**	**5,229**	**7,923**
	尼崎	1941	644	430			
	神戸	1959	1,612	2,807	1,211	836	1,600
	加古川	1970		4,568	5,249	4,393	6,323
総計			**28,968**	**89,322**	**70,981**	**63,052**	**76,138**

注：　日本鋼管と川崎製鉄は 2003 年に経営統合し，JFE スチールになり，各製鉄所は東日本製鉄所の京浜地区，千葉地区，西日本製鉄所の福山地区，水島地区となった．数値は各年３月時点集計を基本とした．
出所：　鉄鋼新聞社『鉄鋼年鑑』各年版および各社資料より松原作成．

JFE スチール全体で，「東日本製鉄所」から「西日本製鉄所」に生産の重心がシフトしてきたことがみてとれる。さらに神戸製鋼所においては，神戸から加古川に集約する動きがとられてきた。また，生産・物流の合理化を軸とする域内連携立地が，東京湾と瀬戸内海中東部において現れた（柳井雅人，2000）。

1980 年代に日本の鉄鋼業の成熟化が懸念され，そうしたなかで，「脱鉄」の動きもみられた。しかしながら，半導体分野への進出など，多角化戦略の失敗が目立ち，転換の難しさを露呈することになった。また，80 年代後半のバブル期に，高級自家用車用の表面処理鋼板など高付加価値化（ファインスチール）に向けた設備投資を行ったが，その後のバブル崩壊により過剰投資となり，企業体力の弱体化もみられた。

一方で，浦項製鉄所を擁する韓国の POSCO が競争力を向上させるとともに，海外展開や新たな技術開発など積極的な動きを示し，中国では，国営企業の改革，乱立状態ともいえる多数企業の参入がみられ，量的拡大が進められる一方で，かつて日本企業の技術援助を受けた上海の宝山鋼鉄集団と武漢鋼鉄集団が 2016 年に経営統合し（中国宝武鋼鉄集団に社名変更），ヨーロッパのアルセロール・ミタルに次ぐ世界第 2 位に躍り出るなど，グローバル競争が激化してきている。

こうしたなかで，NKK と川崎製鉄の合併により 2003 年には JFE スチールが誕生，その後新日本製鐵と住友金属との合併により 2012 年には新日鐵住金（2019 年より社名を日本製鐵に変更）が誕生し，かつての 5 社体制が現在では 3 社体制に移行している。合併により，たとえば JFE スチールでは，京浜と千葉，福山と水島というように，比較的近接した位置に 2 つの製鉄所を抱えることになった。これを受け同社では，「製鉄所内の隣接する地区を一体運営することで，それぞれの設備特性を有効活用した生産や輸送コストのミニマム化を図るとともに，重複設備の集約と存続設備の最大限の活用により，世界最高水準の競争力のある生産体制を構築する」（『JFE 技報』No.1，2003，p.2）としている。

また，自動車生産の海外シフトに対応するために，製鉄所の海外立地が進められてきている[3]。たとえば，JFE スチールは中国広州市の南沙地区に生産拠点を設け，日本国内の瀬戸内地域から薄板のコイルを輸入し，中国の工場で再度圧延をし，メッキを施して，広州市に立地している日本の自動車メーカー等に製品を納入している。こうした動きは，中国だけではなく，タイやメキシコ，ブラジルでも起きている。また新日鐵住金は，2011 年度以降，ブラジル，メキシコ，アメリカ合衆国，タイ，インド，インドネシアなどで自動車用の高級鋼の現地生産を展開してきている。

このように海外シフトが強まるなかで，たとえば，新日鐵住金グループでは，「2017 年中期経営計画」において，2015 年度末を目途に君津の第 3 高炉を休止し，高炉 2 基体制に移行するなど，「国内マザーミル競争力の強化」を打ち出していた。こうした設備削減の動きは，2020 年にパンデミックを引き起こした新型コロナウイルスによる世界経済の落ち込みにより，拍車をかけられることになった。鉄鋼各社は，これまでにない大規模な高炉の休止・廃止を打ち出している。日本製鐵は，2020 年 9 月末までに小倉の高炉を，22 年 9 月末までに和歌山の高炉 1 基を休止するとしていたが，呉製鉄所も 23 年 9 月末までに閉鎖するとした。またJFEスチールも，2023年度中に東日本製鉄所の京浜扇島の高炉を休止するとした（「日本経済新聞」2020年3月27日）。これまで維持されてきた首都圏の高炉の休止は，スクラップ・アンド・ビルドが新たな局面に入ったことを示している。

(2) 石油精製工業

日本の石油精製企業は，旧財閥系，外資系，民族系などに分けられるが，全体としては高度成長期に全国2基地，もしくは3基地体制を確立してきた（矢田俊文，1967)。その後，2度のオイルショックを受け，1980年代初頭に当時の通産省主導の「石油蒸留設備処理計画」に基づいて各社とも設備の休止・削減を実施した。複数事業所立地の大手グループでは小規模な製油所における常圧蒸留設備能力を削減・休止したが，1990年代に入ってからはそれぞれ競争力のある中核的製油所の設備強化に転換してきている（**表3-2**)。

日本における石油精製業は，2000年代までは，全国的に製油所を展開する大手6グループと，直接大手6社の受託精製を受けない6社に分けることができた。このうち，旧大手6社の立地体系については，系列会社を含めて全国を市場圏分割し，3湾1内海に製油所を立地させていた例が多い。比較的製油所数が少ない旧ジャパンエナジー，コスモ石油，旧エクソンモービル，旧昭和シェルは東西立地を軸に3～4製油所を配置していた。これに対し出光と旧日石三菱は，北海道から瀬戸内海西部（岩国・徳山）まで，各所に製油所を配置しており,少数拠点への集約化ではなく幅広く供給能力を散らす戦略を採っていた。

また，旧大手6社はそれぞれ1つないし複数の系列企業を傘下に置き，多様な立地展開を行っていたが，小規模な製油所の閉鎖と大都市近接型の大規模な製油所の強化という流れが読み取れる。こうした動きの背景には，以下の2点がある。①より付加価値の高いガソリン・灯油・軽油等への製品のシフトが進んでおり，またこうした製品は消費地に近いほうが有利という点，②鉄鋼業と異なり比較的早い時期から旧ジャパンエナジー・コスモ石油・旧日石三菱のように事業統合が行われてきたことが，相対的に競争力が劣る小規模製油所が廃棄されグループ内での設備集約化を加速した点，である。

2000年代以降，製油所のさらなる再編を促す施策が次々と打ち出されてきた。1つは,小泉内閣の時に打ち出された規制緩和と自由化を促す施策である。

表 3-2　製油所別常圧蒸留設備の変化

資本系列	会社名	製油所名	1985 年	1995 年	2005 年	2013 年	2020 年
出光興産（2019 年に出光興産と昭和シェル石油が合併）	出光興産	小計	640	780	640	640	500
		北海道	90	130	140	140	150
		千葉	210	250	220	220	190
		愛知	130	160	160	160	160
		兵庫	110	140			
		徳山	100	100	120	120	
	沖縄石油精製	沖縄	60	100			
	東亜石油	京浜			185		
	東亜石油	川崎	65	65		65	70
	（旧昭和石油）	川崎	149	120			
	（旧昭和石油）	新潟	30				
	昭和四日市石油	四日市	235	240	210	210	255
	西部石油	山口	150	120	120	120	120
コスモ	コスモ石油	小計	725	645	595	635	363
	（旧大協石油）	四日市	175	155	155	175	86
	（旧丸善石油）	千葉	220	240	240	220	177
	（旧関西石油）	堺	110	110	80	100	100
	（旧アジア共石）	坂出	140	140	120	140	
	（旧アジア石油）	横浜	80				
ENEOS（2017 年に JX エネルギー㈱と東燃ゼネラル石油㈱が合併）	ジャパンエナジー		281	301	200		
	（旧東亜共石）	知多	85	95			
	（旧日本鉱業）	水島	190	200	200		
	（旧日本鉱業）	船川	6	6			
	新日本石油精製	小計	1082	1046	1042	1102	855
	（旧日本石油）	室蘭	125	150	180	180	
	（旧日本石油）	横浜	55				
	（旧日本石油）	新潟	26	26			
	（旧日本石油精製）	根岸	330	360	340	270	270
	（旧日本石油精製）	下松	22				
	（旧沖縄石油精製）	中城	8				
	（旧三菱石油）	水島	220	225	250	380	320
	（旧三菱石油）	川崎	75	75			
	（旧東北石油）	仙台	88	100	145	145	145
	（旧興亜石油）	麻里布	133	110	127	127	120
	九州石油	大分	130	130	155	136	136
	日本海石油	富山	46	60	60		
	和歌山石油精製	海南	64	50			
	大阪国際石油精製（旧興亜石油）	大阪	80	104	115	115	115
	東燃ゼネラル石油	小計					
	（旧東亜燃料工業）	川崎	200	240	335	335	235
	（旧東亜燃料工業）	和歌山	171	166	170	170	127.5
	（旧東亜燃料工業）	清水	30				
	（旧ゼネラル石油精製）	川崎	45				
	（旧ゼネラル石油精製）	堺	120	156	156	156	135
	（旧日網石油精製）	川崎	80	70			
	極東石油工業	千葉	125	138	120	175	129
	鹿島石油	鹿島	140	180	175	253	197
その他	太陽石油	四国	65	85	120	120	138
	南西石油	西原	50	80	100	100	
	東邦石油	尾鷲	35	35			
	帝石トッピングプラント	頸城	4	4	4		
	富士石油	袖ヶ浦	170	162	192	143	143

注：　数値は原油処理能力を示し，単位は千バレル／日.
出所：『今日の石油産業 2013』日本石油連盟，日本石油連盟ウェブサイトより松原・鎌倉作成.

もう1つは，政権交代により誕生した鳩山民主党政権の下で2010年に打ち出された「エネルギー供給構造高度化法」である[4)]。こうした政策的背景の下，さらなる製油所の統廃合が進められている。2011年9月には東亜石油の扇町工場（川崎市），2013年7月にはコスモ石油の坂出，2014年3月には出光興産の徳山，旧JX日鉱日石エネルギーの室蘭が閉鎖された。2015年には，南西石油の西原も石油精製装置を停止した。2020年3月現在，全国の製油所数は22か所にまで減少している。

また，2015年には出光興産と昭和シェル石油の経営統合が合意され，2019年に昭和シェル石油は出光興産の傘下に入った。さらにはJXエネルギーと東燃ゼネラル石油が2017年に合併し，JXTGエネルギー（2020年6月25日よりENEOSへ改称）が発足した。2016年には，南西石油（2008年よりブラジルの石油会社ペトロブラスの傘下）が太陽石油の子会社となるなど，企業の再編も急速に進められている。

一方で，出光興産がベトナムで初の海外製油所の建設を行うなど，企業収益の確保のため，海外展開も進められてきている。今後も国内における需要の減少傾向が続くとともに，新興国の製油所における生産拡大により，製油所間の国際競争がさらに激化することが見込まれている。こうした状況を受け，国は中長期的に国内での安定的な石油製品の供給が困難になることを懸念し，国内石油精製業の国際競争力を維持するための対策も検討されている（資源エネルギー庁資源・燃料部，2017）。

(3) 化学工業

第2次世界大戦前の日本の化学工業は，石炭化学や電気化学が中心であり，石炭化学コンビナートで知られた福岡県大牟田市や旭化成発祥の地・宮崎県延岡市など，石炭や水力発電地帯といった国内原料指向型の工場立地が各地でみられた。**図3-4**は，1950年以降の化学工業の内容の変化をみたものである。

第2次大戦後の復興期では，食料増産がめざされ，化学肥料の傾斜生産が行われた。金額では顕著ではないが，構成比をみると，化学肥料の割合が高いことがみてとれる。ただし，化学肥料は1955年をピークに，また無機化学も1960年以降減少していく。

1955年以降の高度成長期に金額・構成比ともに大きな伸びをみせるのが，有

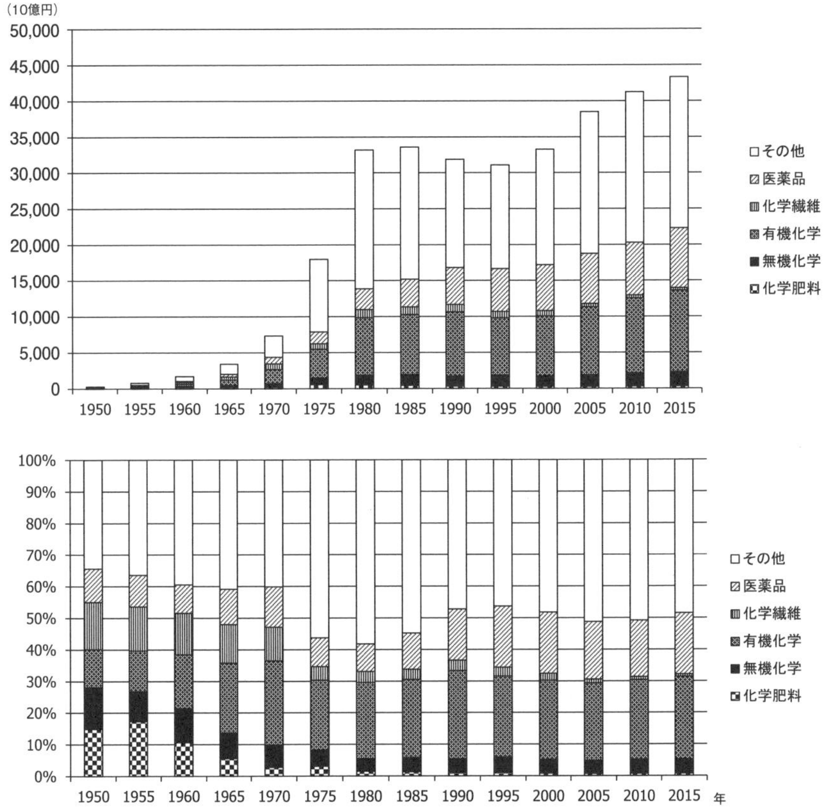

図 3-4　日本の化学工業の製造品出荷額等の推移

注：　化学繊維は 2008 年より繊維工業へ移動した.
出所：　「工業統計表」より松原作成.

機化学，石油化学工業である。1960 年代，70 年代に大きな伸びを示した後，オイルショック後の 80 年代以降はほぼ横ばいとなっている。これに対し，化学繊維は，第 1 次オイルショックにより，大幅に構成比を低下させている。1980 年代以降，構成比をあげてきているものが，医薬品とその他になる。その他は，スペシャリティ化学や機能性化学（デジタル家電や自動車などの素材・部材）と呼ばれる分野の成長によるものといえる。

1970 年代初頭の化学関連の大規模工場をみてみると，石油化学センターが川崎や千葉，四日市，水島，新居浜など，太平洋ベルトに連なっているのに対し，化学肥料については，三井東圧化学の大牟田，日本瓦斯化学工業の新潟，日産化学工業の富山，宇部興産の宇部，住友化学工業の菊本（新居浜市），三菱化成工業の黒崎（北九州市），苛性ソーダについては，呉羽化学の錦（勿来市），日本カーバイドの魚津，信越化学の直江津，電気化学の青海，東洋曹達工業の新南陽，徳山曹達の徳山，化学繊維については，帝人の岩国，三原，松山，東レの滋賀，名古屋，クラレの倉敷，東洋紡績の敦賀，旭化成の延岡，富士，鐘淵化学の高砂など，日本海側を含め，全国各地に拡がっていた（日本工業立地センター，1972，p.392)。

次に，日本全体のエチレン生産量の推移をみてみると，高度経済成長期，1960 年代後半から急激に増加し，70 年代の 2 度のオイルショックで，落ち込んでいることがわかる（**図 3-5**)。70 年代半ばの時点では，当時の通産省の行政指導の下で，エチレン 30 万トン基準の設定に基づいて第 1 期の丸善石油化学，山陽エチレンが稼動，そして第 2 期の浮島石油化学（千葉)，住友化学（新居浜)，三菱油化（鹿島)，昭和油化（大分–鶴崎）の 4 センターにおいて増強計画が練られていた。

ところが，構造不況が深刻になり，80 年代半ばになると産構法（特定産業構造改善臨時措置法）に基づいて，遊休設備を含めた総生産能力年産約 634 万トンから約 432 万トン体制へ向けて各社の設備処理が行われた（富樫幸一，1986)。この段階では，1983 年に住友化学が新居浜，三井化学が岩国大竹の各設備を休止させ，三菱化成が自社設備を水島エチレンに集約化するなどの動きがみられた。また，この時に自社内で設備処理を果たせなかった 1 事業所制のエチレンセンターでは，他社から設備枠を譲り受けることになった。

1980 年代後半以降に入ると，今度は世界的な需要の拡大が続くなかで，87 年にはエチレンが産構法の指定業種から繰り上げ解除され，誘導品向けの原料確保と韓国などのエチレン増設の動きにも対応し，休止設備の再開，新規設備の増設など，設備増強の動きが一転して活発になった（松原宏，1991)。この結果，三井石油化学岩国が再稼動，三菱油化鹿島，東燃化学川崎，出光石油化学徳山，三菱化成水島，昭和電工大分などで大幅な新増設計画が持ち上がり，1990 年に年産合計約 563 万トンまで次々と設備が強化された。1990 年代半ばになっても引き続き設備増強の流れは止まらず，各社が設備増強を図るなかで，1994 年には三菱油化と三菱化成が合併して三菱化学が発足，年産合計 150

図 3-5　日本におけるエチレン生産量の推移

出所：石油化学工業協会（http://www.jpca.or.jp/）より松原・鎌倉作成.

万トンの最大手メーカーとなった。また 1997 年には，三井石油化学と三井東圧化学が合併し，三井化学となった。さらに千葉地区では，丸善石油化学が京葉エチレンを設立，後に住友化学と三井石油化学も資本参加し，年産合計 60 万トン以上の供給能力を持つ新鋭設備が稼働することになった。この結果，国内設備能力は合計年産 700 万トンを越えてようやく一段落した。こうした需要増大は，1994 年の国際市況高騰にも支えられ，既存設備は軒並みフル稼働となった（杉浦勝章，2001）。

こうした設備増強の流れは，2000 年になって 15 年ぶりに能力の減少をみることとなったが，全体としてみれば 1990 年代半ばの東南アジア向け輸出と国内需要の堅調な伸びに支えられてきていた。

ところで，石油化学工業では多種類の誘導品が生産されるが，その基礎となるのがエチレンセンターである。**表 3-3** は，日本国内のエチレンセンターを取り上げ，各センターの生産能力の推移を示したものである。

表 3-3　エチレン生産能力の変化

（単位：千トン / 年）

資本系列	エチレンセンター	所在地	1975 年	1985 年	1995 年	2005 年	2012 年	2018 年
出光	出光石油化学	徳山	310	260	498	668	623	623
		千葉		246	398	398	374	374
住友	住友化学	千葉	448	345	415	415	380	
		新居浜	159					
丸善	丸善石油化学	千葉	470	373	525	525	480	480
丸善・住友・三井	京葉エチレン	千葉			637	768	690	690
三井	（旧三井石油化学）	千葉	140	496	612	612	553	553
	大阪石油化学	堺	330	292	409	500	455	455
	（旧三井石油化学）	岩国・大竹	198					
JXTG	日本石油化学	川崎	537	312	432	443	404	404
東燃	東燃化学	川崎	490	350	504	515	491	491
昭和電工	（旧昭和油化）	大分	220	320	767	677	615	618
東ソー	（旧新大協和石油化学）	四日市	317	266	425	527	493	493
旭化成	山陽石油化学	水島	350	349	487	504	443	
三菱	（旧三菱化成）	水島	165	360	498	496	431	496
	（旧水島エチレン）	水島	314	325	798	901	778	485
	（旧三菱油化）	鹿島	320	227	296			
	（旧三菱油化）	四日市	444					
合計			5,212	4,521	7,701	7,984	7,210	6,162

出所：　重化学工業通信社『日本の石油化学工業』各年版，石油化学工業協会ウェブサイトより松原・鎌倉作成.

この表からまず第 1 に，スクラップ・アンド・ビルドの地理的特徴を読み取ることができる。すなわち，相対的に古くて小規模で，首都圏から遠いセンター（新居浜，岩国・大竹など）では，休止・閉鎖がなされたのに対し，相対的に新しく大規模で，首都圏市場に近い京葉コンビナートなどがむしろ増強される傾向にあった。しかも，スクラップ化の対象とされた拠点が閉鎖されることはなく，ファインケミカル拠点に転換された点にも注目する必要がある。その結果，瀬戸内はファインケミカル拠点，首都圏はマスプロ拠点といった位置づけがなされたのである（松原，1991）。

第 2 に，1985 年～ 95 年にかけて，千葉，鹿島，水島のエチレンセンターで生産能力の増強がみられた。バブル期の経済成長を背景に，石油化学工業の「復活」が明確となったのである。そうした設備増強の動きは，アジア諸国への石油化学製品の輸出に支えられ，バブル崩壊後も続き，2005 年にピークを迎えるエチレンセンターが大半を占めている。

第 3 に，2005 年～ 18 年の変化をみると，ほとんどのエチレンセンターで生産能力の削減がみられ，三菱化学は 2014 年に鹿島のエチレンセンターを一基停止，住友化学は 2015 年に千葉でのエチレン生産から撤退，2016 年には旭化成が水島でのエチレン生産を停止した（「日刊工業新聞」2016 年 2 月 3 日）。

再びエチレン生産量の推移をみると，第 1 次オイルショック，第 2 次オイルショック，バブル崩壊といった不況の時期に落ち込むものの，長期的にみると，2000 年までは，総じて右肩上がりで伸びてきていた（**前掲図 3-5**）。その後，横ばいでしばらく推移した後，2008 年のリーマンショック以降，急激に減少した。国産品への需要回帰もあり，各エチレンセンターは高稼働率を維持しているが，生産能力を削減しているため，ピーク時の生産量に戻ることはない。これは，韓国や台湾，中国，シンガポール，中東地域で，大規模なエチレンセンターが稼働し，国際的競争が激化していること，国内市場の低迷とアジア市場の伸びを受けて，シンガポールや中東地域で，日本の大手化学企業がエチレンプラントの建設に関わっていることが関係している。2000 年代において，世界全体の化学品出荷額は急速に拡大し，特に日本以外のアジアにおいて成長が著しく，なかでも中国が最も大きな割合を占めるようになってきている（**図 3-6**）。

その一方で，日本企業の国内拠点は，より付加価値の高いスペシャリティ化学品や機能性化学品の生産に転換してきている。こうした特定用途に用いられる付加価値の高い化学品で強みを持つために，新しい製品を生み出す研究開発

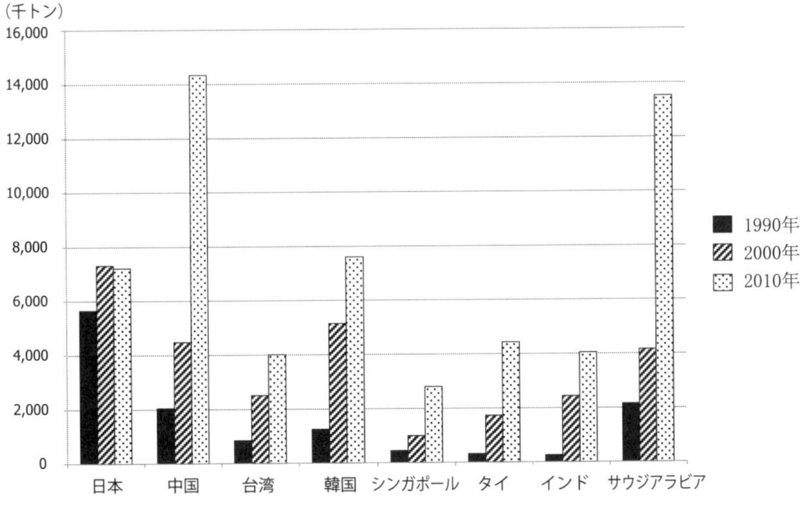

図 3-6　アジア主要国におけるエチレン生産能力の推移

出所：重化学工業通信社 (2011)『日本の石油化学工業 50 年データ集』p.388 の表をもとに，松原作成.

の重要性が増している。

化学産業の研究開発においては，新しい化学品の研究だけでなく，実験室から量産のためのスケールアップなど，プロセス技術の深耕も必要であり，さらには素材を使用するユーザー企業とのやりとりも重要になる。そのため，大学や研究機関との近接性を重視した立地だけでなく，生産拠点，ユーザー企業との近接性を重視した立地もみられる。また，欧米企業を中心に，ユーザー企業と共同で研究開発を迅速に進めるためや，現地の高度人材を獲得するため，本国以外に大規模な研究所を立地させる企業も出てきており，日本企業についても同様の動きがみられるようになってきている（鎌倉夏来，2018）。

3. 機械工業の立地変化

（1）電気機械工業

電気機械工業の特徴は，労働集約的な組立工業であるとともに，製品の種類が多岐にわたるため，製品間・工程間空間分業が発達している点にある。しかも，小型で軽量，高付加価値な製品が多いために，トラック輸送や航空機による空輸も可能で，大都市圏都心部に本社，大都市圏近郊に研究開発拠点，大都市圏外縁部に製品の組立を行う本工場がそれぞれ立地し，地方都市や農村部に主に部品を生産する分工場が立地するというように，企業組織の階層性に対応して，本社－R&D－本工場－分工場といった拠点の階層性がみられ，階層的立地が発達している点も特徴といえる（末吉健治，1999）。

日本の電気機械工業の立地の大きな特徴点としては，東京を中心とした東日本と大阪を中心とした西日本との対照性があげられる。すなわち，東芝や日立，三菱電機といった重電企業は東日本中心に，パナソニックやシャープなどの家電企業は西日本中心に，それぞれの複数工場を配置している。これは，電気機械工業の歴史的経緯によるものといえる。

明治から昭和初期にかけての時期は，日本の電気機械工業の萌芽期といえるが，大きく3つの系譜に分けられよう。1つは，鉱山を起源とするもので，鉱山機械やその修理から電気機械工業が発達したものである。具体的には，日立鉱山から生まれた日立製作所，筑豊炭田で生まれた安川電気などである。第2は近代都市の建設に不可欠な電灯や発電施設，電車などの政府の需要・官需によって成長した重電企業で，東芝や三菱電機などがあげられる。第３は，電信や電話，軍事用の無線などに関わる通信機メーカーで，富士通や日本電気（NEC），沖電気（OKI）などである。

これに対し，戦後高度成長期に，国民所得の増大を背景に，「3種の神器」などと呼ばれる家電製品が市場を拡大することになる。こうしたなかで，松下電機，三洋電機，シャープといった大阪に本拠地をもつ家電企業が成長する。その結果，東京，大阪の二大中心地が形成されることになるが，両中心地には最終製品を販売する大手企業だけではなく，各種部品を生産する中小零細工場が集積し，しかも両大都市圏に存在する豊富な低賃金労働力がそれらの工場の下支えを行っていたのである（竹内淳彦，1968）。

北川博史（2005）は，電気機械工業従業者の都道府県別分布図を歴史的にみることにより，「電気機械工業の展開過程」を明らかにしている。1950年時点では，「東京都が最も多く，46,393人を数える。続いて，神奈川県の25,078人，大阪府の16,932人，兵庫県の11,644人，愛知県の10.562人であり，10,000人以上の従業者数を数えるのはこの5都府県しかなかった」（p.92），「3大都市圏以外に電気機械工業の集積がみられた地域は，戦時中，疎開工場の多くが立地した長野県や日立製作所を中心とした茨城県，さらに安川電機を中心とした福岡県」（p.93）などとしている。

1973年の第1次オイルショックにより，高度経済成長は終焉を迎えるが，日本の場合は低成長期において，工業化の新たな段階，ハイテク工業化に向かうことになる。その重要な柱が，電気機械工業であった。同じ頃，高速自動車道が東北や中国地方など地方圏に伸び，九州などでは空港の整備がなされ，地方への工場移転が進められた（赤羽孝之，1975，1980；山口不二雄，1982など）。その結果，量産型組立工場は，大都市圏外縁部に立地し，部品工場の地方立地が進められた。

また，1970年代には，コンデンサなどの弱電部品のアジアNIESへの立地がみられるようになった。1980年代には，世界の家電市場に占める日本企業の競争力は強く，日本からの輸出も多かったが，1985年の円高以降，欧米市場をめざしたカラーテレビやVTR，電子レンジなどの組立工場の立地が本格化した（法政大学比較経済研究所ほか編，1987）。アメリカ向けのカラーテレビなどは，日本からブラウン管を輸送し，アメリカ国境に近いメキシコのマキラドーラで最終製品にして出荷することが多かった。また，90年代初頭のEU統合の前に，EU域内での現地生産を進めたが，多くの企業はイギリス，しかも余剰労働力の多い，ウェールズなどの旧産炭地域に立地する傾向がみられた（松原，1989）。

1980年代後半は，バブル経済の影響で日本国内での地方立地もみられたが，90年代に入り，バブルが崩壊すると，日本国内の地方からタイやマレーシア，インドネシアなどのASEAN諸国の工場に生産をシフトする動きが強まり，国内電機工業の空洞化が問題となった。90年代後半以降は，改革開放路線をとる中国に立地が集中するようになるが，ASEAN諸国や中国で，賃金や所得の上昇がみられるようになると，労働力を求めた立地から市場立地へと転換するようになる。進出先国も，中国のリスクを回避し，「チャイナ+1」と呼ばれるように，ベトナムやフィリピン，インドなどへの新規立地を進めることになる。

2000年代以降になると，薄型テレビや携帯電話など，デジタル家電ブームが到来し，「国内回帰」と呼ばれるように，シャープの亀山工場，堺工場，パナソニックの尼崎のプラズマディスプレイ工場など，日本国内での大型設備投資が進められた（近藤章夫，2009）。しかしこれらの製品の寿命は短く，しかも生産方法も普及し，日本メーカーだけの独壇場は短期間で崩れ，韓国のサムスン，LG，台湾の鴻海，中国のハイアールなど，日・韓・台・中のグローバル競争が激化し，価格破壊，コモディティ化が進んできている。**図3-7**は，カラーテレビについて，日本での国内生産，日系企業の海外生産，その他の生産台数の推移を示したものである。日本企業の国内・海外での生産台数はほとんど変わらないのに対し，2000年代以降，その他の国の企業の生産台数が大幅に伸びてきていることがわかる。世界のマスマーケットに対して，日本製品は，品質は高いものの，多くの機能が付与されており，世界市場から隔絶された位置にあるとして，「ガラパゴス化」という表現もなされている（宮崎智彦，2008）。

これまで日本企業は，部品から最終製品まで，すべての工程をフルセットで有する「垂直統合モデル」をとってきたが，アップルは「水平統合モデル」を採用し，競争力を発揮してきた。1990年代の「垂直統合モデル」の限界が，2000年代のITバブルの崩壊，家電不況により表面化し，組織再編，事業撤退，国内工場の閉鎖が相次いでいる。

本章の始めに分布図を示した1990年時点の電気機械の大規模工場について，

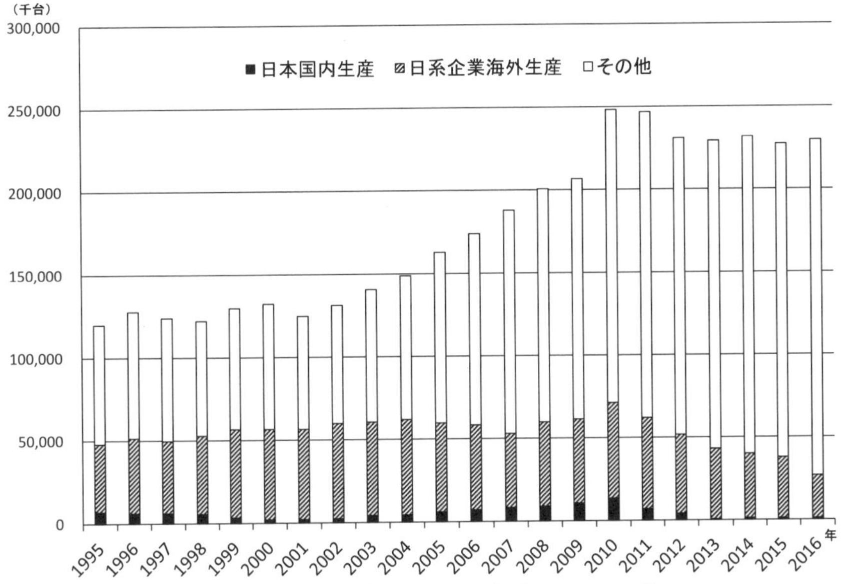

図 3-7　電子機器の世界生産（カラーテレビ）

出所：電子情報技術産業協会「主要電子機器の世界生産状況」より松原作成.

2016 年時点の状況を調べてみたところ，237 工場のうち閉鎖されたものが全体の 16 %を占めていた（**図 3-8**）。とりわけ，東京，大阪大都市圏で多くなっていたが，九州や南東北でも閉鎖工場がみられた。また，企業名の変更を含め，組織再編の影響を受けた工場は，全国各地に拡がっていた。企業ごとに変化をみてみると，関東の総合電機企業の工場については，維持されているものが多かったのに対し，関西の家電企業の工場で閉鎖や組織変更の影響が比較的多くみられた[5]。

また鹿嶋洋（2016）では，1990 年代以降の市町村別・産業細分類別電気機械工業従業者数の変化を分析しているが，産業用の高付加価値型，多品種少量生産型の業種は，大都市部での減少が目立ち，相対的に分散したのに対し，集積回路や液晶関連のような資本集約的な業種では，集中傾向がみられたこと，電子部品の組立など，労働集約的な部門を多く含む業種では，東北や甲信などの地方農村部での衰退が顕著であったことなどを指摘している。

2020 年代に入り，日本が強みとしていた電気機械工業は，韓国，台湾，中国

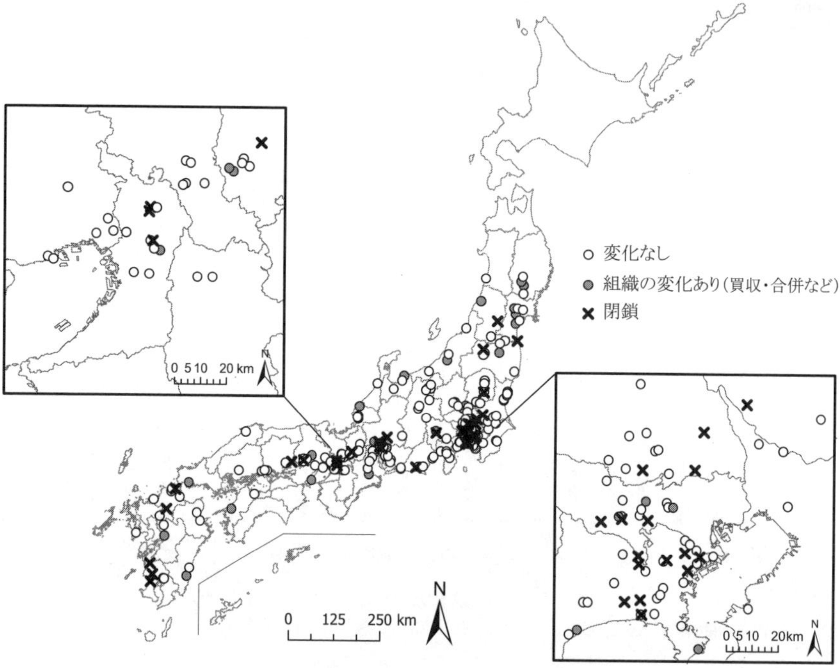

図 3-8 日本における従業員 1,000 人以上の電機工場の変化

注：　1990 年時点の工場の現在の地図表記をもとに分類．
出所：『全国工場通覧（1992 年）』より鎌倉作成．

の追い上げにより，テレビやパソコン，半導体[6]などから撤退する企業が相次ぎ，全体としてみれば縮小傾向にある。ただし，事業再編を細かくみていけば，専門特化した部門において，国際競争力を維持，強化している面があることを忘れてはならないだろう[7]。

(2) 自動車工業

電機工業と同様に，自動車工業も労働集約的な組立工業である。ただし，電機工業が相対的にフラットな階層構造をなしているのに対し，ピラミッド構造と呼ばれるように，完成車メーカーを頂点に 1 次，2 次，3 次といったサプライヤーが多層的に階層化する構造を特徴としている。自動車工業では，トヨタの協豊会，日産の宝会など，協力会組織も発達している。このピラミッド構造の捉え方については，親企業と下請企業の関係を支配・従属関係として捉える考え方が長くされてきた一方で，1990 年代後半以降，サプライヤーシステム論が注目されている（藤本隆宏ほか，1998）。完成車メーカーと部品メーカーとの取引関係を研究した浅沼萬里（1997）によると，部品メーカーを承認図メーカーと貸与図メーカーとに分けることができるとし，承認図メーカーの技術力，提案能力の高さを，日本の自動車工業の競争力の源泉とみたのである。これは，長期取引関係に着目した取引コスト論につながるものであり，集積や信頼の意義を説明するものと位置づけることもできよう。

また，アメリカの自動車企業に対して，日本の自動車企業では内製率が相対的に低く，外注依存度が高い。品質・コストに対する外注管理が徹底しているとされ，トヨタの「カンバン方式」で知られる定時定量納入，すなわち JIT（ジャストインタイム）システムを特徴としている。完成車メーカーの工場を取り巻くように部品工場が集積することで，部品輸送費が節約され，完成車工場内だけでなく，集積地域内で「広域的ベルトコンベアー」が稼働しているようだともいえる。

こうした日本の自動車工業が得意とする JIT システムに対して，ヨーロッパの自動車企業では，モジュール化を進めてきている。これは，関連する部品を共通化するとともに，ユニット化し，一箇所でまとめて生産することで，規模の経済を増大させようとするもので，そうしたメリットが輸送費の増加を上回るとするものである。ヨーロッパでは，完成車メーカーが部品を集める「ミルクラン」が採用されていることも関係しているといえよう（斎藤由香，2001）。

なお，設計開発プロセスの分析に関しては，藤本（2001）がアーキテクチャーの議論を展開しているが，そこではモジュール型とインテグラル型とが対比されている。パソコンやテレビなどは，モジュール型であるのに対し，自動車工業は，擦り合わせが重要でインテグラル型の代表例といえよう。

労働集約的といいながらも，自動車工場では，自動化・ロボット化比率の上昇がみられる。生産ラインの工夫もなされ，異なる車種を同じ生産ラインを流す混流生産が多くの工場で導入されている[8]。

第２次世界大戦前は，日本の自動車工業にとって，国産メーカーの萌芽形成の時期にあたる。1931 年に戸畑鋳物が大阪工場を設立するが，うまくいかず，

34年に横浜に移転し，自動車生産に乗り出すが，これが日産自動車になっていく。1932年に熱田号が試作され，37年には豊田自動織機自動車部が設立され，これがトヨタ自動車になっていく。戦前は，アメリカのフォードやGMも日本での自動車生産を手掛けていたが，戦時体制に移行するにつれ，1939年にフォードとGMは生産を中止し，アメリカ本国に戻ることになる。これにより，自動車の国産体制が確立していくのである。

日本の自動車工業の量産体制が確立するのは，高度経済成長期のモータリゼーションによる。主な完成組立工場を地域別・時系列的に示した**表3-4**によると，1950～60年代にかけて，トヨタの元町工場（59年），日産の追浜工場（61年）など乗用車専門工場の建設がなされていく。また，自動車企業の吸収合併もみられ，1962年に村山工場を開設したプリンス自動車を，日産が66年には吸収合併している。

当時の自動車工業立地の特徴は，日産自動車の本拠地である東京・神奈川の京浜地区とトヨタ自動車の本拠地である愛知地区の2つの中心からなる点である（北村嘉行，1961; 竹内淳彦，1971)。なかでも京浜地区での生産が6割で国内最大であったが，京浜地区と愛知地区とでは，都市化の程度が異なり，JITシステムを円滑に運営する上で，交通渋滞は大きな障害となったと考えられる。こうした違いを背景に，日産自動車は1968年に栃木工場を開設し，71年には組立工場を完成させ，外縁的拡大を進めていくのに対し，トヨタ自動車では，高岡工場（66年)，堤工場（70年）を開設し，愛知での地域的集中の強化を図ってきた。

ところで，**図3-9**は，日本の自動車生産，輸出，海外生産の推移を示したものである。1955年から73年のオイルショックにかけて，国内生産台数の著しい伸びがみられたが，オイルショック以降は，輸出台数の伸びが大きくなる。主な輸出先はアメリカ合衆国で，「世界小型車戦争」と呼ばれるように，日本からアメリカに集中豪雨的な輸出が行われた。輸出が便利なように，日産の苅田工場（76年）やトヨタの田原工場（79年）のように，臨海立地の自動車工場が登場することになった。

1980年代になると，日米貿易摩擦が激化し，日本企業による輸出自主規制などもなされたが，1985年の円高以降，アメリカでの現地生産が進められていく。ヨーロッパでは，EU統合をにらんだ立地で，日産のサンダーランド，ホンダ

表 3-4　完成車組立工場の立地変遷

地方	都府県名	1950～60年代	1970～80年代	1990年～2004年	2005年～
東北	岩手県			関東自（93）	関東自第2（05）
	宮城県				セントラル（11）
関東	群馬県	富士重群馬（60）矢島（69）			
	栃木県		日産栃木（71）		
	埼玉県	ホンダ狭山（64）			ホンダ寄居（13）
	東京都	プリンス（62）		×日産村山（01）	
	神奈川県	日産追浜（61）座間（65）		×日産座間（95）	
東海	静岡県	スズキ磐田（67）湖西（70）関東自裾野（67）	湖西第2（83）		相良（08）
	愛知県	トヨタ元町（59）高岡（66）堤（70）トヨタ車体（68）三菱岡崎（60）	田原（79）	×三菱大江（01）	
	三重県	ホンダ鈴鹿（67）		トヨタ車体いなべ（93）	
近畿	滋賀県		ダイハツ竜王（89）		
	京都府		ダイハツ京都（73）	×日産車体京都（01）	
中国	岡山県	三菱水島（43）			
	広島県	マツダ府中（60）宇品（66）			
	山口県		マツダ防府（82）	マツダ防府第2（92）	
九州	福岡県		日産苅田（76）	日産苅田第2（92）トヨタ宮田（92）	
	大分県			ダイハツ中津（04）	中津第2（07）

注：　×は閉鎖.（　）の数字は，操業年もしくは閉鎖年.
出所：　各社ウェブサイトより松原作成.

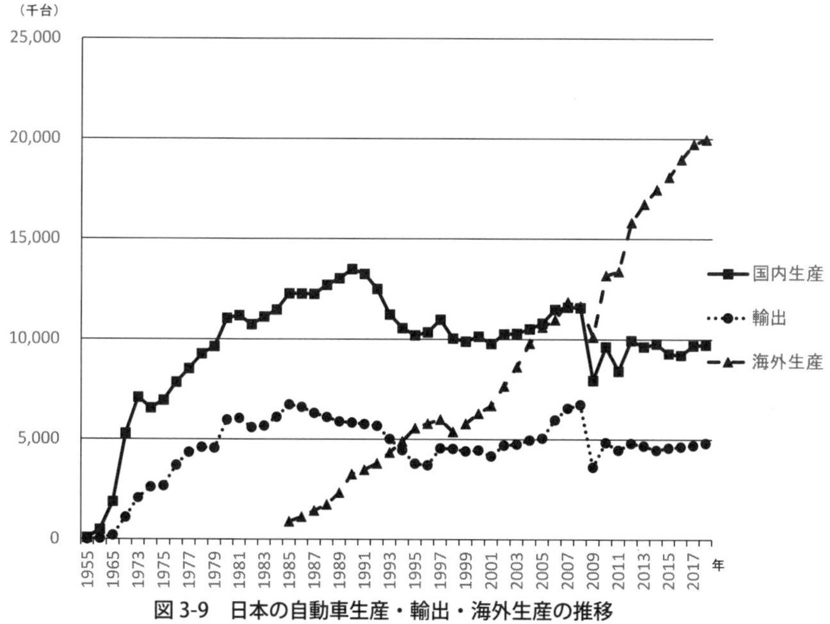

図 3-9　日本の自動車生産・輸出・海外生産の推移

出所：　日本自動車工業会統計資料（http://www.jama.or.jp/）より松原作成.

のスウィンドンなど，イギリスに集中する傾向を示した（友澤和夫，1999；鈴木均，2015）。

1980年代後半はバブル経済の時期で，国内生産台数の伸びがみられたが，90年代初頭にバブルが崩壊すると，国内生産は一気に減少し，海外生産台数の伸びとともに，輸出台数も減少をみせるようになる。日産では，サニーの生産を福岡県の苅田工場に移管し，座間工場を95年に閉鎖し，東京都の村山工場を2001年に閉鎖している（藤原貞男，2007；藤川昇悟，2012）。これに対し，トヨタは，工場の地方立地を進めていく。1992年には，福岡県の宮田工場を開設し，傘下の関東自動車工業が岩手県の金ヶ崎町に工場を立地させ，工場立地のリスク分散を進めている。その後東北では，トヨタ系のセントラル自動車が相模原市から宮城県大衡村に移転し，愛知，九州に続くトヨタの第3の拠点・東北の形成に拍車をかけることになる。[9)]

2000年代初頭になると，円安傾向が続き，アメリカへの輸出の伸び，国内生産の増大がみられた。しかしながら，2008年のリーマンショックの後，輸出も国内生産も大幅な減少を示した。産業人口5人に1人が自動車に関与しているといわれるように，自動車工業は，雇用吸収力が大きな産業である。自動車工業に特化している東海地域では，リーマンショックの影響が大きく，多様な産業の育成が政策的課題にもなっている。

これに対し，日本企業による海外現地生産は，1985年以降右肩上がりで伸びてきた（**前掲図3-9**）。とりわけ，2010年代に入ってからも顕著な伸びを示している。地域別海外生産割合の変化をみると，北米が減少したのに対し，アジアの割合が増えている。アジアの中では，タイ，中国，インドの割合が高い。この他，メキシコが重要な進出先になってきている。[10)]

こうした中で，日本国内の自動車工場をいかに維持するかが重要な課題になっており，国際競争力を一層強化するとともに，電気自動車や燃料電池車などの次世代自動車の開発，自動運転の実現など，新たな技術革新が求められているのである。[11)]

(3) 工作機械工業

工作機械は，「機械を作るための機械」であり，マザーマシン（母なる機械）とも呼ばれる。工作機械工業そのものの市場規模はそれほど大きくないものの[12]，加工される部品や機械の精度は加工する工作機械の精度によって決まるという「母性原則」[13]があることから，機械工業をはじめとする製造業全体の競争力を規定する産業として注目されてきた。

工作機械工業の特徴として，①工作機械メーカーとユーザー企業との相互依存関係の重要性，②後発工業国の工作機械メーカーによる先進国メーカーへのキャッチアップの困難で長い歴史，③需要変動の激しさ，④ NC（数値制御）工作機械の登場による輸出比率の上昇の 4 点があげられる（沢井実，2013，pp.1-5）。

日本では明治維新後に工作機械の国産化が進められ，1920 年代には精度の高低によって重層的な市場・生産構造が形成されていたとされる[14]。金属工作機械生産額の主要府県別割合をみてみると，1909 年時点では東京府の割合が 63％と極めて高い[15]。

戦後の 1949 年になると，工作機械の輸入が再開され，1950 年代半ばには輸入依存度が 5 割強にまで高まった。しかしながら，高度成長期における官民一体の研究開発の推進や国内メーカーの急成長により，1960 年代半ばには輸入依存度が 1 割台にまで低下し，欧米メーカーへのキャッチアップが急速に進んだ。1960 年代までは，日立精機（東京瓦斯電気工業が 1941 年に日立製作所に買収され，その後他社との合併を経て同年に創立），池貝鉄工（1949 年に池貝鉄工所から改称）など，東京都を中心とした京浜地域の伝統的企業が市場において優勢であったとされる[16]（鈴木孝男，2001，p.222）。

第 1 次オイルショックを迎える直前の 1972 年になると，日本の工作機械工業は，輸出額が輸入額を上回るまでの成長を遂げていた。日本の工作機械メーカーは，1950 年代前半から NC 工作機械の開発を積極的に進め，1970 年代後半以降，日本製の NC 工作機械の性能が世界的に認められるようになった[17]。日本の工作機械メーカーの多くは，NC 装置を内製化するのではなく，富士通（後に独立してファナック）や三菱電機といった電機メーカーが NC 装置の開発を行った点が特徴的であった[18]（柴田友厚，2009）。

こうした工作機械工業における NC 比率の上昇が生じるなかで（**図 3-10**），池貝（1991 年に池貝鉄工から改称）や日立精機など，NC 工作機械の導入が遅れた伝統的な工作機械企業は市場でのシェアを大きく低下させた[19]。その一方で，戦前から大手メーカーの一角として数えられてきたオークマ（1991 年に大隈鉄

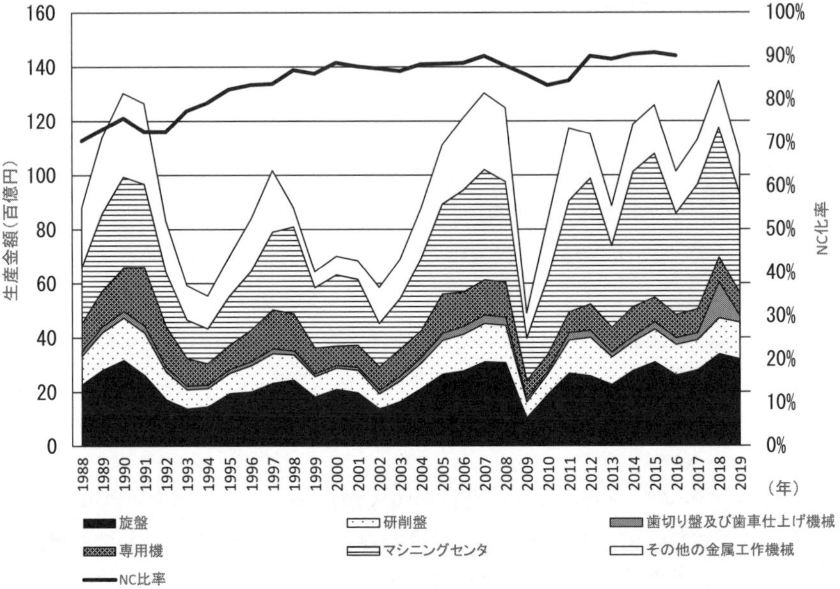

図 3-10　日本における工作機械生産高の推移

注：　工作機械の種類は，旋盤，ボール盤，中ぐり盤，フライス盤，研削盤，歯車機械，専用機，マシニングセンタ，放電加工機などに大きく分けられる．

出所：　経済産業省「生産動態統計年報」より鎌倉作成．

工所から改称）や，中小企業向けの比較的低価格な汎用工作機の量産と販売で急成長を果たしたヤマザキマザック（1985 年に山崎鉄工所から改称）や森精機製作所といった企業が，1980 年代には NC 旋盤市場で大きなシェアを占め，「御三家」と呼ばれるようになった（「日経産業新聞」1982 年 6 月 19 日）。これらの企業は，いずれも主要な生産拠点を愛知県，岐阜県，三重県といった東海地方に置いている（**表 3-5**）。また，福井県の松浦機械製作所や，石川県の中村留精密工業といった中堅企業も，高い輸出比率と NC 化率の高さから急成長を遂げ（沢井，2013，p.390），工作機械市場における企業シェアは大きく転換した。なお，表 3-5 にみられるように，工作機械市場は細分化され，それぞれの分野で有力企業が群雄割拠し，歴史的経緯を伴いながら独特な立地を示している[20]。

日本の工作機械工業は，1982 年から 2008 年まで，バブル経済の崩壊などで浮き沈みを経験するも，27 年間生産額で世界のトップを維持してきた（日本工作機械工業会，2017）。しかしながら，2008 年秋に生じた世界金融危機の影

表 3-5　主要工作機械企業の国内工場

分類	企業名	本社所在地	主な生産・開発拠点（所在地）
総合大手	ヤマザキマザック	愛知県大口町	大口製作所（愛知県大口町）
			美濃加茂製作所　第一工場（岐阜県美濃加茂市）
			美濃加茂製作所　第二工場（岐阜県美濃加茂市）
			精工製作所（三重県桑名市）
			いなべ製作所（三重県いなべ市）
	オークマ	愛知県大口町	本社工場（愛知県大口町）
			可児工場（岐阜県可児市）
			江南工場（愛知県江南市）
	DMG 森精機	愛知県名古屋市	伊賀事業所（三重県伊賀市）
			奈良事業所（奈良県大和郡山市）
			東京デジタルイノベーションセンタ（東京都江東区）
マシニングセンタ	牧野フライス製作所	東京都目黒区	厚木事業所（神奈川県愛川町）
			富士勝山事業所（山梨県富士河口湖町）
			富士吉田工場（山梨県富士吉田市）
	ファナック	山梨県忍野村	本社工場（山梨県忍野村）
			筑波工場（茨城県筑西市）
			壬生工場（栃木県壬生町）
	東芝機械	静岡県沼津市	沼津工場（静岡県沼津市）
			相模工場（神奈川県座間市）
			御殿場工場（静岡県御殿場市）
	キタムラ機械	富山県高岡市	本社工場（富山県高岡市）
	安田工業	岡山県里庄町	本社工場（岡山県里庄町）
	松浦機械製作所	福井県福井市	本社・工場（福井県福井市）
	ブラザー工業	愛知県名古屋市	刈谷工場（愛知県刈谷市）
旋盤	ツガミ	新潟県長岡市	長岡工場（新潟県長岡市）
	スター精密	静岡県静岡市	菊川工場（静岡県菊川市）
	シチズンマシナリー	長野県御代田町	所沢事業所（埼玉県所沢市）
			佐久事業所（長野県佐久市）
			北上事業所（岩手県北上市）
	中村留精密工業	石川県白山市	本社工場（石川県白山市）
研削盤	コマツ NTC	富山県南砺市	富山工場（富山県南砺市）
			福野工場（富山県南砺市）
	ジェイテクト	愛知県名古屋市	刈谷工場（愛知県刈谷市）
	不二越	東京都港区	富山事業所（富山県富山市）
			流杉事業所（富山県富山市）
	トーヨーエイテック	広島県広島市	本社（広島県広島市）
放電加工機	ソディック	神奈川県横浜市	福井事業所（福井県坂井市）
			加賀事業所（石川県加賀市）
	三菱電機	東京都千代田区	名古屋製作所（愛知県名古屋市）
歯車機械	三菱重工工作機械	滋賀県栗東市	本社工場（滋賀県栗東市）

注：　工作機械事業に関連する事業所のみ．企業の分類は鈴木裕介（2016）を参考にした．
出所：　各社ウェブサイトより鎌倉作成．

響を強く受け，2009年以降は急成長する中国に首位の座を明け渡している（**図3-11**）。中国は，工作機械における最大の需要国であり，先進国の工作機械企業が進出しているほか，中国企業も技術導入や外資系企業との提携，買収により成長してきた（韓金江，2012）。

工作機械メーカーは，技術流出への懸念などから海外での生産には消極的であり（韓，2009），ヤマザキマザックのように1970年代からアメリカ合衆国での現地生産を始めた企業は例外的であった。[21] 2000年代以降は，中国を中心にアジアへの進出を進めてきており，汎用度の高い量産機などの海外生産を行う企業も増えている。

工作機械の生産は，1920年代頃の日本の状況と同様に，グローバルスケールで重層的な構造となっている。すなわち，最も精密度が高い宇宙・航空分野や医療分野で用いる高級機については，アメリカの工作機械メーカーが依然として力を有している状況である。また，ドイツを中心とした欧米メーカーも，自動車分野などの部品を加工する中級機から高級機において強みを持っており，中級機を得意とする日本メーカーと競合している。これに対し，急速に成長す

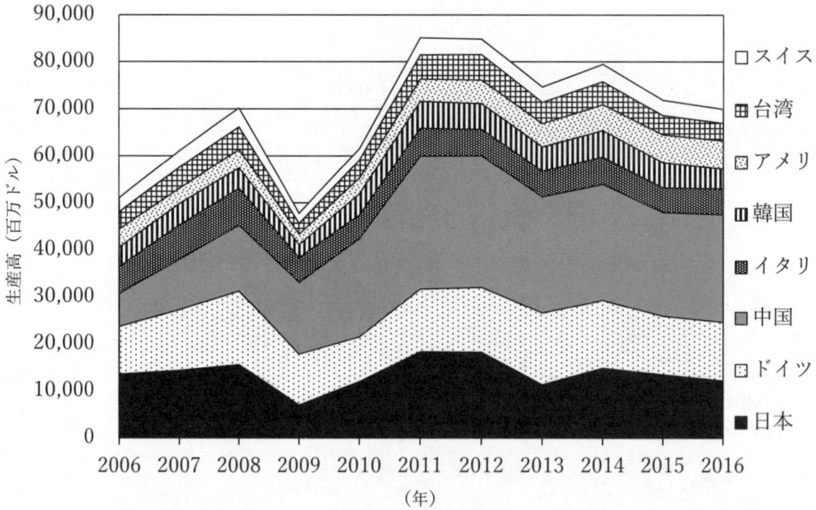

図3-11　主要生産国による工作機械生産高の推移（2006-2016年）

出所：World Machine Tool Surveyより鎌倉作成.

る中国や韓国，台湾などのメーカーは，より精密度の低い汎用工作機械を低コストで生産するというすみ分けがなされている。

工作機械は需要の上下が激しく，「饗宴か飢餓か（feast or famine)」とも言われる。海外市場の動向と自動車産業の動向に大きく左右される構造に，いかに対応していくかが，日本の工作機械企業の課題となっている。また，中国をはじめ，韓国や台湾といった新興国・地域のメーカーとの競争，IoT 化・AI 導入[22)]も重要になってきている。

4. 日用消費財工業の立地変化

(1) 繊維工業

繊維工業の産業特性としては，まず第 1 に複雑な工程をあげることができる。糸を生産する「川上」の工程から，「糸」から「布」にする「川中」の工程を経て，最終製品である衣服を生産する「川下」の工程まで，実に多くの工程が存在する。また，「川上」の工程は，寡占企業によって担われ，「川下」に向かうと，中小零細企業が中心的な担い手になり，産業全体としては，担い手の経営規模の格差が大きい二重構造も特徴の 1 つといえる。

繊維工業では，産地が形成されることが多いが，そうした産地においては，問屋の役割が歴史的には強かった。問屋を中心に，産地内の社会的分業が発達している点も重要である。たとえば，桐生織りの製造では，生糸，撚糸，精練・染色，糸繰り，整経，管巻き，図案・意匠，デザイン・編集，紋紙製作，ジャカード・機織，整理，仕上げ，といった工程から成っており，それぞれ専門化した職人が役割分担をしていた。

次に，繊維工業の立地特性については，天然繊維の時代の立地慣性が働いている点をまずあげることができる。1880 年代の綿織物，絹織物，麻織物生産の分布をみると，綿織物については，大阪を中心に東海，瀬戸内などの太平洋側に，絹織物については，群馬を中心とした北関東や京都をはじめ，新潟や福井などの日本海側に分布する傾向がみられた（北村，1985)。これは，綿花の栽培地域が，東海から近畿，瀬戸内にかけての温暖な地域に拡がっていたこと，養蚕は山梨や長野などの東山地域が中心で，長繊維の絹糸をきれにくくするために湿度が高い地域が適していたことによる。

第 2 次大戦後，天然繊維から合成繊維に転換しても，こうした立地慣性は作用し，アクリルなどの短繊維織物の産地は太平洋岸を中心に，ポリエステルなどの長繊維織物の産地は日本海側を中心に分布した。とりわけ，日本最大の繊維産地は，北陸産地であり，当地域では，東レや帝人などの原糸メーカーによる産地の再編が 1970 年代に進められた（青野壽彦・合田昭二編，2015）。

図 3-12 は，繊維の種類別生産の推移を示したものだが，戦前のピークは 1935 年にみられ，当時は綿糸生産が大半であった。戦後のピークは，1973 年にみられるが，80 年以降は減少傾向が続いていく。とともに，綿糸等の割合が大幅に低下する一方で，合成繊維糸の割合が増大してきている。織物の種類別生産の推移においても，繊維と同様な結果がみられ，戦前のピークは 1935 年で綿織物の割合が大きく，戦後のピークは 1970 年時点で，綿織物，合成繊維織物，再生・半合成繊維織物の順となっていた（**図 3-13**）。1980 年代以降は，衰退傾向を示し，とりわけ綿織物と再生・半合成繊維織物をはじめ，合成繊維織物以

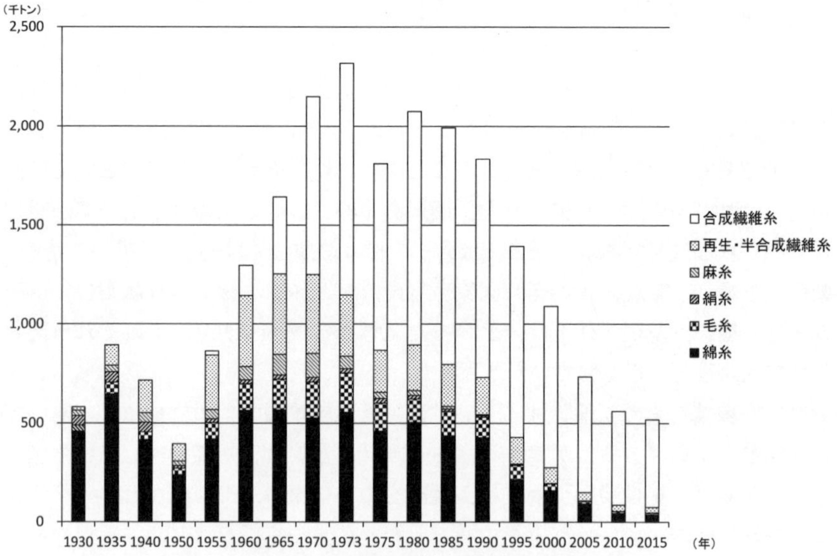

図 3-12　繊維の種類別生産の推移

注：　糸や織物を糸換算したもの。絹糸は生糸と絹紡糸の合計， 2010 年は生糸のみ .

原資料：　経済産業省「繊維・生活用品統計年報」, 農林水産省「農林水産統計月報」および日本生糸問屋協会資料.

出所：　矢野恒太記念会編集『数字でみる日本の 100 年（改訂第 7 版）』2020 年 , p.266 より松原作成 .

外の織物はごくわずかな割合を占めるにすぎなくなっている。

このように，日本の繊維工業は，長期的衰退業種といってよいが，比較的早い時期から，大手紡績企業の脱繊維化，原糸メーカーの海外立地が進められていた。アパレルメーカーにおいても，高付加価値製品は国内，量産品は海外という国際分業をとることが多い。

多くの産地が崩壊の危機に追い込まれる一方で，産地の生き残りを図ろうとする試みも活発になされている。たとえば，福井や石川の北陸地域では，東レと東レに関係する地域企業が，「東レ合織クラスター」を形成し，新製品の開発などさまざまな技術革新に取り組んでいる（畠山俊宏，2013）。また，愛媛県のタオルの産地今治では，地域ブランドの確立が図られてきた（塚本僚平，2013）。さらには，伝統的工芸品産地として生き延びていくことも選択肢の 1 つといえる（上野和彦・政策科学研究所編，2008）。

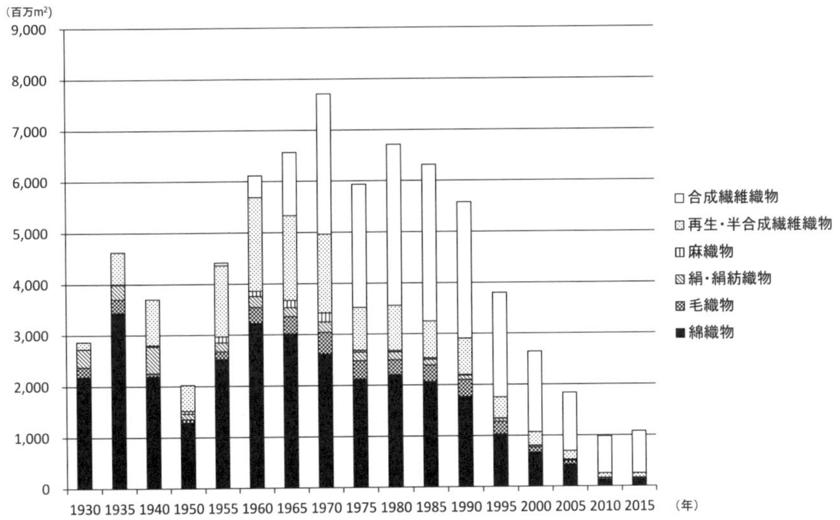

図 3-13　　織物の種類別生産の推移

注：　1950 年以前の再生・半合成繊維織物には合成繊維織物も含む．
原資料：　経済産業省「繊維・生活用品統計年報」．
出所：　矢野恒太記念会編集『数字でみる日本の 100 年（改訂第 7 版）』2020 年，p.267 より松原作成．

(2) ビール工業

日本のビール工業は，大手寡占企業による市場立地型工場の配置によって特徴づけられる。1980年以降の酒類の生産の推移をみると，ビールの生産量は，1980年代後半から増加傾向を示し，94年にピークを迎え，それ以降は減少傾向をたどっている。90年代後半から2000年代前半にかけては発泡酒がブームとなり，また2000年代後半以降は「第3のビール」を含むリキュール類の増加がみられ，こうした多様化が，従来のビールの生産量の減少につながっている。ただし，酒類全体の生産量は，1999年をピークに減少傾向にあり，そうした中での多様化といえる。

したがって，ビール工場の数も減少傾向にあり，市場立地を基調としながら，規模の経済を活かして大規模工場に集約する動きが強まっている。各社のビール工場の立地をみると，サントリーを除く3社は，北海道，東北，関東，中部，関西，九州の各地方ブロックごとに工場を立地させている（**表3-6**）。

ビール工業は，ウェーバーの工業立地論において，市場立地型業種の典型とされてきた。ただし，おおまかにはウェーバーに従いつつも，寡占間競争の下

表3-6　日本のビール工場一覧

キリンビール	アサヒビール	サッポロビール	サントリービール
北海道千歳工場	北海道札幌工場	北海道恵庭工場	
仙台工場	福島工場	仙台工場(名取市)	
取手工場 (栃木工場閉鎖)	茨城工場 (守谷市)	那須工場(那須町)	利根川工場 (群馬県千代田町)
横浜工場 (東京工場閉鎖)	神奈川工場 (南足柄市)	群馬工場(太田市) (埼玉工場閉鎖)	武蔵野工場 (府中市)
名古屋工場 (北陸工場閉鎖)	名古屋工場	千葉工場(船橋市)	
滋賀工場		静岡工場(焼津市)	
神戸工場 (京都工場閉鎖)	吹田工場 (西宮工場閉鎖)	(名古屋工場閉鎖) (吹田工場閉鎖)	京都工場 (長岡京市)
岡山工場 (広島工場閉鎖)	四国工場 (西条市)	(門司工場閉鎖) ↓	
福岡工場 (朝倉市)	博多工場 (福岡市)	九州日田工場 (大分県日田市)	九州熊本工場 (嘉島町)

注：矢印は，矢印の先の工場新設による閉鎖を示す.
出所：各社ウェブサイトより松原作成.

で，国内市場をいかに市場圏分割するか，そうした市場圏内のどの位置にビール工場を置くかは，各社の戦略が交錯し，より詳細な検討が必要になる。たとえば九州についてみると，市場圏の中心である福岡市内にあるのはアサヒビールだけで，他の3社は，高速道路によるアクセスが良く，豊富で美味しい水が得られる南下した地点に，新工場を建設してきたといえよう。

(3) 化粧品工業

化粧品の生産は化学工業に分類されるものの，流行や季節性に大きく左右されるなど，消費者向けの製品としての特徴が生産工程にも大きく反映される。まず，色合いや質感といった消費者の多様な好みに対応する必要があることから，非常にロットの小さな多品種少量生産が行われる。また，衛生商品であるため，生産品目を切り替える際には機械や工具の清掃をしなければならない。これらに加えて，工程内での検査では，人の感覚による官能試験が必要となり，機械での完全な代替は難しいとされる[23)]。

化粧品においては，商品のイメージを醸成し，消費者への購買意欲をかきたてるため，容器のデザインも重視される。ただし，化粧品の原産国は，化粧品の中身（バルク）を製造した国と定められている。化粧品工業において，「日本製」は品質の高さを示すブランドとして認識される。そのため，製品の付加価値を高めるにあたって，バルクの工場がどこに立地するかも重要な要素である。

日本の近代化粧品工業は，明治初期より欧米諸国からの輸入化粧品の影響を受けて発展してきた。1872年には資生堂薬局（現資生堂）が創業し，90年には花王石鹸（現花王）が高級化粧石鹸を発売した。化粧習慣の変化には，たびたび開催された内国勧業博覧会の役割が大きかったとされる。1895年に開催された第4回内国勧業博覧会は，日清戦争後の活気ある時期にあたり，京都で開催されたものであるが，化粧品については大阪府，京都府，和歌山県，東京府からの出品が多くを占めた。1903年に開催された第5回内国勧業博覧会でも，開催地である大阪府と東京府からの出品が大半を占め，化粧品が主に両地域で生産されていたことがわかる（日本化粧品工業連合会編，1995）。

第1次世界大戦時には輸入が途絶され，合成香料が生まれるなど，化粧品工業における研究・技術の進歩がみられた。1919年以降の化粧品生産額の推移をみてみると，東京府，大阪府の占める割合がそれぞれほとんどの期間において約3割を超えており，これら二地域に生産が集中していたことがわかる。第2次世界大戦中は需要，供給ともに化粧品工業は一時停滞したものの，1946年には，小林コーセー（現コーセー）が創業し，戦前に誕生した企業とともに，それぞれ現代まで続く国内大手化粧品メーカーへと成長していった（井田泰人，2012）。

高度経済成長期になると，化粧習慣の普及や生産性の向上，積極的な広告戦略などにより，化粧品工業は大きな成長を遂げていった。特に，1960年代半ば以降，輸入の自由化や品質基準の制定などが行われ，70年代半ばまでは出荷額の大きな伸びをみせていた。その後80年代には成長が鈍化し，成熟期を迎えた。バブル経済が崩壊すると，消費者に低価格志向が広がったことや，再販制度の段階的な撤廃もあり，制度品[24]など高価格帯の商品を主軸とする大手化粧品メーカーの経営が厳しくなった。こうしたメーカーは，売れ筋商品をきめ細やかに生産するためのサプライチェーンの最適化が求められるようになった。

1985年〜2017年の品目別の変化をみてみると（**図3-14**），多くの品目で出荷額が伸びていることがわかる。また，大都市圏と比べてその他の地域の割合が上昇しており，以前よりも生産機能が分散してきていることがわかる。大都市圏の中では，ファンデーションなどの仕上用化粧品をはじめ，皮膚用化粧品，シャンプー・リンスなどの幅広い品目において，神奈川県の出荷額が増えている点は注目される。なかでも，口紅・ほお紅・アイシャドーは，全国の出荷額の5割程度を神奈川県が占めている。神奈川県内には，花王などの大手メーカーの工場が複数立地しているだけでなく，日本色材工業研究所の座間工場など，有力な化粧品受託製造企業の工場が多く立地し，東京都で創業し，生産を拡大するなかで外延的に進出してきた企業もある[25]。東京都や大阪府では，事業所数が多く，小規模な工場が占めている。製造委託が盛んな産業であるため，企業間のやりとりを頻繁に行うにあたり，大都市の中心部からアクセスの良い大都市圏内に生産拠点が集まっていると考えられる。

1989年以降の出荷額の推移をみると（**図3-15**），1990年半ば頃をピークとして頭髪用化粧品が減少し，仕上用化粧品が停滞傾向にあるのに対し，皮膚用化粧品や特殊用途化粧品は堅調に生産規模を拡大している。特に，2000年代後半以降は皮膚用化粧品における生産額の伸びが顕著である。これは，アジアを中

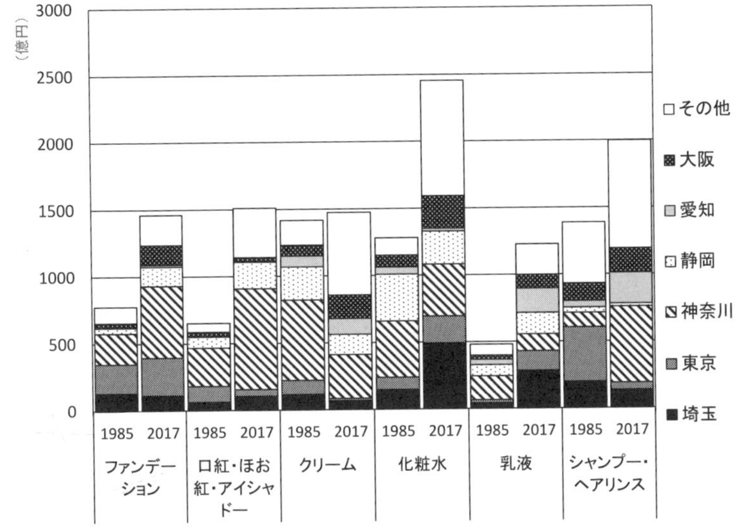

図 3-14　化粧品工業における品目別・都道府県別製造品出荷額等（1985 年・2017 年）

出所：「工業統計表」各年版より鎌倉作成.

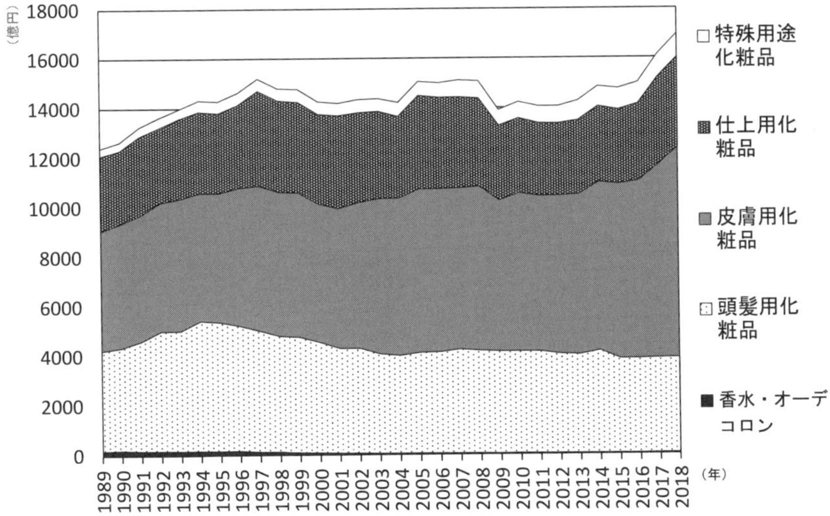

図 3-15　化粧品工業における出荷額の推移

出所：「化学工業統計年報」,「生産動態統計年報　化学工業統計編」より鎌倉作成.

心としたインバウンド需要への対応による成長であり[26]，特に化粧水や日焼け止めといった機能性が重視される化粧品の生産が伸びている。

化粧品輸出の多い国としては，フランス，アメリカ合衆国などがある。これらの国では，歴史的に化粧品工業が盛んであり，世界的な化粧品ブランドが本社や生産拠点を置いている国々である。近年では，韓国が化粧品の輸出を大きく伸ばしている。

財務省貿易統計によると，日本における化粧品の輸出入額はともに増加傾向にあったが，2010 年代半ばまでは輸入超過が続いてきた。しかしながら，2010 年代半ば頃から輸出額が急増し，2019 年時点では輸出額が輸入額を大きく上回っている。これは，「日本製」化粧品の人気がインバウンド消費を通じてアジア地域を中心に高まり，帰国後の消費にもつながったためである。特に，中国や香港，韓国などの東アジアの国や地域への輸出の伸びが顕著であり，世界で

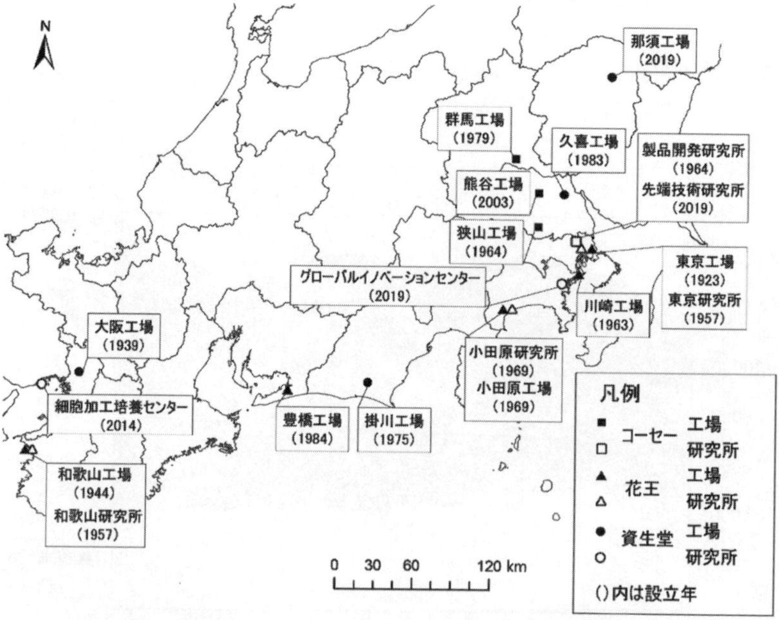

図 3-16　主要 3 メーカーの工場・研究所立地（2020 年時点）

注：　コーセーの熊谷工場は子会社アルビオンの生産拠点．花王は他の事業も展開しているため，化粧品に関連する工場・研究所のみを示している．

出所：　各社ウェブサイト，株式会社資生堂（1972），鐘紡株式会社社史編纂室（1988），花王ミュージアム・資料室編（2012），株式会社コーセー（2018）より鎌倉作成．

も有数の化粧品輸出国の仲間入りを果たしてきている。

こうした「日本製」化粧品の人気が高まっていることから，これまでの業界再編[27]や立地再編の状況[28]から打って変わって，日本の大手メーカーや外資系企業は，国内工場の新設や増強を進めてきている[29]（**図 3-16**）。また，バルクを日本で生産するため，中国のメーカーが日本に立地する企業に製造を委託する例も出てきている[30]。さらに，大手化粧品メーカーはグローバルな生産・研究開発体制を築いている。資生堂については，日本以外にも 7 か所の工場，5 か所の研究所が立地している（**表 3-7**）。化粧品は国や地域によって異なる体質や習慣，好みに合わせた商品開発が必要であるため，こうした多極的な研究開発体制がとられていると考えられる。2020 年現在，新型コロナウイルスの影響でインバウンド需要が激減し，マスクの着用や外出自粛が求められる中で，化粧品の需

表 3-7　資生堂のグローバル展開

拠点名	種別	設立（年）	国・地域（都市など）	役割・備考
資生堂麗源化粧品有限公司（北京工場）	工場	1993	中国（北京）	域内向けスキンケア，メイクアップ製品の生産
上海中信化妆品有限公司	工場	1999	中国（上海）	域内向けスキンケア，メイクアップ製品の生産
台湾資生堂　新竹工場	工場	2016	台湾（新竹）	台湾，ASEAN 向けスキンケア，メイクアップ製品の生産
資生堂ベトナム ベトナム工場	工場	2010	ベトナム（ドンナイ）	日本およびアジア向けスキンケア製品の生産
資生堂アメリカ イーストウィンザー工場	工場	1998	アメリカ（ニュージャージー州）	グローバルスキンケア製品の生産
バル・ド・ロワール工場	工場	1999	フランス（ロワレ県・オルム）	グローバルスキンケア製品，フレグランス製品の生産
ジアン工場	工場	1991	フランス（ロワレ県・ジアン）	フレグランス製品の生産
資生堂（中国）研究開発中心有限公司（中国イノベーションセンター）	研究所	2001	中国（北京）	中国市場向け製品の研究開発
資生堂アジアパシフィックイノベーションセンター	研究所	2017（2006）	シンガポール	東南アジア市場向けの製品開発 2017 年にタイから移転
資生堂アメリカイノベーションセンター	研究所	1990	アメリカ（ニュージャージー州）	海外ブランド（ナーズ，ベアミネラル），他社 OEM 向け研究開発
資生堂テクノロジーアクセラレーションハブ	研究所	2018	アメリカ（マサチューセッツ州）	消費者に新しい体験や価値を提供する革新的なビジネスモデルの開発
資生堂インターナショナルフランス　ヨーロッパイノベーションセンター	研究所	1988	フランス（ロワレ県・オルム）	ヨーロッパ向け商品の開発 フレグランスとスキンケアの研究開発

出所：資生堂ウェブサイトより鎌倉作成.

要は落ち込んでいる。国内立地とともに，グローバル化した生産・研究開発体制も，再び見直される可能性が高いといえよう。

以上，主な産業部門を中心にみてきたが，大規模工場に着目する観点からは，セメントや製紙，造船，建設機械，食品や飲料など，特色ある立地変化を示してきた業種について，検討すべき点が少なくない。これらについては，次章以降の地域の工場の実態をみていくなかで，補っていくことにしたい。

注

1） 通商産業省編の『全国工場通覧』は，全国の工場を網羅し，工場名，所在地，業種，従業員規模を把握できる資料であったが，1997年までの刊行となっている。「工業統計表」の全事業所数の推移をみると，1955年の約43万から73年の約71万に増加した後，80年代も70万台を維持していたが，90年代に減少に転じ，2010年には約43万となっている。

2） 山口貞雄（1988）は，幕末期の砂鉄製錬から明治期の官営釜石，八幡製鉄所，第2次世界大戦後の川鉄・千葉から1960年代の日本鋼管扇島まで，多くの製鉄所の立地とレイアウトについて詳しい検討を行っている。

3） 設備が大規模で土地固着性が強い製鉄業では，本格的な海外立地は考えにくかった。JFEホールディングスでは，中国，タイ，インドネシアなどのアジアの稼働率を高め，2017年度にも14年度比で5割増にあたる年250万トン規模の生産能力を備えるとしている（「日本経済新聞」2015年5月22日）。また，アメリカでは新日鉄住金が欧州アルセロール・ミタルと，神戸製鋼所が米USスチールと，それぞれ合弁で車用鋼板を現地製造しているのに対し，北米での拠点がなかったJFEは，米ヌーコアと合弁でメキシコで自動車用鋼板の製造を2019年にも始めるとした（「日本経済新聞」2016年3月26日）。

4） 「エネルギー供給構造高度化法」とは，電気やガス，石油事業者といったエネルギー供給事業者に対して，太陽光，風力など非化石エネルギー源の利用拡大や化石エネルギー源の有効な利用を促進するために必要な措置を講じる法律で，2009年に施行された。石油精製各社に対して，経済産業省は2010年に「重質油分解装置」の装備率の向上による「原油等の有効利用」を促すとともに，2014年には新たな判断基準を告示し，2016年度末を期限とする「設備最適化（残油処理装置装備率の改善）の措置」と「事業再編の方針」を含む目標達成計画を提出させた。

5） パナソニックについては，自社内部の大幅な組織改革に加えて，三洋電機を傘下におさめ，工場の再編成が大規模に行われた。シャープについては，薄型テレビの生産拠点として，三重県の亀山，大阪府の堺に多額の投資を行ってきたが，韓国，台湾，中国の企業との競争激化により，採算が悪化し，台湾企業の傘下で経営の再建がなされることになった（日本経済新聞社編，2016）。三重県亀山市や鹿児島県出水市などでの大規模工場の誘致や閉鎖に伴う地域経済の変化については，鹿嶋（2016）が詳しい。

6） 世界の半導体メーカーの売上高上位10社の内訳をみてみると，1988年時点ではNEC，東芝，日立，モトローラ，TI，富士通，インテル，三菱電機，松下電器，フィリップスの順で日本企業が6社入っていたが，1999年にはNEC，東芝，日立の3社に減り，2015年には東芝のみになった。2015年の内訳は，インテル，サムスン，クアルコム，SKハイニクス，マイクロン，TI，NXP/フリースケール，東芝，ブロードコム，STマイクロの順であった。

7） ソニーのイメージセンサーや東芝（現キオクシア）のフラッシュメモリー，村田製作所やTDKの積層コンデンサー，富士電機や三菱電機のパワー半導体といった部素材で，強みを発揮したり，パナソニックが住宅や電池，日立が鉄道車両などの社会インフラや車載用半導体，安川電機がロボット，NECが通信など，各社とも特定の部門に専門特化する傾向がみられる。

8） 碇義朗（1981）では，ダイハツ工業，富士重工業，本田技研工業，いすゞ自動車，三菱自動車工業，日産自動車，鈴木自動車，東洋工業，トヨタ自動車工業を取り上げ，工場のレイアウト，生産ラインの特徴について，詳しい記述がなされている。

9） トヨタが愛知県を中心に九州，東北に工場を展開しているのに対し，日産は神奈川県を電気自動車の拠点，栃木を高級車の拠点としつつ，福岡県苅田町の工場を量産拠点としている。ダイハツ工業も，大阪府池田市の本社工場，京都工場，滋賀県の竜王工場といった関西地区から，大分県中津市など九州で工場を新設している。本田技研工業は，三重県の鈴鹿製作所を軽自動車の拠点としつつ，新設の埼玉県寄居工場で生産性の高い生産体制を採ってきている。三菱自動車は，愛知県の岡崎工場と岡山県の水島工場，マツダは広島県の本社工場と山口県の防府工場の2拠点が中心となっている。これらに対し，SUBARUは群馬県太田市，スズキは静岡県浜松市に本拠地を置き，それぞれ県内で複数工場を展開している。

10）ただし，海外生産においてはリスクも伴うことに留意する必要がある。NAFTAによりメキシコでは，関税がかからずに，合衆国に製品を輸出することができた。しかしながら，トランプ政権の誕生により，合衆国内への立地誘導が行われるなど，政治的圧力が立地に影響を与えることがある。また，新型コロナウイルスの感染拡大によるサプライチェーンの寸断は，自動車生産ラインの停止，需要の落ち込みなど，自動車産業に深刻な影響を与えており，各社とも生産体制の再編に迫られている。日産自動車では，スペイン工場の閉鎖など，グローバルな生産拠点の削減が計画され，国内でもトヨタ自動車東日本が東富士工場を2020年末までに，三菱自動車が子会社の岐阜工場を2021年度に閉鎖することが報じられている。

11）中国南部の広州にはトヨタ，日産，本田の日系自動車メーカー3社がともに生産拠点を置くとともに，広州汽車など現地メーカーが立地し，中国有数の自動車産業都市になっている。しかしながら，電気自動車などの新エネルギー車の普及に伴って，電池メーカーが立地する深圳市における自動車産業の成長が著しい。このように，ガソリン車から電気自動車にシフトする中で，自動車産業の中心地域の交代も予想され，地域経済への影響は甚大になると考えられる。

12）産業中分類における生産用機械器具製造業の製造品出荷額等に占める金属工作機械製造業の割合は9.5％（2017年工業統計調査）であり，製造業全体に占める割合は1％に満たない。

13）ローゼンバーグ（Rosenberg, 1963）は，19世紀後半から20世紀初頭の工作機械工業における技術変化を分析し，工作機械工業が新技術を伝播する中心となり，「技術的収斂」（technological convergence）の中心にあったと指摘している。

14）沢井（2013, p.10）によると，当時の工作機械市場は，精度の高い順に，外国機が独占する市場，内外国機が競合する市場，国産機が独占する市場，中古品市場の4層からなる重層的市場によって構成されていたとされる。

15）沢井（2013, p.75）によると，池貝鉄工所，唐津鉄工場，新潟鉄工所，東京瓦斯電気工業の4社を合計した生産額は，1920年時点で国内生産の44.0％を占めていた。1920年代半ばになると，軍需の落ち込みが影響して20％程度にまで低下したものの，同時に中小零細メーカーの不振が続いたことから，1930年には4社の合計生産額の国内生産額に占める割合は53.7％にまで上昇したとされる。

16）1960年代における工作機械工業の立地については，竹内（1969）が，「わが国工作機械生産の60％は三大工業地域であげられ中心産地を形造っているが，他は全国各地に小集団を形成している。京浜などの中心産地と地方産地の間には製品構成，形成，兼業形態，流通形態などからみて明瞭な性格上のちがいがみられる」（p.650）と述べている。

17）NC装置が誕生したアメリカ合衆国では，工作機械メーカーが主体となった大企業向けのNC工作機械の開発が中心に行われ，加工の正確さを追求することが重視された。これに対し，日本ではファナックのようなNC専業メーカーがNC装置の開発の中心となり，それを多くの工作機械メーカーが採用することで規模の経済が働いた。さらに，柔軟な生産体制への対応が重視され，中小企業向けに特化した開発が行われたため，NC工作機械の開発や普及がより進んだと指摘されている（Mazzoleni，1997；河邑肇，1997）。

18）1980年代になると，顧客へのきめ細やかな対応によって他社との差別化を図るため，ファナックの標準品ではなく，工作機械メーカーによる自社開発のNC装置を装着する工作機械の比率も上昇した（日経産業新聞1982年7月13日）。

19）2001年から2002年にかけて，池貝，新潟鉄工所，日立精機といった，かつての主要メーカーが経営破綻した。新潟鉄工所は2002年に新日本工機に買収され，日立精機も同年に森精機製作所に事業譲渡された。池貝は上海電機集団総公司によって2004年に買収された。また，2006年にトヨタ系の豊田工機と光洋精工が合併してジェイテクトが発足するなど，国内需要の縮小に対応した再編も行われた。これに加え，建設機械大手のコマツが，2008年に日平トヤマを子会社化（コマツNTCへ改称）したほか，2009年に森精機とドイツのDMGが資本業務提携をするなど（DMG森精機へ改称），戦略的な企業の統合もなされた（榎本俊一，2015）。

20）オークマとヤマザキマザックは，名古屋市内からの移転先を探していたところ，同じ町からの誘致を受け，隣接した立地となった。世界最高峰の超高精度マシニングセンターを手がける安田工業は，大阪からの戦時強制疎開により岡山県里庄町に立地している。北陸にも，地場の鉄工所から成長したものなど，特色のある工作機械企業が複数立地しているが，この点については熊野和夫（2012）

が詳しい。

21）ヤマザキマザックは1974年にアメリカ合衆国のシンシナティ工場を稼働しており，日本の工作機械メーカーとして初めての海外生産を行った。1987年にはイギリスにも生産工場を設けた。また，1992年にはシンガポール工場，2000年には中国の寧夏回族自治区銀川市に，2013年には同国の大連市にも工場を設けており，積極的な海外生産を行っている（ヤマザキマザックウェブサイト https://www.mazak.jp/about-mazak/company-history/）。

22）オークマは本社工場や可児工場においてIoTやロボットを活用しており，Dream Siteとしてスマート工場の実証工場に位置づけている（オークマウェブサイト https://www.okuma.co.jp/smart-factory/dreamsite.html）。ヤマザキマザックも，本社工場である大口製作所を「Mazak iSMART Factory™」と位置づけ，最新のIoT技術や自動化技術を駆使し，工場内のすべての生産活動をデジタルデータ化した工場を稼働している（ヤマザキマザックウェブサイト https://www.mazak.jp/machines/technology/factory-network/ismart-factory/）。

23）資生堂の掛川工場では，2017年3月に仕上用化粧品の組立工程に世界で初めて産業用人型ロボットを試験導入した。その背景として，仕上用化粧品の生産ラインは構成材料が多く，工程も複雑であるため，これまでロボットの導入による完全な自動化が難しかったということが述べられている（「資生堂ニュースリリース」2017年3月23日）。

24）化粧品メーカーと直接契約した小売店において販売される化粧品。デパートのコスメカウンターで扱われるなど，対面販売を行う高価格帯の商品が多い。化粧品の販売は，再販売価格維持制度（再販制度）によって，メーカーが卸売業者や小売業者に販売価格を指示するという特殊な体制を採っていた。再販制度は段階的に撤廃され，1997年に全ての化粧品について廃止された。

25）例として，神奈川県相模原市などに複数の工場を所有するアサヌマコーポレーションは，東京都中野区で創業したが，創業地では拡張の余地がなかったため，神奈川県内で生産を拡大した。同社の中野工場は，2014年に相模原工場へ全面移転した。

26）2014年10月1日に運用が開始された消費税免税制度の改正により，化粧品は免税対象品目となった（「観光庁プレスリリース」2014年9月29日）。

27）ドラッグストアやインターネットでの販売を主体とする新興の化粧品メーカー

が売り上げを伸ばしている。これには，2005年の改正薬事法施行による規制緩和により，化粧品受託製造企業への製造委託の進展が関係している。例えば，2010年に設立されたフローフシは，ドラッグストアやバラエティショップを中心に独自ブランドの商品を展開する化粧品メーカーである。同社は社員7名ながら，アイライナーでは花王や資生堂といった大手を凌ぐシェアをもっており，売上高は100億円を超えているとされる（日本経済新聞2019年3月14日）。矢野経済研究所によると，2018年度の国内化粧品受託製造市場規模（事業者売上高ベース）は，前年度比112.1％の3250億円であり，市場規模の拡大傾向が続いている(矢野経済研究所プレスリリース2019年9月26日)。なお，赤松裕二(2020, p.142-143）は，資生堂は製造委託に消極的で，垂直統合型の「擦り合わせ型戦略」を，韓国大手のアモーレパシフィックは製造委託に積極的で，水平分業型の「組み合わせ型戦略」を採ってきたと指摘している。

28) 資生堂は，より多品種少量生産に特化する生産体制に切り替えるため，2006年に京都府舞鶴市に立地していた舞鶴工場（化粧品・乳液など）と，東京都板橋区に立地していた板橋工場（仕上用化粧品）を閉鎖した（「日経産業新聞」2004年3月9日)。コーセーは，子会社の高級化粧品ブランド「アルビオン」の生産を行っていた埼玉県上尾市の上尾工場を2003年に廃止し，新設した大里工場（現熊谷工場）に生産を移管した（「日経産業新聞」2003年2月24日)。また，カネボウの化粧品部門は，業績不振により2004年に分離・独立し，2006年には花王グループに編入された。

29) 代表的な例として，資生堂は2019年に栃木県大田原市にスキンケア商品の新工場を稼働させた。同社が国内に工場を新設するのは36年ぶりであり，2020年には大阪府の茨木市，2021年には福岡県久留米市にスキンケア製品の新工場を稼働させる予定である（日経産業新聞2019年2月6日)。コーセーについても，2017年に群馬工場に新生産棟を稼働，2018年には狭山工場を再整備しており，2021年度には42年ぶりに山梨県南アルプス市に新工場を設ける（「コーセーニュースリリース」2019年4月26日)。外資系企業では，アメリカのP&Gが2019年に滋賀県野洲市の工場内に新棟を建設し，主力ブランドの生産能力を増強した。

30) 化粧品受託製造大手のサティス製薬は，これまで国内メーカー向けの受託製造のみを行ってきたが，2020年より中国メーカー向けの生産を行い，今後はその

比率を高めていく予定であるとされる（「日本経済新聞」2020年3月10日）

第Ⅱ部

地域編

第４章
首都圏近郊における大規模工場の機能変化

1. 東海道線沿線における工場立地の変化

グローバル化の下での大手企業の組織再編や立地戦略に注目し，新しい「企業の地理学」の構築をめざそうとする動きが登場してきている。松原宏(2008a)では，企業が事業展開を行っていく上で各種の施設や機能を新設，再編成したりする行為を「立地調整」として，工場の新設や閉鎖とともに，「現在地での変化」（in situ change）を構成する製品内容や機能変化を把握することの重要性を指摘している。

こうした企業・工場の変化と地域の変化との関係については，さまざまなアプローチがなされてきた。マッシィ（Massey，1984）は，複数工場の質的関係性について，空間的分業の視点からその空間構造を類型化するとともに，歴史的に形成されてきた「諸層」の結合による産物として地域経済の構造を描いた。第１章でみたように，こうした変化を「進化」過程として捉える進化経済地理学や，不況などのさまざまなショックに対する「地域の抵抗力」（regional resilience）に着目した研究（Chiristopherson et al. 2010; Yamamoto 2011）が提示されている。日本の経済地理学でも，「進化」の視点を持ち，経済活動を不可逆的な時間の中で動態的に捉えることの有用性が指摘されている（水野真彦，1999）。

ところで工場の機能変化については，佐々木滋生（1992, 1993）が，1990年代の経営戦略のもとでの業務機能の再編・再配置を整理し，①技術集約型工場，②開発一体型工場，③開発特化型拠点，④事業統括型拠点の４つに分類し，それぞれの立地特性の特徴と今後の地域展開への展望を明らかにしている。また近藤章夫（2007）では，上記の類型を再整理するとともに，グローバル化の下での企業内空間分業の変化過程において，マザー工場の役割に注目している。そこでは，研究開発機能の強化や，他工場の支援機能の付与等が指摘されている。これまでの研究では，主として地方生産拠点の存続に関する議論が中心であったが，21 世紀に入り，工業立地の焦点は大都市圏地域にシフトしつつあり，とりわけ首都圏近郊地域における既存工場や研究所の再編が注目されてきている[1]。

首都圏工業の変化については，これまで多くの研究成果が蓄積されてきた（板倉勝高，1966；竹内淳彦，1973；辻本芳郎編，1981；小川一朗編，1989；青木英一，1997；小田宏信，2005；青野壽彦，2011：松原編，2018 など）。これらの中でも神奈川県の工業については，横浜・川崎両市にわたる京浜南部の臨海地域を主軸として発展してきたが，その後戦後の経済発展に合わせて臨海部の埋め立て地や湘南地域や相模川流域の内陸部に拡大し，オイルショックによって開発の勢いが衰えるまでには，県内都市の多くが工業都市的性格を持つようになったとされている（日本地誌研究所編，1967）。

続く 1980 年代の変化に関しては，都区部だけでなく，川崎市や横浜市の中心部でも工場の転出が進み，高価な工場跡地の売却と再開発事業が活発化したと指摘されている（小川編，1989）。またこの時期には，ハイテク工業化が進展するが，主要な役割を果たしたのは，京浜工業地帯の中心であった臨海部ではなく，相模原市，厚木市などの内陸部であったとされている（佐藤正之，1988）。そうした相模原市のハイテク工業は，2000 年代以降急減し，都市化の進展と産業集積の縮小がみられている（鎌倉・松原，2018）。さらに，県内の既存の大規模工場が，従来の量産工場から，研究開発機能を持った母工場へと変化してきたことも指摘されている（伊倉退蔵，1996）。

一方で，神奈川県は地域経済としての自律的な対応が弱いとの指摘もある。個々の企業研究所やハイテク企業の誘致に終始し，バラバラの孤立的な研究所集積を作りだしたとする見解も示されている（中村剛治郎，2008）。なお，首都圏や神奈川県の工業の変化に関する研究の中で，東海道線沿線の工場群についてのまとまった記述はみられない。

以上を踏まえ，本章では，首都圏近郊における東海道線沿線地域[2]を取り上げ，大規模工場用地の利用変化を明らかにするとともに，存続工場の製品や機能の「現在地での変化」に着目する。とりわけ存続工場における研究開発機能の変遷過程に注目し，企業内空間分業の変遷の中での位置づけの変化も確認しながら動態的に分析を行うことを目的とする。

2. 大規模工場用地の利用変化

東海道線沿線への工場立地の歴史は長く，沿線地域の工業は，東海道線の輸送の能力と相互に作用しながら変化してきた（野田正穂ほか，1996）。1900年代初頭には，明治製糖や日本コロンビアなどの工場が川崎駅周辺や多摩川右岸に，日本硝子などの工場が横浜の帷子川沿いに立地し始めた。また30年代後半に入ると，藤沢市の日本精工などの軍需産業の外延的拡大としての立地や，九州発祥であるブリヂストンやTOTOなど，首都圏市場をめざした地方からの進出工場の立地がみられた。第2次大戦後は，1960年代における松下電器産業など関西系企業の藤沢市への立地をはじめ，茅ヶ崎，平塚にかけて大規模工場の立地が進んだ。

しかし1980年代以降は，沿線地域の工業に対する貨物輸送機関としての東海道線の役割の低下が顕著となり，住宅地化の進展の影響を受け，生産機能の後退が進行した[3)]。

まず，1974年時点の従業員数100人以上の工場を抽出し，2010年時点の土地利用と比較して，変化の有無・内容を調べた。**図4-1**は，従業員規模別の工場分布と土地利用変化を表すとともに，聞き取り調査を実施した企業名を示したものである。

東海道線沿線地域は，戦前から1960年代にかけて，東京内部の工場の外延的拡大と関西方面からの首都圏立地といった複合的な要因により，大規模な工場が多く立地し，県内陸部より早い段階で工場が集積してきた地域といえる。1974年時点から存続している工場は，165工場中81工場であった。このうち23工場が横浜市戸塚区にあり，存続工場の8割が戸塚以西の地域に立地していた。地域ごとにみてみると，川崎区と幸区で，全ての沿線大規模工場において土地利用の変化が起こっているのがわかり，その多くがマンションやオフィスビルへと変化していた。次に横浜市内の区をみると，1974年時点から抽出された工場の数が多かった鶴見区や神奈川区，さらに戸塚区などでは変化していない工場が相当数ある一方で，西区や保土ヶ谷区，栄区では，変化しているもの

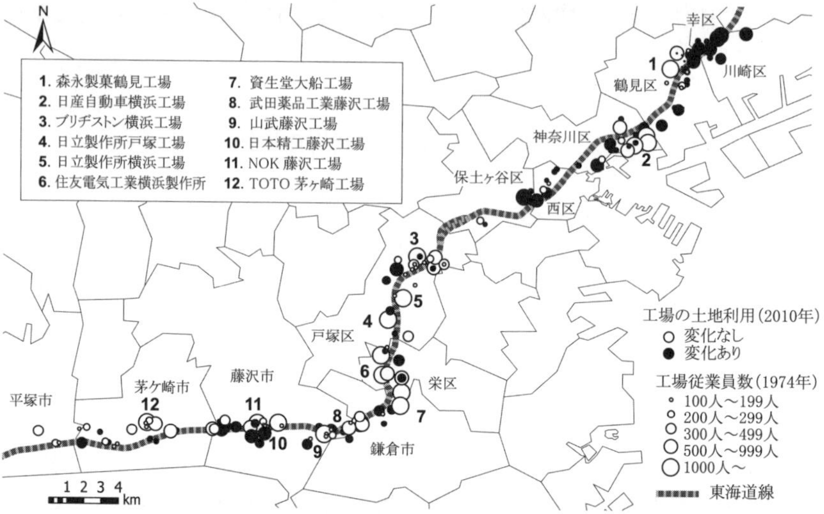

図 4-1　東海道線沿線における工場土地利用の変化（2010 年時点）

出所：『神奈川県工場名鑑』（1974）より従業員数 100 人以上の工場を抽出し，『住宅地図』（2010）により土地利用の変化を確認して鎌倉作成．

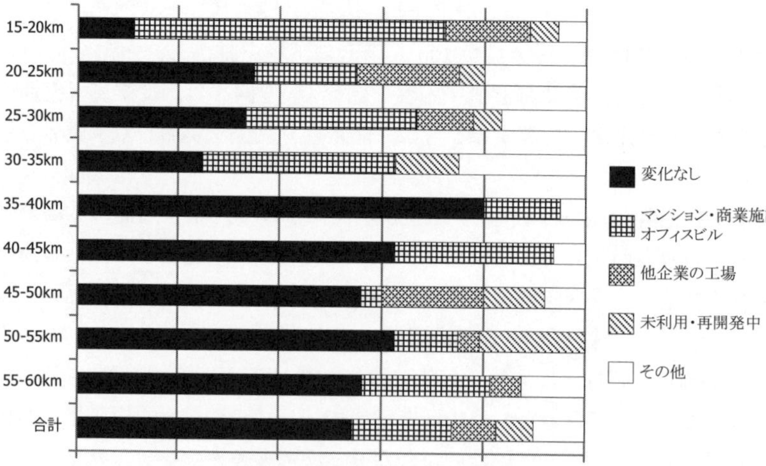

図 4-2　東海道線沿線工場の距離帯別土地利用変化

出所：　住宅地図の新旧比較により鎌倉作成．

が多かった。

こうした大規模工場の用途変更は，大規模な都市再開発と連動し，沿線の景観を変化させることも少なくない。川崎駅東口では大日日本電線川崎工場跡地が，また川崎駅西口では明治製糖横浜工場，明治製菓川崎工場，東芝堀川町工場がそれぞれ再開発地区に関わっていた[4)]。また，関東特殊製鋼工場跡地である辻堂駅周辺，また藤沢駅～辻堂駅間の松下電器産業工場跡地における再開発事業があげられる[5)]。

工場の業種別に土地利用の変化を分析したところ，業種による差異は観察されなかった。ただし，都心からの距離とは別に，工場が立地する地区の特性が関わっていると判断される事例もみられた。川崎駅や横浜駅などの主要駅に近い市区では，オフィスやマンションへの転換が多くなっていた。反対に，京浜臨海部の工業専用地域を含む鶴見区や神奈川区の場合は，工場として存続する割合が高くなっていた。

次に，こうした工場土地利用の変化を，東京駅からの距離帯別に集計し直してみよう（**図4-2**）。15～35km未満までに位置していた工場では，オフィスやマンション，商業施設に転換したものが多かったのに対し，35～39km以西の距離帯では，工場のままで変わらないものが多くを占め，距離帯により存続工場の割合に顕著な違いが確認された。都心に近く交通至便な工場ほどオフィスやマンションなどへの転換を促す誘因がより強く働き，周囲に住宅が迫り，拡張の余地がなった工場は，移転圧力が高まると考えられるが，工場を他の用途に変更するか存続させるかどうかは，個々の企業の経営判断によるところが大きい。以下では，東海道線沿線で保持された工場の存続要因を探っていくことにする。

3. 存続工場の機能変化

工場の土地利用変化の分析に続いて，従業員1,000人以上の大規模工場26工場を対象に，「社史」，「有価証券報告書」，「日経全文記事データベース」をもとに，立地経緯，製品内容や従業員数の変化，他の事業所との関係など，工場履歴を明らかにした。そのうちの主要な事業所については，研究開発機能を中心に，変化の要因や立地戦略上の位置づけなどに関する聞き取り調査を2010

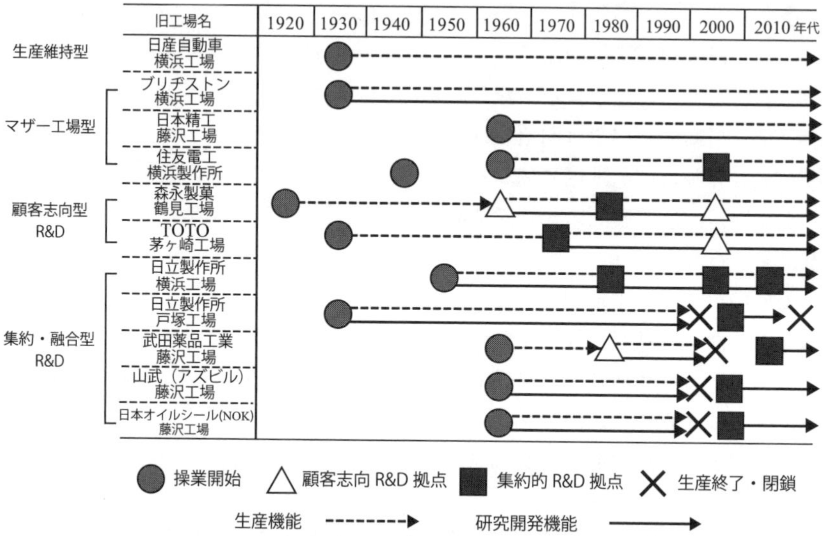

図 4-3　東海道線沿線大規模工場における機能変化

出所：　各社の社史および聞き取り調査により鎌倉作成.

年 9 月～ 11 月に行った。

図 4-3 は，聞き取り調査を実施した工場の機能変化をまとめたものである。これらの工場は，生産機能を中心に存続している場合（生産機能維持型拠点）もあるものの，多くは共通して研究開発機能を強化していた。こうした変化は，（1）製造機能と研究開発機能との一体化を図ろうとしたもの（マザー工場型拠点），（2）顧客志向の研究開発拠点を新たに設けたもの（顧客志向型Ｒ＆Ｄ拠点），（3）異なる分野の研究開発者を 1 拠点に集め，シナジー効果を狙ったもの（集約・融合型Ｒ＆Ｄ拠点）の 3 つのタイプに分けることができる。以下では，これら 3 つのタイプの事例について，「有価証券報告書」をもとにした工場別従業員数の変化を参照しながら，聞き取り調査の結果を記述する。[6)]

(1) マザー工場型拠点―ブリヂストン横浜工場―

ブリヂストン横浜工場は，1937 年に横浜市の戸塚区（当時は鎌倉郡川上村）に建設された。同社の社長は当時日本足袋の社長でもあり，ゴムはき物業界でシェアを拡大するため，京浜地方に進出してきた工場であった。しかしながら，天然ゴムの割り当ての関係上ゴム靴生産はできず，タイヤを生産する同社が同工場を継承した。当時タイヤの需要を満たすだけの生産本数は同社の創業地に立地する久留米工場だけで十分であったため，同工場は再生ゴムの製造を担った。1940年代の戦時期には，防振ゴムや戦車のタイヤなどといった軍需品の生産が行われていたが，戦後は1946年から自転車タイヤなどの小型タイヤの生産が始まり，1952年にゴルフボール，1958年に工業用品の生産設備が久留米工場から移設された。横浜工場では現在も同社の主要製品である自動車用のタイヤが製造されたことはなく，タイヤ以外の製品の総称である「化工品」の生産が主であった。

1960年代になると，労働集約的な小型タイヤを都心に近接した横浜工場で生産することが非効率であり，他の製品の生産増加により同工場が手狭になったことなどから，1961年に小型タイヤ専門の那須工場を新設し，1962年に生産設備が移設された（**図4-4**）。これに伴って，1963年から横浜工場は完全に化工品専門工場となった。従業員数は，1970年代前半をピークに漸減傾向であり，1978年には1962年から生産されていたワイヤーブレードホースの生産機能も，1971年に操業を開始した主にホース関連製品を製造する熊本工場へ移設された。一方で化工品の研究開発はほぼ横浜工場のみで行われており，1979年に，化工品試作センター，1980年には化工品試験センターなどの研究開発施設が竣工した。

1993年には，久留米工場からの移設以来製造していたゴルフボールの生産が1990年に新設された岐阜県の関工場に移設され，さらに従業員数の減少が続いた。また1998年から生産が始まった高機能フィルムについても，生産拡大に伴い，2000年に新設された静岡県の磐田工場へ移設されている。2000年代半ばに従業員数が急減しているが，これは同工場で勤務していた従業員が化工品技術センターに移ったことによるものであり，近年は横ばいか，やや増加傾向にあるとされる。2008年に完成したこの化工品技術センターは，従来の試験研究施設が一部生産を行っていたのに対し，試験と研究のみを行う施設であり，これによって研究開発のためのスペースが増加した（「日経産業新聞」2007年7月2日）。研究開発機能を持ち，新製品の立ち上げが行われる一方で，現在でも横浜工場で生産が続けられている製品は，工業資材関連のコンベヤベルトや，建設資材関連の免震ゴムなどといった，化工品の中でも比較的古い製品が

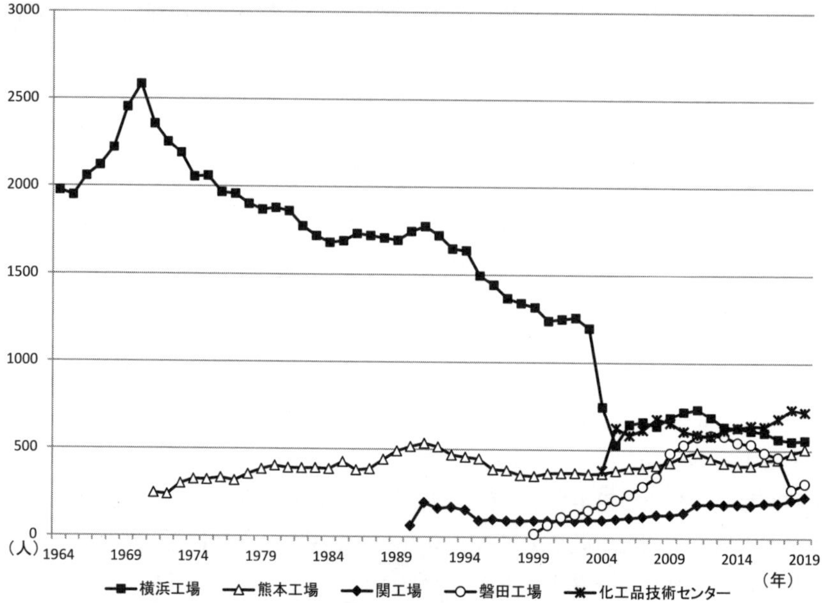

図 4-4　工場別従業員数の推移（ブリヂストン）

出所：『有価証券報告書』各年版により鎌倉作成.

多くなっている。このように，同工場は化工品における新製品の研究開発と製造ラインの立ち上げを行い，国内で化工品を製造する熊本工場，関工場，磐田工場などに生産機能を移管するマザープラントとしての役割を担っている。

このように研究機能と生産機能が同じ場所に立地していることには，1960 年代にタイヤのマザープラントである東京工場に技術センターを開設する際，創業者の石橋正二郎が，「工場と研究所が向き合い協力し合って良い製品を生み出すという姿を強く求めた」（『ブリヂストン七五年史』，2007，p.123）ということがある。東京工場（東京都小平市）については，生産機能を縮小し，研究開発施設を拡充するための再構築が 2017 年より実施されている[7]。これに関連して，横浜工場と加工品技術センターも 2019 年 4 月に研究開発，生産，福利厚生が融合し，地域社会とのコミュニケーションを重視した都市型拠点としてリニューアルがなされ，小平地区との研究開発面での連携を強化していく方針が示されている（「ブリヂストンプレスリリース」2019 年 4 月 22 日）。

(2) 顧客志向型 R & D 拠点―TOTO 茅ヶ崎工場―

TOTO 茅ヶ崎工場は，同社の創業地である小倉第一工場の分工場として，1937 年に建設された。当時，東京をはじめとする大都市において下水道が整備されたことにより，衛生陶器の需要が増大しており，茅ヶ崎工場は，東京を中心とした関東以北への供給を担うための新設工場であった。立地場所の選定にあたっては，東京に近接し，重量のある原料の粘土や衛生陶器の運搬に便利であり，将来の拡張計画を見込むことができ，労働力が安定的に供給可能で，用地価格が相対的に低額であること，などが重視され，鉄道省矢口発電所の跡地であった茅ヶ崎地区の当地が選ばれた（『東陶機器七十年史』，1988，p.101）。

生産機能に関しては，立地当初，衛生陶器の製造が主であったが，1952 年から工場内の試験場でプラスチック部門の研究が行われ，1957 年にはプラスチックの一種である FRP 製の浴槽やメラニン樹脂製便座の生産が始められた。また 1960 年代には，建設部材の組立，規格化といった現場施工の工程を工場生産に置き換え，工期を短縮するための製品として，ユニットバスが開発され，同工場で生産が行われた。さらに 1970 年代半ばから，ニューセラミックスの研究が行われ，同工場に研究開発本部が置かれ，生産も行われた。このように同工場は,同社の多くの事業におけるマザープラントとしての役割を果たしてきた。

従業員数の変化をみてみると，80 年代半ばからのバブル期にかけて従業員数が増加傾向にあることがわかる（**図 4-5**）。これは同社が 80 年代後半に 21 世紀にグループ総売り上げ一兆円を目指す長期ビジョン「TOTO HUMAN21」を立案し，茅ヶ崎工場内のニューセラミックス研究所をはじめ，研究員の増員などを全社的に行ったことや，商品研究所の設立にあたって，商品開発の主力を北九州市の本社から茅ヶ崎へ移したことが要因となっている。しかしながら，FRP 浴槽の生産は 1991 年に竣工した滋賀第二工場に移管され，メラニン樹脂製便座も外注化が図られた。そしてユニットバスに関しても，1986 年千葉県の佐倉市に竣工した 100％出資の子会社千葉東陶株式会社の工場に移管された。さらにニューセラミックス事業に関しても，1992 年に専用工場として稼働した中津第二工場が生産の核となっている。そのため，茅ヶ崎工場の製造品目は，現在はトイレ周辺の設備をパッケージ化して販売するシステムトイレのみとなっている。

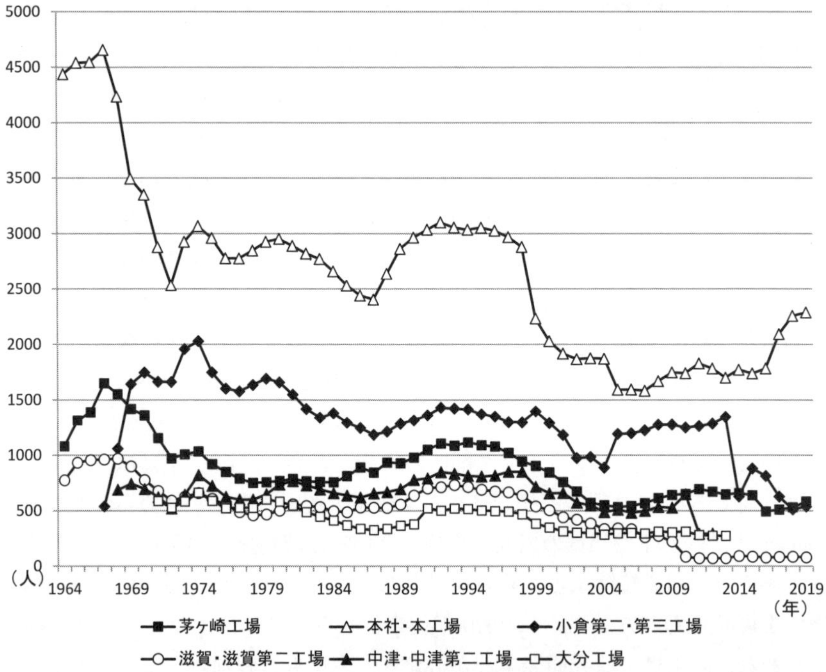

図 4-5　工場別従業員数の推移（TOTO）

出所：『有価証券報告書』各年版により鎌倉作成.

一方，研究開発機能に関しては，セラミックスなどを中心とした従来からの材料研究だけでなく，高機能商品や新しいコンセプトの商品を生み出すことを目的とした商品研究所が 1987 年に設立されるなど，新規事業を創出する拠点としての重要性を増していった。2010 年時点で，茅ヶ崎工場内にある総合研究所では，約半分の人員が各事業部の一部分の研究を行っているほか，残りの半分は，光触媒などのハイドロテクトや燃料電池といった新規事業の研究開発を行っている。さらに，茅ヶ崎工場内に 2006 年に新設されたユニバーサルデザイン研究所は，高齢者向けのバリアフリー製品などのモニター施設であり，実際に製品を使用する様子を撮影しての検証などが行われている。これらの研究を行う際に，大学などの研究機関との交流，公的資金情報の入手に便利であり，さらに大市場である首都圏の消費者モニターを集めやすいなどの理由から，本社のある北九州よりも東京に近接した立地であることが重要であるとしている。

(3) 集約・融合型 R & D 拠点

1) 山武（2012 年よりアズビルへ改称）藤沢テクノセンター

山武藤沢工場は，唯一の生産拠点であった蒲田工場だけでは生産能力が不足したため，生産施設の拡大を図って 1961 年に建設された。当時多角化を進めていた同社では，飛躍的に業績が伸びていたマイクロスイッチや制御機器の輸入が外貨割り当ての制限から困難になり，これらの国産化を迫られていたことが背景にあった（『山武百年史：新たなる価値創造オートメーションの拓く未来』）。また 1973 年には，調節弁を製造する寒川工場（現・湘南工場），空調制御事業関連製品を製造する伊勢原工場が，ともに神奈川県内に新設された。特に伊勢原工場は，藤沢工場が約 10 年間で既に狭隘化していたことによる新設工場であった。また 1982 年には，秦野に立地していた全額出資の子会社山武プレシジョンの第 2 工場を藤沢工場の分工場として統合して生産体制の管理を一貫して行うとともに，1986 年には藤沢工場で製造されていたメカニカル製品などが分工場へ移管された。このように，技術的に完成された電子部品の生産は子会社や分工場などへ移し，藤沢工場ではファクトリーオートメーション用のハイテク電子部品などの高付加価値製品を専門に手がけるようになり，研究開発機能も拡充されていった（「日経産業新聞」1986 年 2 月 4 日）。

藤沢工場の従業員数の推移をみてみると，1973 年に寒川工場と伊勢原工場が新設されたことによって減少しているが，1970 年代後半から 1990 年代半ばまでは，ほぼ横ばいに推移していた（**図 4-6**）。その後 1995 年に従業員数が微増をみせているが，これは藤沢工場内に新しい事務棟を建設し，工場と周辺のテナントに分散していた開発部門を統合し，250 人から 300 人規模の技術者が新棟に集約されたためである（「日経産業新聞」1995 年 5 月 15 日）。また 2000 年には，医療用や省エネ装置向けなどの新たなセンサー需要を開拓するための開発・生産施設が増設されるなど（「日経産業新聞」2000 年 1 月 17 日），新規事業を立ち上げるための設備投資が盛んに行われ，生産と研究開発の両方が行われていた。

しかし 2006 年になると，藤沢工場は藤沢テクノセンターと改称し，研究開発機能及び営業機能を他工場や事業所から集約する一方で，生産機能はほぼ全て移管された。これによって 2007 年には，従業員数が 2006 年の 822 人から 1,445 人へと急増している。また派遣社員を加えると，2010 年時点で，約 2,000

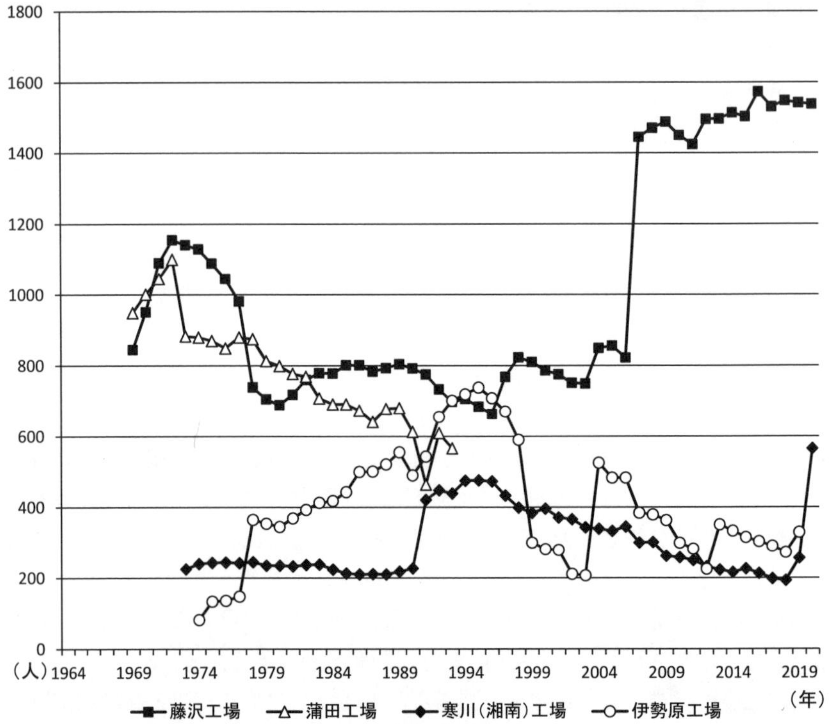

図 4-6　工場別従業員数の推移（山武）

出所：『有価証券報告書』各年版により鎌倉作成.

人の従業員が藤沢テクノセンター内で働いているという。同社の研究開発は，ビルディングオートメーション，アドバンスオートメーション，ライフオートメーションといった各事業部門に特化した開発を行う部門と，拡張事業領域を視野に入れ，全社共通技術の開発や独自技術の開発を目的とするコーポレート部門で構成されている。この集約は，事業ごとに社内でカンパニー制を導入したことによって技術者の中に組織の壁が生じることを避け，技術者間のシナジー効果が創出されることを狙ったものである。

アズビルでは，2015 年より拠点の再整備を行い，藤沢テクノセンターは「エネルギーマネジメントサイト」として，省エネソリューションを提案するためのショールーム機能を併せ持った研究開発拠点へと変化してきている。[8]

2）NOK 湘南開発センター

藤沢市に立地している日本オイルシール藤沢工場は，輸送用機械に用いられるオイルシールを主に製造してきた工場であった。同工場は，1950 年代末頃に東京の羽田工場が手狭になることが予想されたことや，生産の合理化の必要性が高まっていたことに合わせて，1960 年に新設された。同工場は当時としては最新鋭の設備を備え，羽田工場が現有設備を活用した少量生産に切り替えられたのに対して，主に量産機能を担った。また急速なモータリゼーションによって需要が増加する中，同社は 1963 年に佐賀工場，1964 年に静岡工場を新設するなど，地方にも積極的に工場を進出させていった（『NOK50 年の軌跡』，1993，pp.66-67）。

従業員数の変化をみてみると，1960 年代後半から減少が続いているが，これは 1968 年に福島工場，1970 年に熊本工場，1974 年に東海工場を新設し，生産機能を移管したことが要因であった（**図 4-7**）。1978 年に長期間同社の中核工場

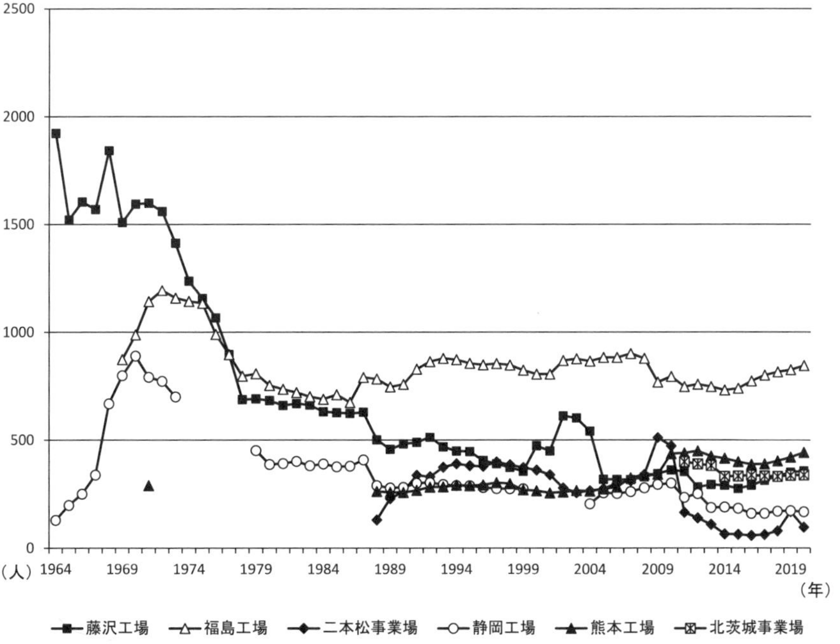

図 4-7　工場別従業員数の推移（NOK）

出所：『有価証券報告書』各年版により鎌倉作成.

であった羽田工場を閉鎖し，同工場の生産機能を福島工場へ統合したが，1987年には福島の二本松に第二工場を新設しており，国内全体としては生産体制を強化していたことが分かる。二本松事業場には藤沢事業場（1987年に名称変更）の樹脂製品が移管され，1988年には藤沢のオイルシール製品も移された。これは事業部ごとに生産品を集約することが狙いであり，藤沢では複合部品などの生産を拡大させた（「日経産業新聞」1987年7月28日）。国内の生産体制が再編される一方で，研究開発に関しては，1989年に筑波に筑波技術研究所が設置され，基礎研究を担った。しかしながらこの研究所は研究員数が30人から40人程度の小規模なものであり，産業機械向けの生産技術や新製品の開発は主に藤沢事業場で，自動車用のオイルシールの研究開発は福島事業場で行われていた。

2000年代に入ると，藤沢事業場にあった産業機械向けのオイルシール技術部が廃止され，福島事業場の品質管理部に統合されて研究開発効率の向上や技術交流の促進が図られた。一方で藤沢事業場の従業員数は増加しており，これは主力であるオイルシールではなく，プリント基板などの新規事業に進出し，携帯電話の需要増に応じての伸びであった。このように主力製品が移管され，新規事業中心の拠点へと変化していく中で，藤沢事業場は2005年に湘南開発センターとなり，生産機能は静岡工場や関連企業へ完全に移管された。研究機能のみになったことで従業員規模は縮小したが，藤沢・筑波・鳥取に分散していた研究員が藤沢に集約され，筑波の拠点は閉鎖された。この集約は，技術企画・技術研究，製品開発，生産技術開発などを一か所に集めることによって部門間の垣根をなくし，新商品開発から量産化技術構築までを一貫して行う「自己完結型」の研究開発を行うことが目的であり，さらに同社の各事業の専門知識や技術の融合によるシナジー効果の創出も期待されている。これによって，同社のシール技術を基盤とした環境対応の燃料電池用部品など，新たな製品の研究開発が進められている。また人事採用面での立地優位性も，藤沢に集約した理由としてあげられている。研究所は旧工場ほどの敷地を必要としないため，129,000㎡の旧工場の敷地の3分の2以上が大規模商業施設へ貸借中であり，土地の活用も行われている。

4. 企業内空間分業の再編と東海道線沿線工場の位置づけ

グローバル競争が激化するなかで，新製品投入のスピードが重視され，研究開発機能の新たな立地が注目されている。以下では，当該地域における事業所の役割を大きく変化させてきた武田薬品工業と日立製作所を取り上げる。いずれも 2000 年代から 2010 年代にかけて，研究開発体制の大規模な再編を行っているが，武田薬品工業においては，主要な拠点が大阪にあり，日立については関連部門の本拠地が当初から当該地域にある点が異なっている。これらの企業における国内生産・研究開発体制の再編過程のなかで，東海道線沿線工場の位置づけがどのように変わってきたかをみることにしよう。なお以下での記述は，両企業に関する新聞記事や社史（武田薬品工業株式会社編，1983；日立製作所戸塚工場編，1970，1988），日立製作所戸塚工場での聞き取り調査の結果をもとにまとめたものである。

(1) 武田薬品工業湘南工場の事例

武田薬品工業は 1781 年に大阪で創業した。現存する最も古い工場は，1925 年に建設された大阪工場であり，立地当初から中心となる大阪十三研究所も併設されていた。1944 年には，関東市場に進出するため，東京の高田馬場に東京工場を建設し，また 1946 年には，山口県の光海軍工廠を工場に転用し，大阪に次ぐ第二の主力工場とした（図 4-8）。

その後，1960 年代には，静岡の清水工場，兵庫の高砂工場，さらに東海道線沿線に位置する神奈川の湘南工場が新設された。湘南工場は，手狭になった東京工場に代わる関東の製造拠点として，首都圏近郊の土地を探して建設された工場であり，主にビタミン C などの医薬品の製造が行われることとなった。

1980 年代後半になると，大阪に集中していた研究開発機能が，首都圏へと移転し始めた。まず 1988 年に湘南工場では，化学品事業部の技術サービス拠点として，化成品研究所東京技術センターが建設された。これまでは大阪の化成品研究所 1 か所で，技術開発から製品の応用研究，ユーザー向けサービスが行われていたのに対し，市場規模の大きい関東に技術サービス施設を設け，事業基盤の強化を図ることが目的であった。また同 1988 年に，茨城県のつくば市において，バイオ関連を中心としたリサーチセンターが新設された。

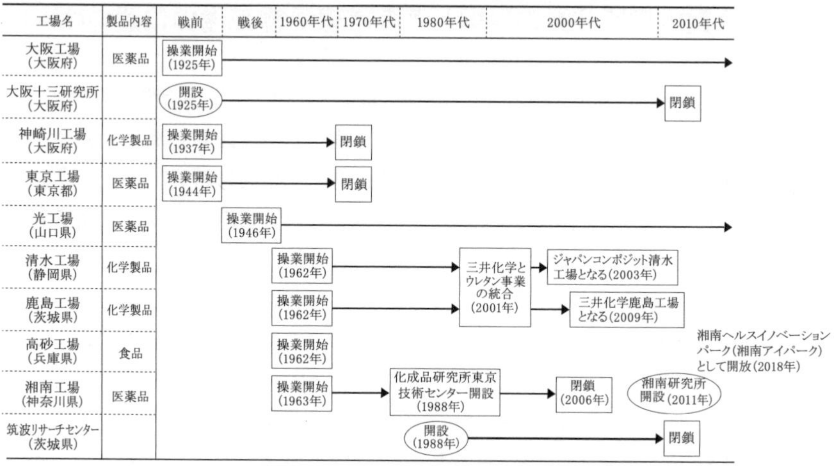

図 4-8 武田薬品工業における国内事業所の変遷

出所：　武田薬品工業株式会社（1983）および会社資料より鎌倉作成.

生産面に関しては，オートメーション化による人員の省力化を行い，コストの削減に努めながら，生産能力は維持されてきた。しかしながら，1994 年に医薬品の生産受託に関する規制が大幅に緩和されたことなどから，外部への生産委託が盛んに行われるようになり，工場の従業員数は大幅に減少し始めた。さらに 90 年代の終わりになると，海外売上比率が急速に高まったことなどから，固定費の高い国内における生産体制を大幅に見直す計画が立てられた。研究所を併設する大阪工場は，治験薬の専門棟が新設されるなど，機能を変化させながら存続していた。しかし国内の生産体制の中で，湘南工場は，引き続き見直しの対象とされ，2006 年に完全に閉鎖し，製造工場としての役割を終えた。

ところがこの湘南工場の跡地には，同じ 2006 年に，武田薬品の新しい研究所が建てられることが決まった。この研究所には，大阪と筑波の研究所から 1,200 人の研究員が集約され，関東における武田薬品初の総合的な研究所となった。この研究所の立地を巡っては，同社が本拠地を置く大阪府と，神奈川県の間で誘致合戦が行われた。しかし最終的には，多額の助成金を提示していた大阪府ではなく，神奈川県が立地場所として選定された。この決定の要因として，国内外から人材を集める上で，首都圏近郊の藤沢市が優位であるという判断が大きかったとされている（「日本経済新聞」2006 年 10 月 26 日）。

この背景には，主力製品の特許が相次いで切れ，新薬の早期の開発が求められる中で，グローバルな研究開発体制の強化を急務だとする製薬業界の現状がある。武田薬品における医療用医薬品の研究は，2010年代半ばまで日本・アメリカ・ヨーロッパ・アジアの4地域で行われており，従来日本は大阪とつくばの2か所が，研究開発拠点として位置づけられていた。しかし研究開発体制を強化するにあたって，人や情報の集まる都心に近い地域に，新たな研究開発拠点を確立するという判断がなされたのである。[9)]

湘南研究所への集約以降，武田薬品では組織のグローバル化が急速に進み，2014年には同社初となる外国人CEOを迎え，経営幹部も過半数が外国出身者へ刷新された（「日本経済新聞」2017年4月14日)。こうした中で，研究開発体制もさらなる再編が行われ，2016年には世界中に分散している8か所の研究開発拠点を日本とアメリカに集約する方針が示された。同社が重点分野に位置づける3疾患領域のうち，がんと消化器に関する研究はアメリカ，中枢神経に関する研究は日本の湘南研究所という役割の明確化が図られたのである。再編に伴い，アメリカのボストンに立地する研究所への異動や配置転換があり，湘南研究所の研究員数は300人から400人程度にまで縮小された（「日本経済新聞」2017年1月15日)。

湘南研究所は，2018年より湘南ヘルスイノベーションパーク（湘南アイパーク）として外部の企業に開放され，2020年7月現在，製薬大手，創薬系ベンチャー，AI・IoT関連などの65の企業・団体がテナントとして入居し，13社がメンバーとして参画している。[10)]

武田薬品も，入居企業の一つとして湘南アイパークにおけるコンソーシアムに参加し，異業種を含めた交流による新規事業の創出をめざしている（「日経産業新聞」2020年2月26日)。武田薬品の日本国内における集約型研究開発拠点として設立された拠点は，グローバルな研究開発体制の再編下において，さまざまな企業が集まるオープンイノベーション拠点へと変化している。

(2) 日立製作所戸塚工場の事例

日立製作所が横浜地区に進出したのは，1937年に国産工業株式会社を吸収合併し，日立製作所戸塚工場を設置したのが始まりである。戸塚工場は，国産工業時代の東亜電気製作所の流れを受け，電話機や交換機など，通信関連機器を主に製造してきた工場であった。また1959年には，日立製作所横浜工場が戸塚工場から分離した。横浜工場は，戸塚駅を挟んで戸塚工場の東側に位置し，テレビやラジオ等の家庭用電気製品の製造を担った。その後戸塚工場では，1955年にコンピュータの試作が開始され，日立製作所内でコンピュータ事業が最も早く始められたが，1962年にコンピュータ事業本部が発足するとともに，同部門は戸塚区に新設された神奈川工場に移管された。このように，戸塚工場からの分化と工場の新設が進み，戸塚区は日立製作所にとって，創業の地である日立市に次ぐ重要な拠点となっていった（**図4-9**）。

その後横浜工場では，1967年にVTR，テープレコーダー，ラジオを茨城県勝田市の東海工場に，ステレオを愛知県豊川市の豊川工場に分離，1969年には，カラーテレビの量産機能は岐阜県美濃加茂市の岐阜分工場，テレビチューナーは岐阜県高山市の高山分工場へと段階的に移管されていった。さらに1970年代半ばには，米国や英国などでAV製品の現地生産が本格化したため，横浜工場を含めた国内からの輸出数量も減少していった。しかし横浜工場内には，生産技術研究所や家電研究所が立地しており，依然としてAV部門の中心的な工

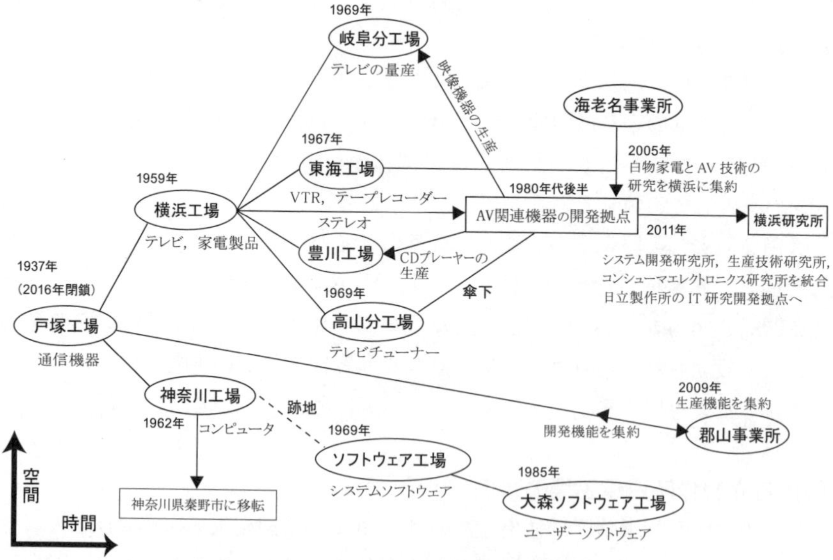

図4-9　日立製作所戸塚地区関連事業所の変遷

出所：　日立製作所戸塚工場編（1977，1988）および会社資料より鎌倉作成．

場として位置づけられていた。またコンピュータ部門が独立してできた神奈川工場は，1968年に神奈川県秦野市へ移転した。同工場の跡地には，翌1969年，神奈川工場から独立した日立製作所ソフトウェア工場が新設された。

さらに1980年代になると，日立製作所内で生産体制の大規模な再編が行われ，1980年代後半の国内家電工場の再編・統合により，横浜工場は豊川工場，岐阜工場，高山工場を傘下に置き，AV関連機器の各工場を統括する工場として明確に位置づけられた。具体的には，横浜工場を開発拠点とし，映像機器の生産を岐阜に，CDプレーヤーなどの生産を豊川に集約し，それぞれの人員を各拠点へと振り分けた。またこの再編統合で生まれた余剰人員約500人は，コンピュータ等の高度先端技術部門へ配転された。

ソフトウェア工場に関しては，1985年にSE，ユーザープログラム部門が独立し，東京都品川区に大森ソフトウェア工場が新設された。さらに1980年代後半には，戸塚駅の北に位置する横須賀線の東戸塚駅西口周辺に，日立ソフトウェアエンジニアリングなど，日立製作所関連のソフトウェア企業が研究所を新設した。このように，AV部門が戸塚区を研究開発の中心として生産機能を地方へ移転する一方で，ソフトウェア部門は，戸塚区からよりユーザーに近い都心部方向へと拡大していった。

1990年代初頭になると，家電，コンピュータ，電子部品の3分野を対象に，従来からの工場制に代わり事業部が中心となった。戸塚工場は情報通信システム事業部，横浜工場はAV機器事業部，ソフトウェア工場はソフトウェア開発本部の管轄となったほか，工場は「事業所」へと名称変更がなされた。そしてこれ以降，事業部の改編がめまぐるしく行われ，戸塚区に立地する事業所群も，名称が度々変化した。また1995年には，社内分社制が導入され，特定の事業部と関連の深い研究所が事業部の傘下に移された。

2000年代に入っても，生産体制の再編は引き続き行われ，2005年には，茨城県ひたちなか市の東海事業所でDVD関連の技術を担っていた250人の技術者と，パソコンの開発を行っていた海老名事業所の530人が横浜事業所に集められた。これに伴い，東海事業所は生産機能に特化し，海老名事業所は閉鎖された[11)]。一方で，各事業所に分散していた企画・マーケティング部門の人員は東京の本社に集約されることとなった。さらに2010年には，川崎市麻生区から生産技術研究所が横浜事業所内に統合されたほか，同年に東京都国分寺市の中央研究所の一部と麻生区のシステム開発研究所川崎ラボラトリ情報プラットホーム開発部門が，横浜事業所内のシステム開発研究所横浜ラボラトリに統合された。これによって，横浜事業所に勤務するIT系研究者は従来の約3倍となった。

また，戸塚事業所に拠点を置く通信ネットワーク事業部でも，2009年に生産・開発体制の再編が行われ，同事業所に開発部門が集約された。そして2011年4月には，日立製作所内で国内研究所の抜本的な再編・統合が行われることが決まり，横浜事業所内の情報システムなどを扱うシステム開発研究所，管理・生産システムなどの研究を行う生産技術研究所，組み込みシステムなどのコンシューマエレクトロニクス研究所が「横浜研究所」として統合された（「日本経済新聞」2011年1月17日)。横浜研究所はITの開発拠点として位置づけられ，1つの拠点に集約することで研究者間の連携を密にし，開発スピードを高めることが目的とされている。

研究開発機能の集約が一層進む横浜事業所に対し，戸塚事業所は携帯基地局向け装置開発における収益悪化に伴う構造改革の一環として2016年に閉鎖され，横浜地区に最初に進出した拠点はその役割を終えた。17万㎡の広大な敷地は，中外製薬の研究開発拠点の新設用地として売却された（「日経産業新聞」2016年3月8日)。

以上のように，旧戸塚工場から分化していった日立の事業所群は，年々研究開発拠点としての機能を強めていった。戸塚事業所の敷地については，他企業の研究開発拠点として生まれ変わろうとしている。

5. まとめ

以上，東海道線沿線の大規模工場用地の土地利用変化と大規模工場の機能変化，東海道線沿線工場の位置づけの変化についてみてきた。東海道線沿線の大規模工場は，都市化の進展による立地環境の変化によって，オフィスやマンション，商業施設に用途を転換させる工場が多い。しかしながら，横浜市戸塚区以西を中心に，存続している大規模工場も少なくない。

とはいえ，大規模工場の中で生産機能のみで存続しているものはほとんどなく，多くの工場が研究開発機能などを備え，それを強化してきている。こうした動きは，国内外の生産・研究開発体制の再編の中で，東海道線沿線地域の位置づけが変化してきていることを示している。もともと生産拠点として進出した工場が，80年代以降における海外への生産拠点の進出などを受け，首都圏近郊地域における人材や技術の蓄積，都心へのアクセスの良さなどを活用して，各企業の生産・開発における主要拠点へと変化していったと言うことができる。

特に2000年代以降，東海道線沿線の存続拠点では，研究開発機能における新たな動きがみられた。これらは，（1）生産機能と付設R&Dの変化，（2）顧客志向R&D施設の増設，（3）集約・融合型R&Dへの変化といった３つのタイプに分類できる。

まず（1）は，ブリヂストン，日本精工，住友電工などのように，生産機能と研究開発機能の一体化を重視したマザー工場型の事業所である。多くの工場が操業開始時から研究開発機能を持っていたが，生産機能と近接性を持って結びつくことで，国内外の生産支援を行う上で重要な役割を果たす拠点となっている。

次の（2）は，2000年代に入り，従来から立地していた総合研究所とは異なる目的を持つ研究開発施設を設けた事業所があげられ，これには森永製菓，TOTOが分類できる。特にこれらの研究開発施設は，消費者の好みを直接取り入れようとする顧客志向の研究を行っている点に特徴がある[12]。このような研究を行うにあたって，大市場である首都圏に立地することの利点があると考えられる。

最後の（3）は，武田薬品工業，日立製作所，山武（アズビル），NOKなどの事業所でみられたような，集約型研究開発拠点の存在があげられる。これらの拠点では，従来までの生産機能がほぼなくなり，新たなタイプの研究開発施設が設置され，企業内の他分野における研究者交流の促進を図っている点に特徴がある[13]。聞き取り調査でも，特に研究機能に特化した事業所で，研究開発活動における「企業内の組織間の壁」について言及があり，機能集約によるその解消が期待されていた。集約型研究開発拠点の中には，武田薬品工業のように他企業に開かれたオープンイノベーション拠点に変化するという動きもみられた。

こうした（3）のタイプのような，新たな集約型研究開発拠点の新設にあたっては，自治体の産業立地政策の影響を無視することはできない。神奈川県は，バブル経済崩壊後空洞化の進んだ同県の製造業の再生を図ることを目的として，2004 年に「神奈川県産業集積促進方策（インベスト神奈川）」を策定した。「インベスト神奈川」では，一事業所当たり 80 億円という大規模な助成制度が設けられ，特に大企業の研究所の立地に対しての助成額の上限を高くしたことに特徴がある。その結果として，大企業 20 社 22 件からの申請があり，本研究で取り上げた武田薬品工業，山武（アズビル），日本精工などはこの政策を利用して，県内での再投資を行っている（神奈川県，2010）。

また藤沢市などの基礎自治体においても，固定資産税や法人市民税といった税収確保を背景に，研究開発施設の新設を重視する傾向にある[14)]。もっとも，地方自治体の厳しい財政事情の下で助成できる施設数には限界があり，こうした点も集約型研究開発拠点の新設が短期間に集中した理由と考えられる。

このように，首都圏近郊地域の中で古くから工業が発展してきた東海道線沿線の大規模工場においては，生産機能から研究開発機能へと機能を変化させただけではなく，研究開発機能の内容を質的に変化させてきた。こうした変化が当該地域でみられるのは，人材確保の点や本社や顧客，大学などの研究機関との近接性の面で，他の地域にない優位性をもっているからだと考えられる。

注

1）第 2 章でみたように，工場立地件数の構成比は，2000 年代前半に大都市圏での伸びが顕著になっており，高度人材の獲得や，生産機能と研究開発機能の近接性による効率化の面などから，国内における製造業の立地地域として再び注目されている。

2）本研究の対象地域は，首都圏近郊地域であり，歴史的に工場の展開が早かった，神奈川県川崎市から平塚市までの東海道線沿線地域とする。また都心への近接性による工業的土地利用の変化を明示的に分析するため，軌道の両側各 1km 以内を範囲とした。

3）首都圏の市区町村を，東京駅を中心に方角によってセクター別，また距離帯別に分類し，工業従業者数増減率の推移（1980 ～ 2000 年における 5 年ごとの変化）を分析したところ，東海道線沿線地域を含むセクターにおいては 1985 年から -5％以上減少している距離帯が外延的に拡大し，他のセクターと比較して早かった。また 1995 年から 2000 年にかけては，首都圏全体で従業者数の減少がみられたが，特に当該セクターは，多くの距離帯で減少率が-15％以上と高くなっていた。

4）1995年に閉鎖した東芝堀川町工場の跡地約112,000㎡のうち約72,000㎡の敷地に，2006年大規模商業施設である「ラゾーナ川崎プラザ」が完成した。商業施設に関しては，東芝が20年間の定期借地で貸与し，東芝不動産が60％，三井不動産が40％の事業費率で施設を整備した。また商業施設の東側に隣接する約17,000㎡の跡地には，東芝から用地を買収した東芝不動産と三井不動産が，2007年に高層マンションを建設した。

5）辻堂駅の北口の関東特殊製鋼本社工場跡地では，2004年から「湘南C-X（シークロス）」と名付けられた大規模な再開発事業が行われ，企業の本社工場や研究所，大規模商業施設「テラスモール湘南」などの利用が始まっている。また藤沢市の松下電器産業の工場跡地では，同社（Panasonic）や三井不動産などの企業によって，環境配慮型の新しい街づくりが行われ，「Fujisawaサスティナブル・スマートタウン」として2014年に開所した。

6）聞き取り調査は，2010年9月から11月にかけて，13の企業に行ったが，以下では業種と所在地のバランス，研究開発機能を重視する点を考慮し，6社を取り上げることにした。

7）東京工場はタイヤ部門の工場であり，航空機用タイヤ以外の生産機能を彦根工場（滋賀県彦根市）に移管した（「ブリヂストンプレスリリース」2015年10月16日）。東京工場は小平地区と称され，2020年以降には同地に「Bridgestone Innovation Park」を開設する予定である（「ブリヂストンプレスリリース」2019年11月28日）。

8）アズビルでは，2015年に伊勢原工場を廃止して湘南工場（旧寒川工場）へ集約するという生産拠点の統廃合を行った（「アズビルニュースリリース」2015年10月30日）。藤沢テクノセンターでの成果を実証し，海外拠点を支援するマザー工場として位置づけられる湘南工場では，2019年6月に新たな生産ラインが稼働し，藤沢テクノセンターで開発されたAIの機械学習システムを導入した自動化が行われている（「日経産業新聞」2019年9月20日）。

9）湘南研究所では，外部の研究機関やバイオベンチャー，地元産業などと連携するオープンイノベーションを推進することが設置以前からめざされていた（「日本経済新聞」2011年2月24日）。オープンイノベーションとは，企業の内部で行われていた研究開発活動のプロセスを，サプライヤー，消費者，大学といった外部のパートナーに開放し，研究効率を高めようとする動きである（Chesbrough

2003)。

10) 湘南ヘルスイノベーションパークウェブサイトによる（https://www.shonan-health-innovation-park.com/community/tenants/)。

11) 海老名事業所の跡地は㈱リコーに売却され，新たな集約型研究開発拠点となっている（「日本経済新聞」2010年12月2日)。

12) 川上智子（2005）では，顧客志向のイノベーションを重視するとともに，マーケティングと研究開発という二部門間の地理的近接性について論じている。たとえばTOTOでは，北九州市と茅ケ崎市の拠点で研究開発機能の分業がなされているが，このような顧客志向型の研究所の立地にあたっては，首都圏近郊の茅ケ崎市が選択された。

13) このような研究開発機能の再編の動きの背景に関して，榊原清則（2005）は，2000年代以降の日本において，製品そのものの革新性を強みとする製品イノベーションの重要性が高まったことにより，研究開発投資が増加し，全体の利益に対する効率が低下してきたと指摘している。特に経営体の内部組織で研究活動を行う「内製志向」の強さが，さらにイノベーションの効率化を妨げていると述べている。これは，事業ごとに細分化された組織内での研究開発にも限界が生じていることが示唆される。

14) これまで住宅地政策を中心としていた藤沢市では，2011年に「藤沢市産業振興計画」を策定し，その中で研究開発拠点や研究開発力の高い企業の集積をめざす企業立地促進を打ち出し，2022年までを計画期間としている。

第5章
北陸の地域イノベーションと工場の技術軌道

1. 北陸地域の工業の概観

ここでの北陸地域は，富山，石川，福井の3県の範囲とする。日本アルプスを構成する山岳地域を背景に，そこから流れ出るいくつもの河川が扇状地，平野を形成して，日本海に流れ出ている。気候は，日本海側に共通する冬期に降雪量が多く，平野部は，水田単作地帯となっている。細長く続く平野部に，鉄道や道路が走り，そうした交通体系に沿って，市街地が形成されてきた。砺波平野は日本を代表する散村景観で知られているが，北陸本線に沿って，主要な都市が間隔を置いて連なっている。2015年3月に長野―金沢間の北陸新幹線が開業し，東京―金沢間が2時間28分で結ばれることになった。

北陸最大の都市は，人口46万6千人の金沢市で，富山市（41万9千人），福井市(26万6千人)と各県の県庁所在都市が続く。これらに次ぐ都市としては，富山県の高岡市（17万2千人），石川県の白山市（10万9千人），小松市（10万7千人）が挙げられる。

北陸3県合計の人口は300万人で，日本全体の2.4%を占め，域内総生産や小売業年間販売額などもほぼ同様な対全国比を示している。北陸の産業構造は，域内総生産で，第1次産業が1%，第2次産業が30%，第3次産業が69%となっており，全国の構成比と比べると，第2次産業の比率が高くなっている（2013年度)。

現代の北陸工業に関しては，佐々木雅幸（1992），碇山洋ほか編（2007），北陸経済研究所（2016）などが詳しいが，工業地域の形成について，藤森勉（1980）は，「富山県臨海部のように日本海側屈指の工業地帯を形成して，主として重化学工業が立地している場合。福井平野，加賀平野，能登邑知潟地溝帯，砺波平野などのように，いわば農業地域の中に，それぞれの地方の中心集落（都市をも合わせて）を核としながら，主として軽工業が分散立地している場合。鉄道沿線に形成された中小都市の中に，都市的機能と混在しながら，雑多な業種の工業が立地する場合の三つのタイプに分けることができよう」（p.63）と述べた。

図 5-1 は，1960 年～ 2010 年の各県の業種別製造品出荷額等の変化を示したものである。2010 年時点の出荷額の大きさは，富山，石川，福井の順になるが，富山では 1990 年以降，石川では 2000 年以降減少傾向を示しているのに対し，福井では 2000 年以降増加傾向を示している。

富山では，業種別の出荷額の変化が大きく，1980 年から 2000 年にかけてアルミを中心とした金属の出荷額の減少が顕著であるのに対し，一般機械・精密機械と化学の出荷額の伸びがみられた。1990 年～ 2000 年にかけては，金属と繊維の減少が，2000 年以降は金属は再び伸びをみせたものの，一般機械・精密機械と輸送用機械の減少が大きくなっている。石川では，1970 年代においては繊維と一般機械・精密機械の 2 業種中心であったが，1980 年代以降，業種の多様化がみられ，とりわけ減少傾向を示す一般機械・精密機械に代わって，電気機械と輸送用機械の伸びが顕著であった。ただし，1990 年代以降繊維の減少に歯止めがかかっていない。福井については，1980 年代まで繊維中心の業種構成であったが，1990 年代以降，機械工業と化学工業の伸びがみられた。2000 年代以降，一般機械・精密機械，電気機械の伸びが顕著である。

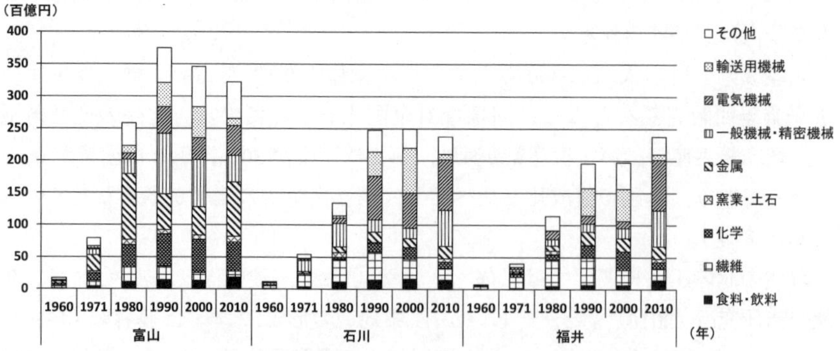

図 5-1 北陸各県における業種別製造品出荷額等の推移

出所：「工業統計表」各年版より松原作成．

2017 年の業種別製造品出荷額等について，各県の特化係数をみると，富山県では，非鉄金属が最も大きく（3.14），金属製品（2.20），化学（2.11）の順であった。石川県では，繊維が最も大きく（5.51），生産用機械器具（3.93），家具・装備品（3.08）の順であった。福井県では，繊維が最も大きく（9.65），電子部品・デバイス等（3.20），非鉄金属（2.44）の順であった。このように，北陸 3 県の産業構造はかなり異なっており，富山県では素材工業が中心であるのに対し，石川県と福井県では，繊維工業の特化係数が高いものの，絶対数の減少が顕著であった。

図 5-2 は，市町村別の就業者総数に占める製造業従事者の割合を横軸に，製造業従事者のうちの R&D 従事者の割合を縦軸にとって，北陸の市町村を位置づけたものである。製造業従事者割合が 20％を越える市町村が多く，しかもその割合が上昇するとともに，R&D 従事者割合も高くなる傾向がみてとれる。R&D 従事者割合が 10％を超えるのは，石川県川北町，富山県黒部市，魚津市で，8％以上では，石川県かほく市，能美市，福井県あわら市，富山県舟橋村であった。これらの市町村は，大企業のマザー工場が立地している自治体で，高い割合がみられた。

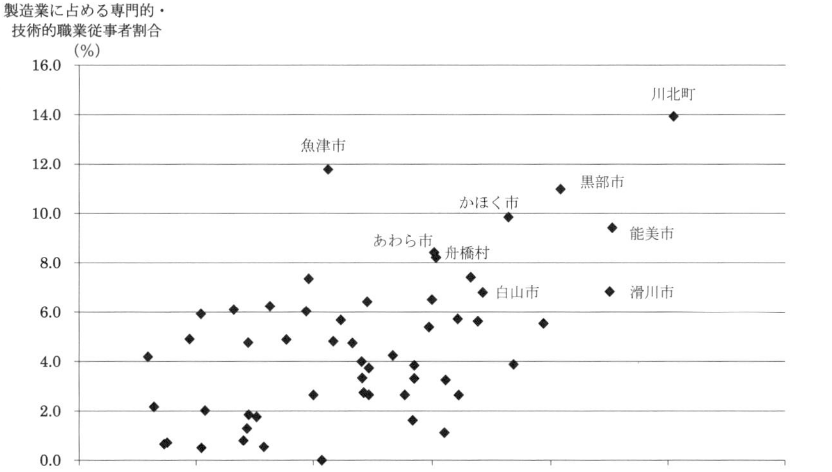

図 5-2　北陸における市町村別製造業従事者割合とＲ＆Ｄ従事者割合
出所：「2015 年国勢調査報告」（通勤通学編）従業地ベースのデータより松原作成．

地域イノベーションをどのような空間スケールで把握するのが適当か，この点についての定説はないが，本章では県を超えた地方ブロック圏域を対象とする。また，地域イノベーションに関するアプローチについても，産学官連携の知識フローを社会ネットワーク分析により可視化し，ネットワークの特徴や問題点を論じたもの（與倉豊，2017），インタビュー調査により，研究者の特許取得の系譜や地域内外の企業との関係を明らかにしたもの（野澤一博，2020）など，これまでは知識に関する研究が多かったが，本章では，第1章でも紹介した技術軌道の考え方に着目する。日本政策投資銀行北陸支店発行の『北陸ハンドブック』に掲載されているシェアトップ企業の中から，歴史のある工場を取り上げ，技術の歴史的系譜をたどるとともに，技術の転換に注目し，そうした転換と地域イノベーション施策との関係をみていく。そこで，個々の工場について述べる前に，地域イノベーション施策の展開をおさえておきたい。

2. 地域イノベーション関連プロジェクトの概要

表5-1は，北陸3県における文部科学省関連の地域イノベーションプロジェクトの一覧を示したものである。2000年代に入り，まず，地域結集型共同研究事業が福井県と石川県で行われた。その後，都市エリア産学官連携促進事業が福井まんなかエリア，若狭，石川県南部エリアで実施された。知的クラスター創成事業（第1期）については，富山・高岡地域と金沢地域で実施されたが，第2期については，富山・石川地域が共同で取り組んだ。その後，地域イノベーション戦略支援プログラムが動き出し，北陸では石川，富山，福井の各県のプロジェクトが地域イノベーション戦略支援プログラムの研究機能・産業集積高度化地域に採択された。2013年度からは，同プログラムの国際競争力強化地域として，北陸ライフサイエンスクラスターが採択され，2017年度まで北陸3県にまたがる取り組みが行われた。

富山県の地域イノベーションに関しては，公益財団法人の富山県新世紀産業機構が中核機関になっているが，研究開発の施設としては，富山県工業技術センターが中心となっている。同センターは，1913（大正12）年に高岡市に開設された工業試験場を起源とし，1986年に工業試験場と繊維工業試験場を統合して設置されたものである。最近の動きでは，2014年度〜16年度の文部科学省

表 5-1 北陸における文部科学省関連の地域イノベーションプロジェクト一覧

No.	地域イノベーション施策名	エリア名	期間（年度）	課題名	中核機関
1	地域結集型共同研究事業	福井県	2000 ～ 2005	光ビームによる機能性材料加工創成技術開発	財団法人ふくい産業支援センター
2	地域結集型共同研究事業	石川県	2001 ～ 2006	次世代型脳機能計測・診断支援技術の開発	（財）石川県産業創出支援機構
3	都市エリア産学官連携促進事業	福井まんなかエリア	2003 ～ 2005	ナノめっき技術によるエネルギー関連機能性材料創製技術の開発	財団法人ふくい産業支援センター
4	都市エリア産学官連携促進事業	福井まんなかエリア	2006 ～ 2008	ナノめっき技術が創出する安全・安心エネルギーデバイス	財団法人ふくい産業支援センター
5	都市エリア産学官連携促進事業	ふくい若狭エリア	2008 ～ 2010	原子力・エネルギー関連技術を活用した新産業の創出	財団法人若狭湾エネルギー研究センター
6	都市エリア産学官連携促進事業	石川南部エリア	2005 ～ 2007	伝統産業と先端技術が連携した新産業の創出「温新知故産業創出プロジェクト」	財団法人石川県産業創出支援機構
7	知的クラスター創成事業（第1期）	富山・高岡地域	2003 ～ 2007	地域技術の融合から，バイオによる新産業の創出をめざして	財団法人富山県新世紀産業機構
8	知的クラスター創成事業（第1期）	金沢地域	2004 ～ 2008	早期認知症診断システムの開発・予防型社会システムの構築を目指して	財団法人石川県産業創出支援機構
9	地域イノベーション戦略支援プログラム（都市エリア型）	石川県央・北部エリア	2009 ～ 2011	地域伝統発酵食品に学ぶ先進的発酵システム構築と新規高機能食品開発	財団法人石川県産業創出支援機構
10	地域イノベーション戦略支援プログラム（研究機能・産業集積高度化地域）	いしかわ型環境価値創造産業創出エリア	2012 ～ 2016	いしかわ炭素繊維クラスター（織物技術を活用した熱可塑性炭素繊維複合材料の一大生産拠点の形成）	財団法人石川県産業創出支援機構
11	地域イノベーション戦略支援プログラム（研究機能・産業集積高度化地域）	とやまナノテクコネクト・コアコンピタンスエリア	2014 ～ 2018	「とやまナノテクコネクト・次世代ものづくり創出プログラム」	公益財団法人富山県新世紀産業機構
12	地域イノベーション戦略支援プログラム（研究機能・産業集積高度化地域）	ふくいスマートエネルギーデバイス開発地域	2011 ～ 2015	フッ素化学多面展開技術を活用した次世代エネルギーデバイス創生による地域イノベーションへの取り組み	公益財団法人ふくい産業支援センター
13	知的クラスター創成事業（第2期）	富山・石川地域	2008 ～ 2012	予防と健康のライフサイエンス研究開発拠点の形成を目指して	一般財団法人北陸産業活性化センター
14	地域イノベーション戦略支援プログラム（国際競争力強化地域）	健やかな少子高齢化社会の構築をリードする北陸ライフサイエンスクラスター	2013 ～ 2017	健やかな少子高齢化社会の構築をリードする北陸ライフサイエンスクラスターの形成	一般財団法人北陸産業活性化センター

出所：文部科学省各種資料より松原作成．

地域イノベーション戦略支援プログラム「ナノテククラスター」の拠点となり，後述する㈱スギノマシンによるウォータージェットによるナノ粒子，ナノファイバー製造技術をコア技術とし，微細化技術の高度化，蒸れない医療用繊維素材などの開発，セルロースナノファイバー（CNF）とナノ粒子のハイブリッド化による高機能樹脂の開発を展開してきた。2016 年の文部科学省の拠点整備補助金により，セルロースナノファイバー製造実証・試作拠点にもなっている[1)]。

石川県における地域イノベーションの中核機関は，財団法人石川県産業支援機構で，文部科学省の地域イノベーション戦略支援プログラム「いしかわ炭素繊維クラスター」が実施されてきた。そこでは，織物技術を活用した熱可塑性炭素繊維複合材料の一大生産拠点の形成をめざし，熱可塑性プリプレグシートの製造法の確立，熱可塑性スタンパブルシートの製造法の確立，プレス成形加工法の確立を研究テーマとしてきた。

中心的な施設は，石川県工業試験場となる。同試験場は，1908（大正 7）年に設立され，62 年に繊維工業試験場，機械工業指導所，工芸指導所を統合した総合試験場となり，83 年に現在の地に移転している。産学官連携を推進する企画指導部，機械金属部，電子情報部，繊維生活部，化学食品部といった業界別の組織になっており，ほかに小松市に九谷焼技術センターが置かれている。

石川県の炭素繊維分野の取り組みをみると，機械産業の集積と繊維産業の集積を背景に，2009 年 8 月に「いしかわ炭素繊維クラスター構想」が始動，2010 年 7 月に「いしかわ次世代産業創造ファンド」が創設され，2011 年 4 月には工業試験場内に次世代センターが設置された。2012 年度には，文部科学省の「地域イノベーション戦略支援プログラム」に採択，研究者の招へいやコーディネーターを配置するなど，人材の集積が進められ，14 年 6 月には文部科学省の拠点整備事業の 1 つ, 金沢工業大学に革新複合材料研究開発センターが開所した。こうした一連の過程を経て，産学官連携の成果として，サンコロナ小田㈱の炭素繊維を広げたテープ，津田駒工業㈱の炭素繊維テープを積層する装置，小松精練㈱（現コマツマテーレ）の建設資材用ストランドロッド，コマツ産機㈱のプレス装置開発，大同工業㈱の長尺部材，澁谷工業㈱のレーザー加工機などがあげられる[2)]。

福井県については，公益財団法人ふくい産業支援センター技術開発部による「福井県の産学官共同研究プロジェクトの流れ」が参考になる。そこでは，横軸に2000年～2014年までの時間軸が，縦軸に繊維関連技術から電子部品までの技術蓄積が置かれ，経済産業省や文部科学省などのプロジェクトを通じて，どのように研究開発が進められてきたかが一枚の図にまとめられている。上記の技術分野では，「先端マテリアル創成・加工技術」に関するプロジェクトが相対的に多くなっている。[3] たとえば，文部科学省の「都市エリア産学官連携事業」の一般型により，「ナノめっきによる太陽電池等機能性材料創成」のプロジェクトが2003年度～2005年度まで行われた後に，同事業の発展型により「ナノめっきでの安全・安心エネルギーデバイス」のプロジェクトが2006年度～2008年度まで行われるなど，国の政策を上手につないでいる。

繊維関連技術として，経済産業省の「地域新生コンソーシアム研究開発（一般枠）」により「開繊炭素繊維シート開発」を2002年度～2003年度に行い，それを「戦略的基盤技術高度化事業」の「先端複合材用繊維基材の開発」（2007年度～2009年度）などにつなげている。この他，「地域新生コンソーシアム」により，「次世代2次電池・正極材料技術」（2001年度～2002年度）の開発も取り組まれた。

福井県においても，福井県工業技術センターが中心的な役割を果たしてきている。1902（明治35）年に繊維系の工業試験場が設立され，47年設立の窯業試験場，52年設立の工芸指導所と3つの試験場が85年に統合され工業技術センターが発足，その後91年に新研究庁舎，93年に第2期工事が完了し，現在に至っている。特に，「繊維束の開繊方法及び装置」などの特許出願件数が多く，しかも国際特許を多くとっている点が特筆される。

このように，北陸では各県の公設試験研究機関と大学が中心になって，国の支援を受けながら，地域中核企業と共同研究を進め，新製品や新事業の創出において成果を挙げてきた。もっとも，そうした成果は，表中の短期間のプロジェクトのみで実現したわけではなく，長年にわたる公設試や大学との技術交流を通じて，企業が技術を習得，蓄積するとともに，技術軌道を転換する契機にプロジェクトが重なったものと考えられる。以下では，化学工業，地場産業，機械工業の3分野から代表的な企業を取り上げ，技術軌道の形成と転換の過程を紹介することにしたい。

3. 主要企業における技術軌道の転換

(1) 化学工業

日本の化学工業の主軸が，第2次世界大戦前の石炭化学や電気化学から，戦後になって石油化学に移る中で，立地も国内原料を得やすい九州や北陸から，太平洋ベルトにシフトしてきた。しかしながら，福岡県大牟田市のデンカの研究開発拠点が，これまで蓄積してきた技術軌道を活かして，スペシャリティ化学の重要な拠点に転換してきた事例のように（鎌倉夏来，2014b），北陸の古くからの化学工場においても，注目すべき変化が起きていると考えられる。以下ではまず，戦前から富山県に立地している2つの工場を取り上げよう。

日本カーバイド工業㈱は，1935年の創業で，カーバイドを原料としたアセチレン誘導工業のパイオニア的存在であった（カーバイドの製造は2000年の6号電炉の停止で終了した)。カーバイドは水，石灰，コークスと大量の電気を用いて生産するが，豊富な雪解け水を活用した水力発電によって安価な電力が得られること，石灰石産地に近いことなどが考慮され，魚津市の魚津工場，滑川市の早月工場の立地が決められた（50年の歩み編集委員会編，1997)。

1960年代後半までカーバイドの生産は伸び，電炉のある魚津工場では主にカーバイドを生産し，それを原料にした塩化ビニールとメラミンは早月工場で生産されるという分担関係にあったが，60年代後半から石油化学工業の発達により原料転換を余儀なくされ，塩化ビニールは水島コンビナート，メラミンは鹿島コンビナートに移されることになり，1971年，72年には大規模な合理化が行われた。

同社では，富山県内の両工場を中心に，アセチレン誘導工業で培った技術をもとに，樹脂重合技術，フィルム・シート技術をコア技術に加え，現在では化成品，機能樹脂，フィルム，反射シート，光学製品，電子部材といった事業を展開し，製品は非常に多彩である。

こうした事業転換において注目されるのは，海外技術の導入やM&Aを他の企業よりも早い時期に進めた点である。1950年代にはアクリル系機能樹脂の技術導入を進め，1960年代には接着剤の企業に資本参加（現在の京都製造所)，1980年には北陸のセラミック企業に資本参加，電子材料事業に進出し，1991年には別会社の栃木工場を買収し，反射シート事業に進出した。1988年のタイへの進出を皮切りに，アジアを中心に，積極的に海外進出を進めている点も注目される。

研究開発に関わる重要な変化としては，2016 年に主力生産拠点である早月工場内に研究開発センターが新設されたことがあげられる。神奈川県の平塚市や栃木県の佐野市など 4 ヶ所に分散していた研究開発部門を中心とした 200 人を集約し，研究効率を向上させるとともに，生産技術や製造との連携を強化するとしている（「日経産業新聞」2015 年 9 月 9 日）。研究所の集約には，北陸新幹線の開通により東京などへの移動時間が短縮されたことも効いているという。地域イノベーションに関しては，「とやまナノテククラスター」の下で，富山県工業技術センターや富山大学などと共同研究を実施してきているが，県内に限らず，広範囲の大学と連携しながら，新事業にも取り組んできている。

また，同社は道路標識等で使われる再帰反射シートの生産で培った技術を応用し，「空中ディスプレイ用リフレクター」を開発した。同製品は，空中に映像を浮かび上がらせる装置を開発する家電や情報機器のメーカーから注目を集めており，2019 年から早月工場で量産を始めている（「北日本新聞」2019 年 11 月 26 日）。

日産化学㈱は，1887 年に日本で最初の化学肥料会社として設立された。1937 年に新興財閥の傘下に入り事業を拡大，戦後の企業分割を経て，1963 年に石油化学に参入したものの 1988 年には撤退，その後は農薬や医薬品などの特殊化学専業に転換してきた。現在の事業内容は，ディスプレイ材料や半導体材料，無機コロイドなどの機能性材料，主に汎用の基礎化学品やファインケミカルが含まれる化学品，農薬，動物用医薬品，医薬などのライフサイエンスの 3 分野となっている。東京に本社を置き，従業員数は単体で 1,739 名，連結で 2,371 名を数え，日本国内には，袖ケ浦（千葉県），富山，埼玉，名古屋，小野田（山口県）に工場がある。工場は主に事業分野別の製品分業がなされており，袖ケ浦は機能性材料，富山は機能性材料と化学品，埼玉は農薬製剤，名古屋は高純度の硫酸などの化学品，小野田はライフサイエンス関連製品の生産を主に行っている。[4)]

発祥工場である富山工場は，1928 年に電解法によるアンモニアおよび硫安の一貫生産工場として操業を開始した。水が豊富で，電気料金が安く，輸送も便利で，土地造成がしやすく，地元からの熱心な誘致があったことが立地の理由とされる（日産化学工業株式会社，2007）。当初の工場面積は約14.5万haであったが，その後の買い増しにより，1954年末には約70万haの大規模工場となった。第二次大戦後，日本国内の硫安製造設備は壊滅的な被害を受け，約9割が喪失したとされるが，富山工場は空襲被害を免れ，終戦時も硫安の生産を正常に継続した唯一の工場で，食料増産に向けた低価格の肥料供給に大きな貢献をしたことでも知られる。

富山工場の歴史は，アンモニア製造法の変遷といってもよい。電解法に加え，1938年には富山工場のシンボルとなった「ウィンクラー炉」によるガス法が導入され，その後1950年代の原油ガス化などの試みを経て，1967年にはナフサ法に転換した（日産化学工業株式会社，2007）。さらに2016年には，ナフサから価格変動幅が小さい天然ガスに転換し，INPEX（国際石油開発帝石㈱）の富山パイプラインから天然ガスの供給を受けてアンモニアの生産を行っている。

市場の変化につれて製品内容も変化し，肥料を生産してきた工場が，現在はスペシャリティ化学の拠点に転換してきている。1981年に医療用笑気ガス（亜酸化窒素）の製造を開始し，電子素材への参入のきっかけとなる高純度化の流れが始まった。1985年には高純度アンモニア水，高純度硫酸の製造が開始され，1987年には高純度硝酸の生産も始まった．こうした高純度化には，工場で培われてきた生産技術が効いているように思われる。

ただし，新製品への取り組みにもかかわらず，1990年代には肥料の不振，アンモニア系製品の低迷が深刻化し，1997年には，「富山工場を守りきり，かつ21世紀へ向けて飛躍する」ために，富山工場の大改造計画（「富山21」プロジェクト）が始動することになった。16か所に分散していた計器室を4か所に統合するなど，アンモニア系製品群の国際競争力を高める動き，16か所の紛体倉庫を1か所の倉庫に統合するなどの物流改善に加えて，新規事業の導入として，半導体用反射防止コーティング剤「ARC」などの付加価値の高い製品の生産が始められた。あわせて，研究開発センター新館の増設など，研究開発機能の強化も図られ，とりわけ電子材料の研究開発に力が入れられている。地域イノベーションとの関わりでは，文部科学省の知的クラスター創成事業の第Ⅰ期の「とやま医薬バイオクラスター」などに名前を連ねてはいるものの，船橋や袖ヶ浦などの社内の研究所との連携が中心になっている。なお，世界シェアが高い電子材料の生産に関しては，リスク分散の面から，袖ヶ浦工場，富山工場，韓国の３極体制が敷かれており，そうした中で富山工場の位置づけもなされている。

(2) 地場産業

北陸地方には，加賀友禅，九谷焼，輪島の漆器，高岡の銅器，井波の木工，越前刃物など，地域の資源を活かした多様な地場産業の産地が数多く存在している。北陸はまた，日本を代表する繊維工業の集積地域であり，繊維機械などの関連業種の立地も進んでいる。しかしながら，海外からの安価な製品との競合，経営者の高齢化・後継者難による廃業など，地場産業を取り巻く経営環境は厳しく，産地の持続的発展を懸念する声は少なくない。そうした地域の中には，産地をリードする地域中核企業による新たな需要の創出やイノベーションを重視し，「産地の体質転換」を進める動きもみられる。以下では，繊維関係と眼鏡のフレームの代表的な企業の事例を紹介しよう。

①繊維から炭素繊維へ

石川県の小松地域は，江戸時代に加賀藩の奨励策もあり，絹織物の産地として知られるようになった。明治以降になると，桐生から輸出羽二重の技術を導入し，石川，福井の両県は，輸出羽二重の産地として成長し，明治の終わりから大正にかけて，国内最大の産地となった。そうした絹織物業の発展とともに，染色加工業も盛んになり，多くの精練会社が存在していた。その後，第２次世界大戦の下で，染色業界の統制・統合が進められるが，そうした中で，小松精錬（現小松マテーレ）㈱は，1943 年に絹・人絹織物の精錬・漂白・浸染を行う会社として創業した。戦中，戦後の混乱期を経て，北陸の繊維工業は，合成繊維に転換していくが，同社もレーヨン，ナイロン，ポリエステル織物へと加工の範囲を拡げていくとともに，1963 年に竣工した根上工場の敷地内で，1968 年には第２工場が操業を開始するなど，業績を伸ばしていった。

しかしながら，1969 年には染色業界の構造改善が始まるなど，受託加工だけで生き延びることは難しいと判断し，同社では 1973 年に販売課を新設し，自販を開始することになった。これが，同社にとっての「第１の転換点」といえる。ファッション性と機能性を調和した新しい素材としての合皮がその目玉となり，スポーツ分野を開拓していった。また，中近東向けサリーのプリント技術とポリエステル長繊維薄地織物に関わる「連続減量加工」技術，糸加工や染色加工などの各種技術を組み合わせた「新合繊」も，従来の事業からの転換を促した。そうした結果，1977年には売上高全体の28％であった自販比率が，1984年には44％へと増大した（中谷正，1993，p.337）。

自社製品の拡大につれて，1974年に根上第三工場，1987年に合成皮革専用の第五工場，1990年にポリエステル短繊維織物専用の美川工場（白山市）が完成し，1991年には研究開発センターと物流センター，ファッションセンターが開設されるなど，設備の充実もなされていった。

ところで，同社では近年，「第2の転換点」を迎えている。2009年に新建材として「グリーンビズ」シリーズを開発し，建材分野へ進出したのである。「グリーンビズ」開発の過程については，奥谷晃宏（2016）が詳しいが，「染色工程から発生する余剰汚泥を有効活用した超微多孔発泡セラミックス基盤を用い，無灌水でメンテナンス，超微多孔故に断熱性に優れ，打ち水現象によるヒートアイランド現象の緩和効果にも優れた屋上緑化材」（p.307）は，石川県工業試験場による分析，金沢大学，金沢工業大学などでの実証実験，コケ緑化試験での広島大学教授からの助言，軌道緑化における道路会社との共同研究など，多くの外部の協力なしには生まれなかった。同製品は，2013年と2014年にグッドデザイン賞を受賞し，金沢工業大学の屋上緑化や富山LRT，都電荒川線の軌道緑化のための建材として利用されている。

また2015年には，旧本社棟の改築にあたり，熱可塑性炭素繊維複合材料「カボコーマ・ストランドロッド」を耐震補強として用い，「fa-bo」と名付けた建物が話題になっている。この材料は，炭素繊維を芯地に使用し，外装を無機繊維でカバーリングしたものに熱可塑性樹脂を含浸させた上で撚り合せた材料で，日本の伝統産業である組ひもの技術と現代の炭素繊維の技術を融合したロープ状の材料である。鉄の4分の1ほどの重量で，作業現場への運搬が容易であり，硬化後も熱変形が可能であるなど，建築物の補強材やコンクリート構造物の補強材としての用途が期待されている。文化財建造物の耐震補強でも有用で，2017年に善光寺経蔵の耐震補強に利用された。こうした炭素繊維複合材料は，前述の金沢工業大学革新複合材料研究開発センターとの共同研究により生まれたもので，2019年には耐震補強用の炭素繊維関連製品では初めてJIS規格に認定された（「小松マテーレニュースリリース」2018年11月20日）。

②眼鏡枠から医療器具へ

福井県鯖江市は，日本国内の眼鏡フレーム生産の8割以上を占めることで知られているが，その中で㈱シャルマンは，年間600万本以上を生産する最大の企業である。1968年にフレームの部品製造会社を母体として創業，1974年には完成品製造を開始，翌年には小売店との直接取引をめざして販売会社を設立した。海外でも同様に直接小売店に売る方法を採用し，1982年に米国支店，87年にドイツ，89年に香港，94年にイギリスに販売会社を設けてきた。また，海外生産拠点としては，広東省東莞市（1991年）と福建省アモイ市（2009年）に，デザインオフィスも，世界6拠点（東京，ミラノ，パリ，ニューヨーク，香港，福井）で20名を超えるデザイナーを配置している。

同社に転機が訪れたのは1970年代で，「軽く，強く，掛け心地のいいメガネを作りたい」としてチタンに目を付け，「メガネ専用のチタンを作ろうと，東北大学の金属材料研究所と8年かけて共同開発したのが『エクセレンスチタン』と呼ぶ新しい素材」であった。ただし，メガネフレームの製造にはろう付けが不可欠だが，チタンは接合時の過熱で脆くなるという欠点があった。「そこで，大阪大学の接合科学研究所などと共同で5年かけて開発したのが，レーザー微細溶接という新しい溶接技術」であった。シャルマンのメガネフレーム「ラインアート」は，「エクセレンスチタンという新素材とレーザー微細溶接という新技術。この2つが融合して誕生した」とされる（「日本経済新聞」2015年11月27日）。

ところで，シャルマンでは，2009年に新事業開発室を設置し，医療分野を含めさまざまな新事業について，同社の技術を生かせる分野を模索し始めていた。第2の転機は，福井県出身の縁で結ばれた北里大学眼科の医師から受けた相談で，「ステンレス製のピンセットを軽くて強いチタンに代えられないか」といった内容だった。チタンは非磁性で耐食性もあり，高い生体適合性があるなど，ステンレスより優れている部分があるが，チタンの微細加工を行っているところが少なく，進出の余地があった。同社は，金属加工について総合的な技術を持っており，特にメガネ業界は，鍛造・切削・接合・表面処理などの分野で，医療機器加工に適した固有技術を多く保持している。

2012年12月28日付けの日本経済新聞地方経済面（北陸）では，シャルマンが福井大学と共同で，4種類の金属材料を接合した脳外科手術用はさみを開発し，2013年1月下旬に発売するとの記事が掲載された。「刃先に越前打刃物の高硬度特殊鋼，柄にステンレス，ハンドルに純チタン，結節部にバネ性チタン合金と，それぞれの部分に最適な材料を採用」，「刃先と柄の接合と，ハンドルと結節部の接合には，同社が福井県工業技術センターと大阪大学の協力により開発した眼鏡加工用のレーザー溶接技術を用いた」とされている。なお，特殊鋼は㈱武生特殊鋼材（越前市）が製造し，刃付けは理容はさみの㈲シザーズ内山（大野市）からノウハウの提供を受けたという。眼科から脳外科に入ったきっかけは，めがね会館で行われた経済産業省の医工連携セミナーであった。

別の記事（2017年2月8日付けの日本経済新聞地方経済面（北陸））で，シャルマンの会長は，「開発にあたって2点を重視してきた。1つは眼鏡の技術でこれまでになかった機器をつくること。2つは手術に携わる医師が『あったらいいのに』と漠然と思っていたものを形にすることだ」と述べている。各医療業界のKey Opinion Leader（KOL）といかにつながりを持てるかが重要であり，彼らとの共同開発が進められている。

このように，シャルマンは福井県内における産学官連携のアンカー企業として重要な役割を果たしてきたが，同社では，「医療分野に参入する企業に助言し，加工に協力してもらう」ことを通じて，医療機器の産業クラスター化を図っていく展望を描いている。

(3) 機械工業

第3章で述べたように，日本の工作機械工業の最大の集積地域は，愛知，岐阜，三重の中部地域であるが，北陸には特徴のある企業が各県に立地しており，重要な地域の一つといえる。以下では，系譜や製品内容の異なる2社を紹介しよう。

㈱不二越は，1928年創業の工具，工作機械，ロボット等を生産する富山を代表する企業である。主な事業は切削工具などの各種工具や工作機械などのマシニング事業，ロボット事業，ベアリングなどの機能部品事業，特殊鋼などのマテリアル事業である。従業員数は，グループ55社で7,456人，うち単独で3,173人を数える（2020年2月19日現在）。

富山県には，本社のある富山事業所のほか，富山市内に東富山事業所，水橋事業所，流杉事業所があり，滑川市にも滑川事業所がある。富山事業所ではブローチ，カーエアコン軸受（ベアリング），大型ロボット，精密軸受，東富山事業所では油圧バルブや特殊鋼，流杉事業所では工具やベアリングの前工程，水橋事業所ではベアリングの熱処理，滑川事業所では油圧モータとカーハイドロリクス，電磁弁やエンドミルタップ，というように生産を分担している。同社の協力工場は，1955 年前後などの景気が良い時にスピンアウトした企業が多く，協力工場会を組織している（不二越五十年史編集委員会編，1978）。

同社の歴史は，ホームページに詳しいが，技術軌道の原点は，1928 年に商品化された工具にある。工具との関連から 1938 年に軸受と特殊鋼の生産が開始され，軸受の流れは，新幹線軸受，免震，4 点接触など現在まで続いている。特殊鋼からは 1964 年に熱処理コーティングが派生し，現在の真空洗浄機につながっていく。

また，軸受を生産する上で必要となる工作機械の生産を 1939 年に開始し，ブローチ盤から現在の製品まで受け継がれている。工作機械から派生して 1958 年には油圧，1969 年にはロボットが登場してくる。油圧に関しては，油圧ポンプから 1989 年にはカーハイドロリクスが派生し，三方弁，比例弁が生産されるようになる。ロボットについては，1980 年代にスポット溶接の分野で優位性を獲得している。なお，全ての事業が現在に継続されているわけではない。工作機械から 1984 年に派生した超精密工作機械については，2010 年代に入り撤退をしている。

こうした製品の流れを技術面で説明した図によると，工具の研削技術を進化させる動きと，メカ・制御技術とその要素技術を深める動きの中から工作機械やロボットが登場し，それらがマシニング事業を構成している。

ベアリングに関しては，製品の信頼性を高める方向性から油圧機器やカーコントロールバルブが登場し，機器部品事業が成立し，ベアリングの最適な材料を求める方向性から，特殊鋼や熱処理，コーティングが生まれ，マテリアル事業が成立している。このように，不二越は技術開発型企業として位置づけられ，工具を原点にコア技術を進化させ，複線的な技術軌道を描いてきている。

同社は 2016 年から「ロボットを核にした総合機械メーカー」へと経営方針を転換した。2017 年には本社を東京に一本化し，翌 2018 年にはロボット R&D センターを東京都中央区に新設している（「不二越 COMPANY PROFILE」2020 年）。こうした大きな転換期を迎えるなかで，2020 年には小型ロボット専用のロボット第3工場が富山事業所で操業を開始し（「不二越ニュースリリース」2020年1月16日），川崎重工業，デンソー，ファナック，三菱電機，安川電機とともに技術研究組合「産業用ロボット次世代基礎技術研究機構」を設立するなど（「不二越ニュースリリース」2020年8月7日），ロボット事業の成長に向けた取り組みを進めている。

㈱スギノマシンは，ボイラーなどのメンテナンスで用いられるチューブクリーナの国産化をめざし，日本初の空気圧式エアクリーナの開発に成功，1936年に大阪市西淀川区で創業した。戦時下，親戚のいる故郷の魚津に疎開し，現在の立地となっている。

同社の原点は，水圧式チューブクリーナー（配管内清掃機械）にある。チューブクリーナから派生し，高圧水技術から切断・洗浄・粉砕技術が発展していった。1964年の高圧水発生装置から始まり，1974年には高圧水洗浄装置が，1976年には超高圧水切断装置が登場した。粉砕技術では，原材料同士をぶつける湿式微細化装置を2002年に発売している。

高圧水技術のほか，管機器技術から派生し，塑性変形技術も同社の強みとなっており，1937年には拡管工具を発売し，現在でも同種の製品を取り扱っている。そのほか，1959年には鏡面仕上を行う工具なども生み出していった。

さらに，空気圧技術による穴あけ・ねじ立て・加工技術も発展し，1967年には空気圧モータ駆動式ドリリングユニットを発売した。2008年からは航空機産業用に，穴をあけた部分の残りかすも制御して生じないようにするドリリングユニットも発売している。

同社は，「グローカル・ニッチ・リーダー」を標榜しており，商品はニッチで，特定の業種や業態，プロセスで必要不可欠であり，市場は小さくとも利益を上げられるのが特徴である。そうしたグローバルな市場を日本の一地方から狙っていくことを意味している。

加工から洗浄まで，部品が出来上がるまでのすべての生産プロセスを裏から支えることを主眼に置いており，汎用機を生産するのではなく，カスタマイズしてボタンを押せばできるような製品を作っている。医薬品・化粧品，自動車，航空機，エネルギーなど，いろいろな業界と付き合いがあるため，一つの業種の浮き沈みには左右されにくい。

滑川事業所では工作機械系，早月事業所ではウォータージェット関係，静岡県の掛川事業所では工具が主に生産されている。各事業所に応用開発機能がある。なお，魚津には既に生産機能はなく，本社機能と将来的な製品の開発が行われている。

海外の生産拠点としては，工作機械のドリルユニットの生産が中国の常熟で行われている。2016年に増築し，高圧洗浄機の治具などをつけて廉価版を作ろうとしている。2017年には滑川事業所に超高圧洗浄機や超精密マシニングセンタの組み立てを行う新工場が竣工し，3階建ての技術研究棟も設けられた（「日本経済新聞」2017年11月16日）。

植物の主成分であるセルロースや，カニやエビなどの甲殻類に含まれるキチン・キトサンを原料とする超極細の「バイオマスナノ繊維」の事業化に力を入れている（「日本経済新聞」2015年8月20日）。セルロースなどの原料を同社得意のウォータージェット技術を応用した粉砕器で，直径20ナノメートル，長さ数マイクロメートルの繊維状に加工する。富山県工業技術センターと連携し，生産性向上や用途開発も進めており，2020年には，県内の㈱タカギセイコーや富山県立大学と共同で，「バイオマスナノ繊維」であるセルロース・ナノファイバーを開発したと発表している（「日本経済新聞」2020年1月27日）。

以上，北陸の工場の技術軌道の転換をみてきたが，調査企業については，企業内での技術軌道の転換がみられたケースと，国の地域イノベーション施策が関わって技術軌道の転換がみられたケースとに分けられる。

前者の事例としては，大手企業の分工場の場合が多く，日本カーバイド工業，日産化学などがあげられる。たとえば，日本カーバイド工業の場合は，アセチレン化学の転換に当たり，従業員の雇用を守るために，事業の多角化が求められ，しかもそれをM&Aにより進めてきた。研究開発拠点の集約化の中で，富山の拠点に集約化が進められたが，ここでも企業内での空間分業の再構築の下でのイノベーションの展開となっている。

これに対し，地域に本社を有する地域中核企業の場合は，地域の大学や公設試験研究機関との連携が強く，地域イノベーションを進める素地があったといえる。たとえば，シャルマンは，チタン加工の技術を活かして，医療器具への展開を積極的に進めている。こうした転換においては，経済産業省のセミナー，東北大学や大阪大学との共同研究，福井大学病院，福井県工業技術センターとの関係が契機になっている。また，チタン加工の技術を医療器具に発展させる上で，福井県内の企業のもつ技術との融合が重要であった。

このように，地域中核企業の技術軌道に注目し，そうした企業の産学官連携の動きを政策的に支援することを通じて，技術軌道の転換を促し，ひいては地域経済の進化につなげていくような取り組みが重要になってきていると思われる。

注

1）セルロース・ナノファイバー（CNF）については，1949年に富山県高岡市で操業を開始した㈱中越パルプの動きも注目される。同社は，竹素材を活用したCNFの開発と量産を進めているが，これには，プラスチックとの複合化に関する富山県工業技術センターとの共同研究が関わっている。

2）技術軌道という点では，日本を代表するボトリングシステムの会社である澁谷工業㈱が注目される。同社は，大阪で醸造技術を学んだ創業者が，1931年に金沢で創業した企業である。醸造には，絞る技術や布を使う技術，蒸窯を扱う技術などが必要で，そうした技術を進化させて，現在の事業につなげていった。機械分野だけでなく，電子線や滅菌など，生物分野にも着手していた点が，製薬や再生医療など，新たな分野への進出につながった。通常は菌を混入させないように熱して充填していたが，同社の無菌充填システムは，レーザーで殺菌し，常温で充填でき，軽量のPETボトルにも対応できる。製品が多様化していく中で，一つのラインで異なるサイズの瓶に飲料を詰められる製品（ボトリングシステム）を開発し，徐々にシェアを拡大していったのである。

3）文部科学省「都市エリア産学官連携事業」では，福井大学との連携を通じて，福井市の清川メッキ工業㈱の「ナノめっき」技術の発展がみられた。また，経済産業省の支援を受けたプロジェクトでは，福井県工業技術センターの開繊技術を用い，福井市の繊維企業㈱ミツヤがIHIグループと組んで開発した「開繊炭素繊維シート」が，エアバスのエンジン素材に採用された。

4）同社は単体の総合職の約4割を研究員が占めるなど，研究開発に資金を積極的に投じながら高いシェアの製品を生み出すことに成功しており，高収益を誇る中堅化学メーカーとして注目されている（「日本経済新聞電子版」2020年7月20日）。

第6章

地域中核工場の経済地理学

――三重県の工場――

1. 三重県工業の概要と工場分布

まず，東海4県における工場立地動向をみると，三重県では1980年に「第1の山」，1992年に「第2の山」がみられる（**図6-1**）。これに対し，愛知県では，「第1の山」が1974年，「第2の山」が1989年に現れており，両県における時間的ズレが特徴的である。また，2002年～2008年は，全国的には景気回復

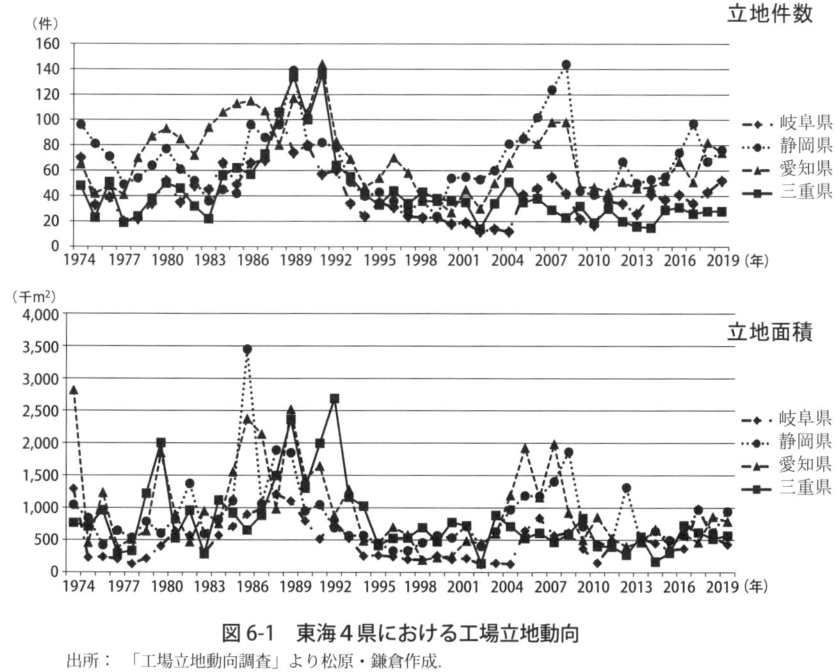

図6-1　東海4県における工場立地動向

出所：「工場立地動向調査」より松原・鎌倉作成.

期にあたり，円安の下で輸出が好調，「国内回帰」がうたわれ，工場立地件数も毎年続伸を記録していた。この期間における東海4県の立地動向をみると，2つのグループに分けられる。1つは，全国的動向と同様に，立地件数をのばしている愛知，静岡の両県，もう1つが立地件数の落ち込みがバブル崩壊後の1990年後半から続いている三重，岐阜の両県である。なお，前者で立地件数が多くなっているのは，自動車関連の新規投資の活発化によるものと考えられる。この「第3の山」が2008年のリーマンショックで落ち込み，その後の回復過程になると，立地件数では前述の違いがみられるものの，立地面積では明瞭な差はなくなっている。

次に，愛知県，岐阜県と比較しながら，三重県の製造業従業者の変化をみてみよう（**図6-2**）。三重県では，1975年から90年にかけて増加傾向を示し，その後微減傾向に転じた。ただし，愛知県や岐阜県と比べると，増減の幅は大きくない。2010年から15年にかけては，三重県と岐阜県の減少傾向が鈍く，愛知県については増加に転じている。業種別の製造業従事者数の変化を1960年～2017年についてみると，愛知県では繊維工業の減少と輸送用機械の増加を大きな業種転換としつつ，増加と減少の波が大きく，1990年～2010年は減少傾向を示し，その後は増加に転じた（**図6-3**）。これに対し，三重県では1960年から70年に20万人に増えて以降は，長期間にわたり横ばいとなっていた。愛知県と同様に繊維工業の減少がみられたものの，化学，電機機械，輸送用機械など，多様な業種の伸びがみられた点が愛知県と異なっていた。欧米の経済地理学の議論では，地域的レジリエンスに関する関心が高まっているが，愛知県の工業がオイルショックやリーマンショックなどの影響を大きく受けやすいのに対し，三重県では業種の多様性がこうした危機に対する抵抗力を示していたとみることができる。さらに，国勢調査の製造業従業者に占める専門的・技術的職業従事者の割合（製造業内R&D割合と呼ぶ）をみると，愛知，三重，岐阜の3県とも1975年から大きく増加してきたことがわかる（図6-2）。2005年以降について，三重県は，岐阜県よりも上昇率が高く，愛知県と同様の伸びをみせている。

三重県内における工場分布の特徴について，業種別に示した地図をみてみよう（**図6-4**）。全体としては，北勢地域に最も多くの工場が分布し，いなべ市から，桑名，鈴鹿，四日市，亀山市へと続く「コの字ベルト」が形成されている。

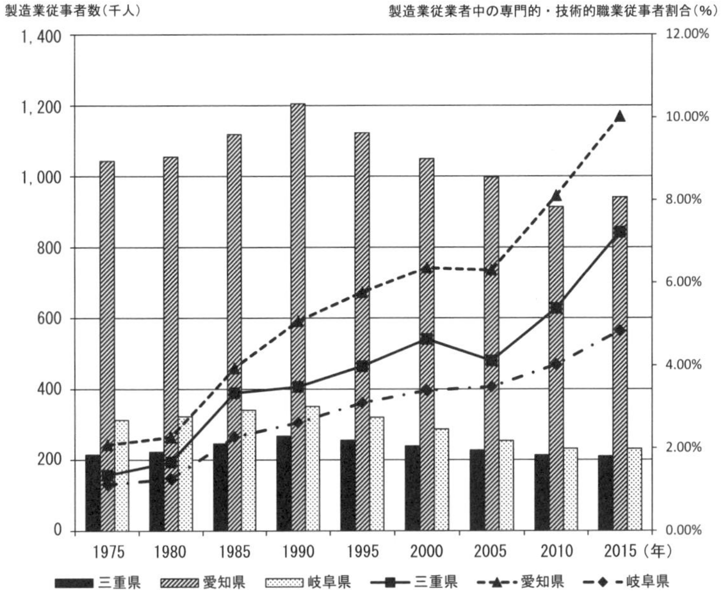

図 6-2　製造業従業者数と専門的・技術的職業従事者割合の推移

出所：「国勢調査」より松原作成.

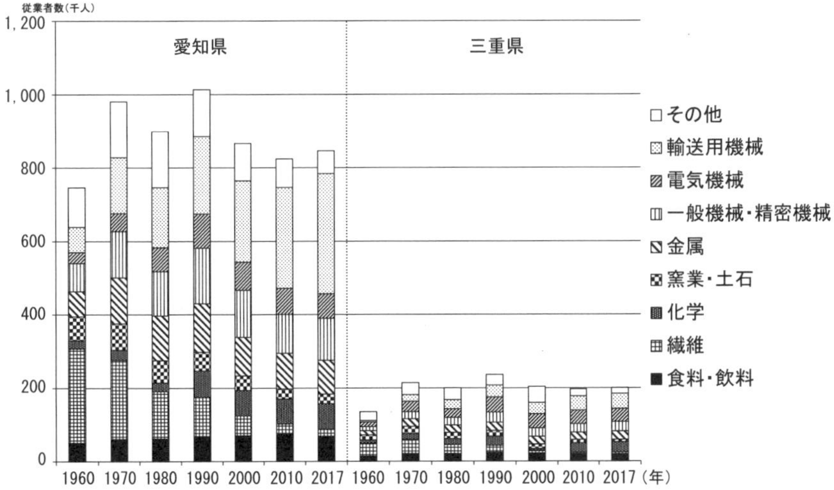

図 6-3　愛知県と三重県における業種別製造業従業者数の推移

出所：「工業統計表」より松原作成.

ここでは，化学，電気機械，輸送用機械（自動車），鉄鋼・金属，窯業・土石と比較的多様な業種の工場が集積していることがわかる。中勢・南勢地域では，津市から松阪市，多気町，玉城町，伊勢市にかけて，伊勢湾と伊勢自動車道に囲まれた地域に第2の集積地域がみられる。中勢・南勢では，電気機械が最も多く，窯業・土石，輸送用機械（造船など），化学の工場も複数立地している。第3の集積地域が西部の伊賀地域であり，化学の小規模工場群と一般機械の大規模工場，食料品工場の立地が特徴的である。これに対し，南部には工場がきわめて少ないことがみてとれる。

主要業種ごとに分布状況をみてみると，化学では，四日市市を中心とした北勢地域への一極集中が顕著である。これに対し電気機械や輸送用機械では，多

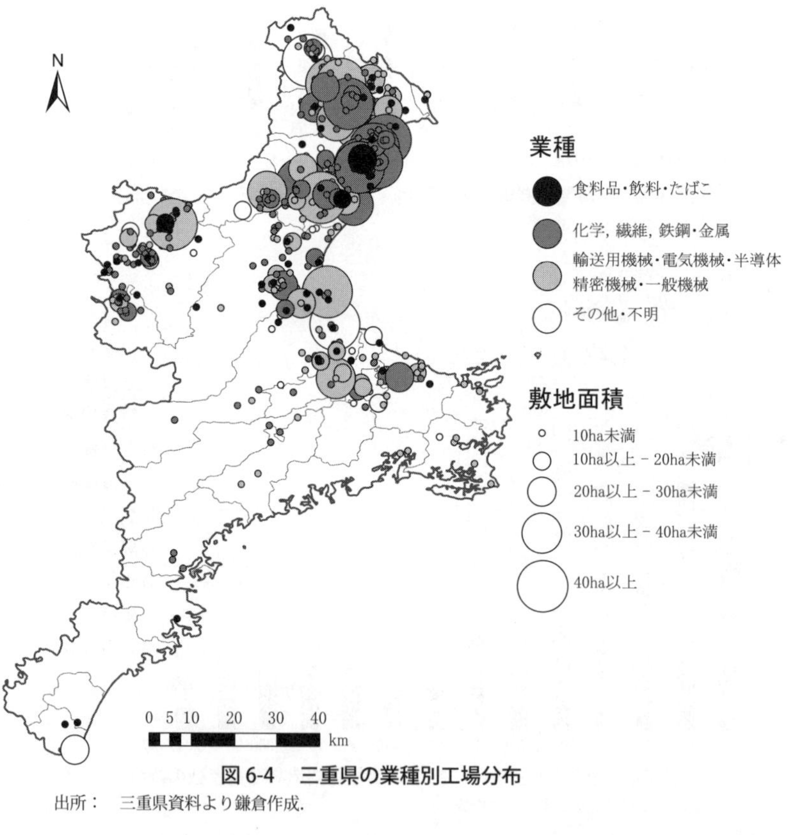

図6-4　三重県の業種別工場分布

出所：　三重県資料より鎌倉作成.

極的な分布傾向を示している。電気機械では，北勢地域内での桑名市・四日市市・朝日町と亀山市の2極に，中勢・南勢地域の多気町・玉城町が加わり，3極がみられる。輸送用機械も，大きくいなべ市，鈴鹿市，津市の3極から構成されていることがわかる。

ところで，三重県は大きくは関東と関西の中間の回廊地域に位置し，しかも中部圏では愛知県に接している。こうした列島における位置条件の特殊性により，ルーツの異なる工場群が集積地域を形成している。本社所在地別に工場分布をみてみると，三重県内に本社を置く工場は，四日市市を中心とした北勢地域に多く分布し，津市や松阪市でも集積を形成している（**図6-5**）。その他の地域にも広く分布するが，小規模工場が中心になっている。東京など関東に本社を置く工場は，北勢地域を中心に伊勢湾沿いに集中する傾向が強い。これに対し，大阪など関西本社企業は，北勢，中勢・南勢，伊賀の3大集積地域に工場を配している。また，名阪国道沿いを中心に，小規模工場が多く分布しており，大阪の中小企業の進出が活発な地域となっている。愛知など中部に本社を置く工場の分布も特徴的で，愛知県境に近いいなべ市や桑名市にほとんどが集中している。2019年には，新名神高速道路の新四日市と亀山西の両ジャンクション間，東海環状自動車道の東員と大安の両インターチェンジ間が開通するなど，高速道路が整備される中で，北勢地域での工場立地が進んでいくものとみられる。

次に，三重県内の工業地区における製造業全体の付加価値生産性（従業者1人当たりの付加価値額）の推移をみてみると，1990年以降では鈴鹿・亀山地区での値が最も大きな時期が長く，とりわけ1990年代後半と2000年代中頃，2010年に大きな伸びがみられた(**図6-6**)。これに対して,松阪地区では2004年，津地区では2007年をそれぞれピークに，減少傾向を示していた。桑名・四日市地区では，2006年に一度ピークをむかえ，以降減少を示していたが，2012年には鈴鹿・亀山地区の低下により，県内最大の地区となっている。こうした変化は，亀山におけるシャープと四日市における東芝（現・キオクシア）といった電子部品工業の動向に左右された結果と考えられる。

また，就業者に占める製造業就業者の割合を横軸に，製造業就業者に占める専門的・技術的職業従事者の割合を縦軸にとり，三重県内の各市町村のXYグラフ上での位置が，1995年から2015年にかけてどう変化してきたかをみてみた（**図6-7**）。県内で最もR&D割合が高いのは多気町で，1995年から2015年にかけて急増していることがみてとれる。これはシャープの三重工場の変化を反映したものといえる。これに次ぐのが四日市市で，1995 年から 2015 年にかけて製造業者の割合が低下する一方で，R&D 割合が高まってきている。こうし

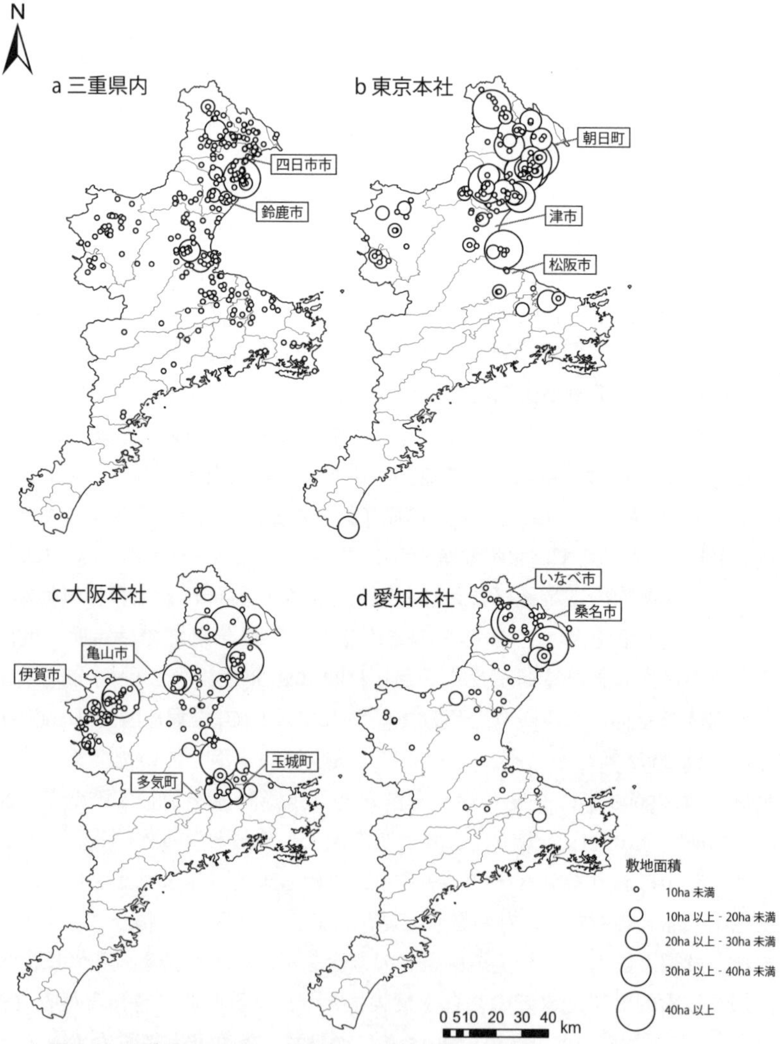

図 6-5　三重県における工場分布（主要本社所在地別）

出所：　三重県資料より鎌倉作成.

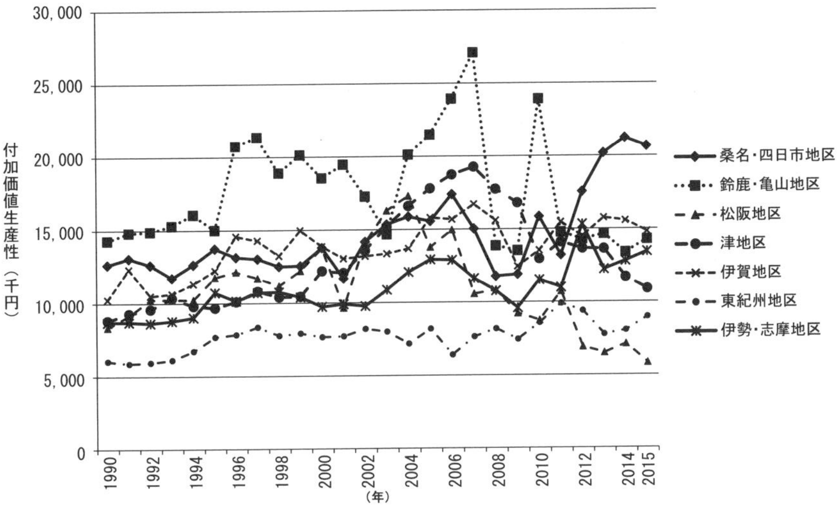

図 6-6　三重県内の工業統計地区における付加価値生産性（従業者一人当たりの付加価値額）の推移

出所：「工業統計表工業地区編データ」より松原・鎌倉作成.

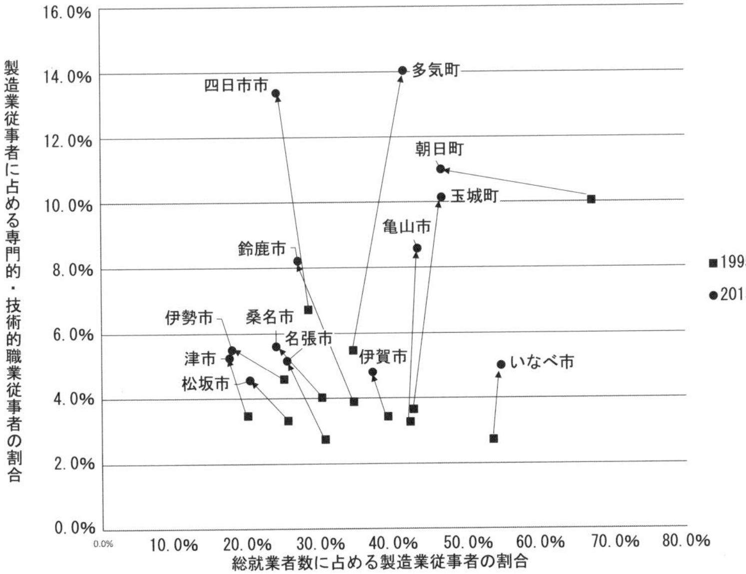

図 6-7　三重県内市町村における製造業就業者割合と専門的・技術的職業従事者割合の推移

出所：「国勢調査」より鎌倉作成.

た左上がりの矢印は，鈴鹿市や桑名市など，多くの市でみられる現象である。3番目に高いのが朝日町であるが，同町ではR&D割合はあまり変わらないものの，製造業就業者の割合が1995年から2015年にかけて大幅に減少している。これは東芝三重工場の変化に対応したものといえる。これに対し，亀山市や玉城町では，製造業者の割合はほとんど変わらないものの，R&D割合が大幅に増えている。シャープやパナソニックの工場機能の変化を示しているといえる。

第1章では，工場の立地調整から工場の進化へ，議論を発展させる方向性を示唆したが，「工場と地域との共進化」という新たなテーマも想定しうる。その際，工場，地域をどのように捉えるかという問題があるが，ここでは工場を大規模工場，地域を地方自治体とすると，両者の関係を考える必要がある。従来からの大規模工場と行政との関係としては，企業誘致の話題がほとんどであった。シャープの亀山工場の誘致が全国的にも知られているように，2002年度以降三重県では，「企業立地促進条例」により立地協定を結んだ企業に対して補助金を支給し，工場や研究開発施設の新・増設を進めてきた。立地補助金交付対象企業の分布をみると，全体としては研究開発施設よりも工場の方が多く，四日市市，桑名市，亀山市といった北勢地域での集積の強化に補助金が多く使われてきた。しかしながら，グローバル競争が著しい分野の工場誘致については，補助金の成果が十分にみえないうちに，工場自体が閉鎖もしくは変質を余儀なくされることが増えてきている。

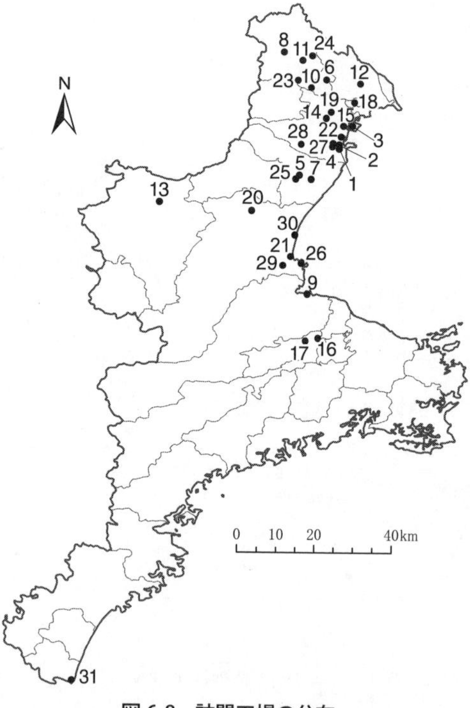

図6-8　訪問工場の分布

注：　番号は第2節の各工場の項数字に対応.
出所：　鎌倉作成.

こうした従来型の補助金によ

る外部からの企業誘致についての限界が露呈する中で，既存工場に着目し，既存工場の進化を促そうとする立地戦略に転換する自治体が増えてきている。三重県においても，「みえ産業振興ビジョン」を策定する過程で，既存企業を対象としたマザー工場支援や研究開発機能の付与に補助金を投じる方向に変化をみせてきたのである。このような新たな企業立地施策の有効性を確認するとともに，「みえ産業振興ビジョン」の改訂作業を進めるために，三重県企業誘致課では，筆者らと一緒になって，「工場カルテ」を作成し，このカルテをもとに，県内の大規模工場を訪問し，既存工場の製品内容，工場機能の変化を把握するとともに，工場設備の稼働状況，工場敷地の余裕などを実際に工場見学する中で確認する作業を実施した。

「工場カルテ」は，工場立地の経緯，当該工場の全社的位置づけ，従業員構成からみた工場機能の特徴，主要製品の特徴，取引関係，今後の設備投資の見通しなどの項目から構成されている。訪問工場は，**図6-8**の通りだが，特定業種に偏ることなく，幅広く取り上げることにした。比較的多くの工場で工場長もしくはそれに代わる責任者から1時間半程度説明を聞くことができ，その上で1時間程度の工場見学をさせていただいた。以下では，2013年～16年にかけての訪問工場について，当時の「工場カルテ」の記録をもとに，個性ある工場の紹介をしていく。最近の変化に関しては，各社のプレスリリースや新聞報道等で補足することに努めたが，あえて当時の情報を［　］に入れて残したところもある。[1)]

2.「工場カルテ」からみた三重県の主要工場

(1) 昭和四日市石油(株)四日市製油所

2010年の「エネルギー供給構造高度化法」を受け，コスモ石油の坂出，JX日鉱日石エネルギーの室蘭，出光興産の徳山など，製油所の閉鎖が相次いでいる。そうした中で，高い稼働率［全国平均70％に対して90％］を維持している製油所がある。昭和四日市石油㈱四日市製油所である。

四日市製油所は，1957年昭和石油，シェルグループ，三菱グループの資本参加を得て，昭和四日市石油㈱が設立され，海軍燃料廠跡地に58年に石油精製施設が竣工，原油処理能力日産4万バーレルの受託精製を開始した。64年に第二原油蒸留装置，68 年に潤滑油製造装置，72 年に第三原油蒸留装置など，高度経済成長期に設備投資を続け，原油処理能力は日産 31 万バーレルにまで増強された。その後，オイルショックにより，原油処理量が大幅に減少するとともに，原油処理能力も日産 18 万バーレルまで削減したが，80 年代後半以降，原油処理量の回復とともに，設備の最適化を図り，現在 25.5 万バーレルの処理能力となっている。

製油所全体の面積は 156.3ha，このうち製油所地区が 104.3ha，三田地区タンクヤードが 25.7ha，楠地区タンクヤードが 26.3ha となっている。製油所地区は大きく 4 つのゾーンに分けられ，それぞれ第一集中合理化装置（LODIC），第二集中合理化装置（INTEG），第三集中合理化装置（HYDEC），重油分解センター（RESIC）の名称で呼ばれている。第二，第三集中合理化装置で原油の蒸留がされ，ガソリン水添装置，各種脱硫装置，高級潤滑油製造装置（LUB）などを通して，ナフサ，ガソリン，灯油，軽油，重油，潤滑油など，さまざまな製品が生産されている。

写真 1　昭和四日市石油の重油分解センター
出所：　昭和四日市石油(株)提供.

製品別生産量としては，1990 年代半ばより C 重油などの「黒油」が減少し，中間留分やガソリンなどの「白油」の割合が増加している。中間留分やガソリン輸出量も上がってきている。製品の輸送手段としては，船での輸送（一部は輸出），ローリーでの輸送，タンク車輸送，パイプライン輸送がある。従業員数は 2019 年 4 月 1 日現在で 551 人である。製油所には技術課があり，生産技術関連の日常的な問題への対応が行われている。一方，工務部門にはエンジニアと呼ばれる社員が在籍し，静機器，回転機械，計装機器，電気機器のメンテナンスを行っている。四日市製油所では，地元出身者の割合がきわめて高く，定着率の高さにもつながっている。

また，四日市製油所では，東南海・南海地震，津波被害に対する対応についても，国の支援を得て計画的に取り組んでいる。耐震工事を進めるとともに，震災時の物資輸送に役立つ耐震・耐津波桟橋の建設が重要であるとしている。

この他，コンビナートの国際競争力を強化するために，コンビナート立地企業間の連携を進めるプロジェクト（RING）が，京葉など全国のコンビナートで進められているが，当地区では政府の支援を受け，2013年より昭和四日市石油と三菱化学との間で製品や電気・蒸気の交換を行う取り組みが開始された。

ところで，2012年10月2日の「日経産業新聞」では，「昭シェル支える『孝行息子』」として，昭和四日市石油の「重油分解センター」のコスト競争力を紹介している（**写真1**）。1996年に約1千億円を投じ稼働した同センターは当時，他社に『無駄な投資』と評されたが，「国内最大の残油流動接触分解装置を中核に，原油処理で出てくる付加価値の低い残油からガソリンや軽油，石化基礎原料を需要に応じて作り出す。産地や重質原油，軽質原油など性状を市況変動にあわせ柔軟に原油選択できるのが強み」とされている。

昭和シェル石油は，2019年に出光興産と経営統合され，昭和四日市石油の筆頭株主も出光興産となった。出光興産との関係は，出光興産が原油調達と輸送，製品の輸送と販売を担当し，昭和四日市石油は，受け入れた原油を受託精製し，製品を製造する業務を担っている。

今後さらに，国内の石油精製業界では製油所の能力削減や合理化が進む可能性があるが，その際に考慮されるのは原油処理能力だけでなく，コスト競争力，効率性，信頼性，需要地との近接性などである。これらの点を四日市製油所は兼ね備えており，国内の製油所の中でもトップクラスの競争力を有しているといえる。

(2) 三菱ケミカル(株)三重事業所

四日市港ポートビルから南側をみると，白い蒸気を出している高い煙突，ガスタンク，複雑な形状の配管からなる石油化学コンビナートが広がっている。そのなかでもひときわ大きな区画を占める工場，それが三菱ケミカル三重事業所（2019年4月に四日市事業所から改称）である。三菱ケミカルは，2017年に三菱化学，三菱レイヨン，三菱樹脂の3社が統合して誕生した日本最大の化学企業であり，三重事業所は旧三菱化学の事業所である。

当事業所の敷地面積は200haと広大で，主に塩浜地区140ha，川尻地区43ha，大治田地区17haの3地区から構成される。塩浜地区が所在するのは，第2次大戦中，海軍燃料廠があったところで，1952年に日本で最初のコンビナートが形成された四日市の第1コンビナートで操業を開始した。1994年10月に三菱化成と三菱油化が合併し，三菱化学四日市事業所として，一体的な経営がなされるようになったが，それ以前は，三菱モンサント化成（塩化ビニル・スチレン系），三菱化成（人工甘味料などの機能化学品），三菱油化（エチレンや樹脂などの汎用石油化学製品）の3社が，長年，それぞれ石油化学関連事業を展開していた。

合併により，旧三菱化成地区における自家発電電力の余剰分を旧三菱油化の地区に分配，両地区の製品をまとめてユーザーに納入するなど，エネルギーや物流の効率化とコスト削減が行われた（「日本経済新聞」1994年12月29日）。合併後の大きな動きとしては，2001年のエチレンプラントの停止がある。これにより，製品内容も石油化学製品の割合が低下し，カラートナー用原料やリチウムイオン二次電池向け電解液などの機能化学製品やカーボンブラックなどの炭素関連製品の割合が高まってきている。2018年には，車載用電池の需要増を受け，電解液プラントの能力増強が決まった（「三菱ケミカルニュース」2018年12月26日）。

また，顧客と一緒に開発研究を進めるカスタマーラボが設けられるなど，研究開発機能の強化が図られてきている。三重事業所の従業員数は1,585人（2019年7月1日現在）を数え，うち約4分の1は研究開発に携わっている。三重事業所は顧客ニーズを得るための拠点として位置づけられており，カスタマーラボや試験プラントが設置されてきた。とりわけ，三重事業所には電解液のマザープラントがあるため，世界4極体制で行われている生産の支援を技術面から行っているという[2]。

(3) 東ソー(株)四日市事業所

四日市市臨海部の3つのコンビナートのうち，最も北側に位置する第3コンビナート，霞地区は出島形式のコンビナートで，その中心的役割を担っているのが，東ソーの四日市事業所である。従業員数は820人（2020年3月末現在）で，東ソー物流や東ソー分析センターなど，東ソー関係会社の従業員数を入れると1,000人程度の規模になる。

東ソーは，1935年に東洋曹達工業㈱の名で山口県新南陽市（現，周南市）に誕生した。以後，ソーダ，塩化物といったソーダ工業をはじめ，臭素，燐酸，セメントなど無機化学を中心として発展を遂げてきた。その後，1960年代に入ると，同社は塩ビモノマー，ポリエチレン，合成ゴムといった石油化学工業に参入し，1971年に第二の拠点として四日市工場を操業させるのである。四日市に立地した経緯について，『東洋曹達工業社史』では，以下のような記述がなされている。

1963年からは，徳山南陽地区石油化学コンビナートの中心的企業として事業を拡大してきたが，同コンビナートでは，「これ以上のエチレンを原料とする大型事業は，工場立地，工業用水，環境規制などの関係もあって実現困難な状況となってきた」（p.165），「したがって，当社が総合化学工業会社として，より大きく発展するためには，従来の一社一工場の形態から脱皮し，新拠点へ進出することが最も重要な課題となってきた」，「大協和石油㈱を中心として，四日市地区で新しいコンビナート計画が進められていたところから当社はこれに着目し，具体的検討に入った」，「このコンビナートは，地理的に名古屋・京阪神の2大経済圏に近接し，かつ，特定重要指定港湾である四日市港をひかえ，しかも，木曽三川の豊富な工業用水をもっているなど，種々の特色を有していた。当社は，このような工場立地上の有利性を考慮し，エチレン生産年間30万トンの大型コンビナートの有効な運営も可能であるとの判断のもとに，四日市地区への進出を決定したのである」（p.166）。

四日市事業所の敷地面積は約114haで，1971年に苛性ソーダ，塩ビモノマーなどのプラントが，72年にエチレンプラント（30万トン/年），低圧ポリエチレン，スチレンモノマーなどのプラントが，73年には高圧ポリエチレンプラントなどが竣工し，75年には㈱鐵興社と，90年には新大協和石油化学㈱と合併し，総合化学企業となった。さらに，98年にはエチレンプラントを50万トン/年に能力増強し，2000年代に入ると，ジルコニア粉末やハイシリカゼオライトなど機能性無機材料のプラントを立ち上げるなど，新たな展開をみせている。[3]

これに加え，2017年には約20年ぶりにエチレン設備への100億円規模の投資を決定し，四日市事業所にナフサを分解する大型炉を新設する方針が示された（「日経産業新聞」2017年5月11日）。

研究開発機能についても，2019年に四日市事業所内に新たな研究棟を開設し，同事業所にあったファンクショナルポリマー研究所と横浜市のウレタン研究所（2019年に閉鎖），山口県の周南市にある高分子材料研究所の一部機能を集約した。この集約によって，約50名の研究員が四日市に移動した。分散していた研究所を融合し，市場や顧客の需要に応えた素材をいち早く開発していくことがめざされている[4)]。

(4) JSR(株)四日市工場

三菱ケミカルや昭和四日市石油などが立地する四日市第1コンビナートの臨海部から内陸に入った川尻地区に，日本を代表する合成ゴムの製造工場がある。JSR四日市工場である。

JSRは，合成ゴム製造事業特別措置法に基づいて，1957年に国策会社として設立された。その後，1960年に四日市工場が完成し，ブタジエン，SBR，SBラテックスなど合成ゴム関連製品の生産・販売を開始した。1968年には千葉工場，1971年には鹿島工場の稼働を開始し，生産の拡大を進めた。さらに1969年には，民間企業へ移行した。1970年代以降は多角化を進め，半導体材料やディスプレイ材料などの分野に強みを持ってきた。

JSRについては，合成ゴムなど，弾力性の強い高分子材料であるエラストマー事業と合成樹脂事業が，依然として売上，利益の多くを占めている一方で，多角化事業の売上高も大きくなっている。特に多角化事業の中のフォトレジスト等半導体材料やディスプレイ材料といったファイン事業は企業収益を支える基盤事業とされているほか，将来的な戦略事業としてライフサイエンス事業やリチウムイオンキャパシタ（LIC）事業があげられている（中期経営計画「JSR2016」（2014年度～2016年度）による）。

JSR社史『可能にする，化学を。JSR50年の歩み』では，四日市への立地に関して以下のような記述がある。「工場立地については，会社設立の準備段階から四日市に内定していた。四日市は原料源に近く，工業用水の供給能力や需要家へのアクセスなど，いずれの点でも優れた条件を備えていたからである。

四日市市は熱心な誘致活動を展開し，工場用地の選定についても労を惜しまなかった」(p.46)。

四日市工場は，1960年に日本で初めて乳化重合スチレン・ブタジエンゴムを生産して以来，合成ゴムおよび合成ゴムラテックス，合成樹脂，ブタジエンなどのプラントを擁している。また，1979年には半導体用フォトレジスト，84年には光ファイバーコーティング材，88年には液晶ディスプレイ用材料など，情報電子材料の生産を開始し，業域を拡大してきている。2011年には高機能タイヤ向けの材料である溶液重合SBR（SSBR）の生産能力を拡大し，売り上げを伸ばしてきた。

2015年において，JSRでは国内2地区5研究所体制で研究開発が行われ，四日市には機能高分子研究所・ディスプレイ材料研究所・精密電子研究所と2013年に新設された先端材料研究所が設置されており，単体で800人程度の研究開発人員のうち約9割が四日市に集中していた。四日市は最大の生産拠点でもあり，グループ全体の国内従業員のうち6割程度が集中していた。この他，ライフサイエンス分野の研究を担う筑波研究所が置かれている。

2018年には，四日市工場内に新たな研究棟が設けられ，複数の研究所の人員を同じ建物に配置することにより，部門を超えた研究者同士の交流を促進しようとしている（「日経産業新聞」2018年2月26日)。また2019年には，神奈川県川崎市で生産拠点から独立した研究拠点であるJSR Bioscience and informatics R&D Centerを着工し，2021年の開所がめざされている。今後，海外の拠点も含めて，同社の生産や研究開発における分業体制がいかに変化していくかが注目される[5]。

(5) 旭化成ケミカルズ(株)鈴鹿事業場

食品包装用フィルムといえば，旭化成の「サランラップ」が代表的だが，日本国内のすべてのサランラップを生産しているのは，旭化成ケミカルズ㈱鈴鹿事業場である。

当工場は，ポリ塩化ビニリデン（サラン樹脂）の繊維への事業展開にあたって，1952年に旭化成とダウ・ケミカルとの間で設立された旭ダウ㈱の事業拠点として発足した。操業開始は翌年の53年で，60年には現在の主要製品であるサランフィルム，サランラップの生産が開始された。82年には旭ダウを旭化成工業㈱（当時）が吸収合併，2003年に分社・持ち株会社制に移行した際は，旭化成ライフ＆リビング㈱鈴鹿工場となり，2007年より旭化成ケミカルズ㈱鈴鹿事業場となり，現在，各種製品を生産する国内屈指のプラスチック加工センターである。

敷地面積は33haで，南北500mの道路の両側には，53年の操業にあわせて植樹されたソメイヨシノ約300本が並んでおり，県内有数の桜の名所にもなっている。鈴鹿市沿岸はアナゴの水揚げでも知られるが，鈴鹿市への立地は，サラン繊維の魚網としての利用など，水産業との関係も考慮されたとのことである。サランラップの原料となるポリ塩化ビニリデンは，旭化成創業の地である宮崎県延岡市にある愛宕事業場から毎日鉄道とトラックで搬入している。

2013年時点での生産品目は，サランラップを中心に，人形の髪の毛（ドールヘア）などに使用されるサラン繊維，各種食品包装用フィルムやシート，緩衝機能を持った発泡品などとなっている。全体の売上額の中ではサランラップが約7割を占めている。なお，少量ではあるが，サランラップは輸出もされている。ただし海外市場では，サランラップのような高品質の食品包装材は需要が少なく，コスト面でも対抗できない。ドールヘアに関しては，輸出も多くなっている。サランは，比重が大きく，光沢があり，発色も良いため，人形の髪の毛として好まれるのである。

従業員数は560人（2020年3月末）で，2009年7月に完成した総合実験棟を中心に，新製品の開発や分析・解析・評価なども行われている。設備や資材に関しては協力会社があり［60社ほどの旭会］，近隣の業者が多いが，名古屋などにも分布している。製品の輸送に関しては，ほぼ国内向けの陸送であり，物流会社に委託している[6)]。敷地には余裕があるが，住宅街も迫っているため，自由度が高いわけではない。

2012年に新設されたサランラップの工場は，1階が成形，2階が倉庫，3階が包装と検査，4階が倉庫となっている。サランラップは，溶融したポリ塩化ビニリデンを「インフレーション法」という空気で膨らませる製法で薄膜化し，それをローラーで巻き取った後に製品巾に裁断してつくられる。この製法によると，まれに，膨らんだ状態からパンクしてしまうが，その際には人間の手で修復が行われる。これには熟練が必要となる。工場は24時間稼働しており，4組の3交代制がとられている。

2005年，都市ガスを燃料に，発電しながら蒸気を作るコージェネレーション設備を導入した。2009年には災害発生時の給水拠点にもなるライフスポット設備を導入，この設備は事業場内の井戸から汲み上げた地下水を旭化成マイクローザMF膜等で高度処理して，安心・安全な飲料水を作り，普段は従業員用に使用，災害発生時には近隣の住民に非常用飲料水として供給することができる。2014年には太陽光発電システムを設置するなど，環境との調和も進めている。

(6)（株）ADEKA　三重工場

東名阪自動車道の桑名インターチェンジを降り，国道421号線を北西方向に向かい，桑名市から東員町に入ると，右手に化学工場特有の配管が見えてくる。ADEKAの三重工場である。三重県内には比較的多くの化学企業があるが，三菱ケミカルや東ソーなど，臨海コンビナートに立地し，大規模なプラントからなる工場をイメージする人がほとんどであろう。これに対し，ADEKAの三重工場は，住宅地化が進む内陸に立地し，多くのプラントは小規模で工場建屋の中に設置されている。しかしながら，そうした小さなプラントで生産される製品は高付加価値なものが多く，世界最大の化学企業BASFと競うような製品をも手がける隠れた実力派の工場なのである。

ADEKAという企業名になったのは2006年のことで，それ以前は旭電化工業㈱という会社であった。会社の歴史は長く，1916年に古河合名会社が中心となって東京電化工業所を設立，日本で初めて電解法によってか性ソーダを製造したことを受け，ソーダ製品の国産化をめざす株式会社として，1917年に設立されたのが同社である。その後，か性ソーダ製造時に得られる水素を利用して液状油を固形化する技術を開発，硬化油を製造し，ソーダと油脂を二本柱とした事業展開がなされてきた。1929年には「リス印マーガリン」を初めて製造，食品事業に進出，同事業は現在も重要部門となっている。

第2次大戦前は，東京荒川区の尾久工場が生産の中心であったが，戦後1950年代にはプラスチックの製造に欠かせない可塑剤の研究に着手，60年代には樹脂添加剤事業を開始する。三重工場は，塩ビ用安定剤・可塑剤の生産拠点として，65年に旭電化工業（当時）とアーガスケミカル社との合弁会社アデカ・アーガス化学㈱によって設立されたものである。

ADEKA自体は，66年に明石工場を建設し，西日本で食品事業を展開するとともに，70年代には鹿島工場と千葉工場を建設（鹿島工場は化学品と食品の生産拠点）し，生産体制の強化を図った。また88年には，シンガポールに食用油脂の製造子会社を設立，以後2000年代にかけて，アメリカ，ヨーロッパ，アジアに製造・販売拠点を展開し，グローバル化を進めてきた。2006年には上述のように社名を変更するとともに，本社を中央区から創業の地である荒川区東尾久に移転し，尾久中央開発研究所を建設，研究開発体制の強化を図り，2010年代には中東・南米などにも進出している。なお，ADEKAの『有価証券報告書』に三重工場が記載されるのは，1995年からであるが，三重工場の従業員数は主力の鹿島工場に次ぐ規模となっている（2020年3月末では195名）。

ところで，三重工場の立地の決め手になったのは，豊富な地下水で，四日市のコンビナートにも近いという点も有利に働いたとされる。水の使用量は1時間当たり180トンと多い。造核剤や透明化剤といったプラスチックへの特殊添加剤が主力製品である。なお，数量ベースでは，特殊添加剤よりも可塑剤の方が多い。他にも安定剤，情報電子材料などを生産しており，なかでも情報電子材料はスマートフォンなどへの用途で注目されている。ただし，需要や価格の変動が著しいものもあり，リスクを伴う。たとえば，2006年にFPD（フラットパネルディスプレイ）向けのプラントを増設したが，その後需要が一気に落ち込み，稼動率が極端に低くなった事例もある。

原材料の調達先もしくは製品出荷先として，四日市のコンビナート企業との取引関係はあるものの，四日市がファインケミカル中心の化学工業地域になってしまったため，受・発注はあまり多くない。むしろ，中国を中心とした海外からの購入が多くなっている。製品は，四日市港または名古屋港から輸出されてもいる［輸出比率は20～30%］。

前述のように，ADEKA全体では，海外重視の方針が採られてきており，三重工場は，1990年代初頭から韓国，台湾，ケンタッキー，フランス，アラブ首長国連邦などの生産拠点の設立に携わり，マザー工場として海外工場を育ててきた。引き続き添加剤のマザー工場としての役割を果たしていくとともに，さらに生産効率を高めてグローバルな競争力を維持していくことが重要となっている。

(7) 大日本住友製薬(株)鈴鹿工場

鈴鹿市の中央部，安塚町に大日本住友製薬の鈴鹿工場がある。21 世紀に入り，製薬業界では合併が相次ぐが，同社は 2005 年に大日本製薬と住友製薬が合併して誕生，売上高では国内第 7 位（国内製薬企業 2020 年 3 月期決算）となっている。合併に伴い事業所の立地調整が行われた結果，同社の他の生産拠点は，原薬を生産する大分工場，バイオ医薬（インターフェロン）などの注射剤を担当する愛媛工場，製剤化を行う茨木工場となったが，これらは全て旧住友製薬の拠点であり，旧大日本製薬の拠点は鈴鹿工場のみであった。2014 年に茨木工場の鈴鹿工場への生産機能統合，愛媛工場の閉鎖が決定され，2019 までに生産体制の再編が完了した。そのため，同社の生産は鈴鹿工場と大分工場の 2 拠点体制となっている[7]。

旧大日本製薬が鈴鹿に工場を立地させた経緯については，社史が詳しい。すなわち，1950 年代後半からの高度経済成長期に，大日本製薬では，大阪工場の設備狭隘化が問題となり，①大阪工場は製剤主力工場とする，②新工場を建設し，製薬主力工場とする，③吹田工場を部分的に再開して，大阪工場の製薬部門の一部を移設し，新工場完成までの中継ぎとする，といった工場構想が打ち出された（『大日本製薬八十年史』pp.209-210）。61 年に新工場用地購入推進委員会が発足し，数十カ所にのぼる候補地から，鈴鹿市が最適地との結論が出され，68 年に鈴鹿工場が誕生することになる。また，「鈴鹿工場の建設経過中，もっとも意を用いられたのは公害対策であった」（p.211）とされ，「製薬主力工場としての近代的装備はいうにおよばず，環境保全の上からも，田園都市鈴鹿市にふさわしい『緑の工場』として出現した」（p.211）とされている。

その後，1968 年には大阪工場から製造品目の一部が移管され，また 72 年には製剤品目の一部が移管された。鈴鹿工場での従業員数の推移をみると，60 年代末から 70 年代前半にかけて徐々に増加した後，70 年代後半に 200 人台へと急増，その後はほぼ横ばいで推移してきている。これに対し，大阪工場では 1970 年代以降従業員数の減少が続き，2002 年には閉鎖され，鈴鹿工場が原薬工場から製剤までの一貫工場となったのである。

鈴鹿工場の従業員数は，派遣やパートを含めて約 350 人（2020 年 3 月時点）となっている。全社的な組織は機能別組織で，生産本部下に生産技術室，工務部（設備設計他）があり人員の約半数が鈴鹿工場で勤務している。なお，製剤の研究開発については，大阪にある技術研究本部が担う。

東西約 600m，南北約 330m，総面積 20ha の鈴鹿工場では，1968 年以降，敷地内の中央の道路を挟んで東側に原薬工場の建物が，西側に製剤工場の建物が，建設されてきた。2002 年には注射剤工場，2003 年には包装・品質管理棟，2008 年には新固形製剤棟が建設され，原薬から製剤，包装までの一貫工場となっている。なお，原薬の生産は減少傾向にあり，中国などからの輸入もある［10％程度］。

新固形製剤棟は，地下 1 階，地上 7 階の建屋で，新型の設備を多く導入している。生産能力としては年間 30 億錠程度ある。作業室が重力落下を利用した上下階の多層構造となっており，原薬の秤量・混合から造粒，打錠，コーティング，外観検査等の工程間移送にはスタッカークレーンを用いることによって，力仕事が減り，女性でも働きやすい環境となっている。また機能分離廊下方式を採用しており，「クロスコンタミ」を防ぐため，作業者の動線が一方向（入室→退室）になるよう設計されている。包装工場についても自動化が進んでおり，自動運搬機が天井のレールを動き回っている。

海外の生産拠点としては，2003 年に設立された中国蘇州の工場［約 70 人］があり，アメリカでは 2009 年に子会社化したセプラコール・インクが，現在サノビオン・ファーマシューティカルズ・インクとなり，北米事業を担っている。グローバル競争が激化する中で，製薬業界では，さらなる立地調整が予定されている。2010 年代に入り，同社では，がん領域への本格参入を行ってきている。こうした海外での製薬事業の研究開発の動きが，鈴鹿工場での新たな設備投資につながっていくものと思われる。[8)]

(8) 太平洋セメント(株)藤原工場

三重県北西部，岐阜県と滋賀県との県境には，1,000m 前後の山々が連なる鈴鹿山脈がある。桑名もしくは四日市方面から車で北西方向に向かい，いなべ市に入ると，頂上付近まで採掘された山が見えてくる。石灰岩質からなる標高 1,144m の藤原岳である。さらに近づくと，斜面にそって長く伸びるベルトコンベア，山すそに煙突や各種の工場設備が現れてくる。旧小野田セメント，現在は太平洋セメントの藤原工場である（**写真 2**）。

日本のセメント業界は，合併を繰り返してきたが，1994 年 10 月に小野田セメントと秩父セメントが合併し，秩父小野田が誕生，その後1998年10月に秩父小野田と日本セメントが合併して太平洋セメントとなった。同社は，日本国内のみならず，中国，東南アジア，アメリカ西海岸に生産拠点を持ち，グローバル化を進めてきている。日本国内での年間生産量は約1922万トン，国内シェア35.5%，日本最大のセメント会社である。

セメント工業は，典型的な原料立地型業種にあたり，輸送費節約が重要な産業である。太平洋セメントの主力の工場は，函館に近い北斗市と大分県津久見市にあり，それぞれ400万トン／年程度の生産量を有する。両工場とも，セメント輸送に便利な臨海部に立地する大型工場であるのに対し，藤原工場は典型的な内陸型工場といえる。セメント産業のリストラの過程で，内陸部に立地する小規模で老朽化したセメント工場の多くが閉鎖されてきた中で，藤原工場は数少ない存続工場の1つなのである。

藤原工場は，1932年に設立され，52.4haの工場敷地には5基の生産ラインが設けられてきた。ただし，1号～3号キルンは廃棄され，1970年に世界最大級のSP式キルンとして完成した5号キルン（設備能力5,200トン／日）と，1977年に旧型キルンをRSP式キルンに転換した4号キルン（同2,600トン／日）が稼働している。

写真2　太平洋セメント藤原工場

出所：太平洋セメント(株)提供.

混合物を含まないベースセメントの年間生産量は，2007年の215万トンから2010年の175万トンまで低下してきていたが，2011年以降は，東日本大震災の復興需要もあり，190万トン前後で推移している。従業員数は162人（2020年3月末）で，30年前と比べると半減している。鉱山の採掘は別会社が行っているほか，20 社弱の地元協力会社の従業員約 300 人が構内作業に携わっている。

生産されたセメントの約 7 割は，直接トラックや貨車で中部地区を中心に出荷される。また，約 3 割は四日市出荷センターに積送され，専用タンカーで四日市港から国内各地に出荷される。なお，貨車輸送については，セメント輸送のために建設された三岐鉄道三岐線が用いられている。

ところで，当工場は量産工場として位置づけられてきたが，この間の設備投資動向をみると，環境事業，リサイクル関連の先進的な実証実験工場としての役割が注目される。廃タイヤ自動処理設備（1998 年），廃プラスチック破砕設備（2000 年），下水汚泥処理設備（2003 年），脱塩洗灰処理（灰水洗）設備（2004 年），BOF（バイオマスとオイルスラッジの混合燃料）設備（2006 年），汚泥乾燥設備（2007 年），二酸化炭素の分離回収装置（2019 年）などが，老朽化したキルンが廃棄され更地にされた場所に，建設されてきている。

セメントの製造工程においてはさまざまな廃棄物が使用されるが，セメントの品質に問題ないよう，各廃棄物の化学成分を把握し，最終的な化学成分が合うように品質管理を行っている。また，セメント生産過程は高温で処理するため，廃棄物に含まれる有害物質（ダイオキシン等）を無害化することが可能である。

廃棄物の割合は増加傾向にあり，藤原工場では，業界目標の 400kg／トンを 2006 年度に達成し，全社平均を常に上回ってきている。セメント工場を中心とした資源循環がめざされており，都市ごみの焼却灰の受け入れや，三重県内の 5 か所の処理場における下水汚泥の全量（5 万トン／年）引き取りがなされている。後者については他の自治体に例がなく，「三重県方式」と称される。

代替品の例としては，桑名市に立地する RDF 発電施設の焼却灰をセメントの原料として再利用している。量は 6,000 トン／年程度である。また，石灰分の多い廃棄物を利用できる点，燃料代替として自動車産業で排出されるシュレッダーダスト（裁断物）などを多く利用できる点など，製造業の盛んな東海地区に近接していることは有利である。

このように，藤原工場は内陸部に立地する古くからの中規模工場ではあるが，名古屋大都市圏に近いことを活かし，リサイクルを重視した新たなセメント工場のあり方を示す工場として，重要な役割が期待されている。

(9) セントラル硝子(株)松阪工場

松阪は，梶井基次郎の『城のある町』の舞台で，本居宣長記念館がある城跡の高台から市内を見下ろすことができる。その松阪市の臨海工業地帯の中心部に，セントラル硝子の松阪工場が立地している。旭硝子（現AGC）などの関東に多く立地する競合他社に対して，セントラル硝子は，1936年に山口県宇部市に設立された宇部曹達工業㈱をもとにした会社で，1959年に大阪府堺市で板ガラスの生産を開始した。その後，堺工場が手狭となり，より東で，名古屋よりも土地や人件費が安い地点で新工場を建設することを考え，三重県内を南下し，工業用水が豊富であり，海陸交通の利便性が比較的高いこの地を選択した。また，選択にあたっては，誘致に熱心な行政と重く大型の設備に対する地耐力も評価された。なお，地盤の堅さの判断にあたっては，埋立前にタコがよく捕れた岩盤地帯であったとの話が参考になったという。

敷地面積は74haと広大で，1961年に工場の建設に着手し，63年から強化ガラス・合わせガラスの生産を開始，64年から磨板ガラス，67年からは型板ガラスの生産を開始した。当工場は，津松阪港に隣接し，板ガラスの主原料である珪砂，ソーダ灰，ドロマイトや燃料の重油などは，船で運搬されている。原料は円高時にオーストラリアから輸入していたが，2014年時点では愛知県瀬戸市の業者から調達していた。7,000kwの自家発電機が3機あるが，燃料費が高くなっている。

写真3　セントラル硝子のデュープレックス法ガラス生産設備
出所：セントラル硝子(株)提供.

従業員数は224人(2020年3月末)［グループ全体で1,500人弱］で，工場に隣接した硝子研究所には60～

70人が研究開発業務に携わっている。建築・自動車などコモディティ分野で培った基盤技術を商品開発に応用するとともに，電子・半導体分野などの高機能製品の研究開発を行っている。松阪，津，伊勢などの地元の工業高校の卒業生をこれまで多く採用してきており，地元での就職先として評価されている。

資本集約的で男性中心の工場だが，当工場の大きな特徴は，1964年に稼働したデュープレックス法のガラス生産設備を有している点にある（**写真3**）。これは，イギリスのピルキントン社が考案したもので，世界唯一のものとなっている。板ガラスの製造方法には，フロート法，デュープレックス法，ロールアウト法などがあるが，このうちデュープレックス法は，徐々に冷却されたガラス板（磨き素板）の両面を同時に連続して研磨する方式を指す。

1969年からはフロート法によるフロート板ガラスの生産を開始し，76年には2基目のフロート法による生産ラインを構築したが，1基のみの稼動となっている。その後も1986年には複層ガラスの生産を開始，87年には高性能熱線反射ガラス，2011年には太陽光発電用高透過型板ガラスというように，多種多様なガラス生産を手掛け，当工場は，セントラル硝子の主力工場として位置づけられている。

当工場での生産品目としては，自動車用ガラス，建築用ガラス，機能性ガラスがある。自動車事業については波があまり大きくないため，安定した収益を上げる重要な事業である。電子材料に関しては，景気変動の波が大きい。企業存続と事業発展のためには高付加価値製品の比率を上げていくことが重要だが，薄板化，生産性向上，UVカットなど技術開発と設備投資が必要である。太陽光発電用ガラスについては，新興国との価格競争が激化し，2015年に生産を停止し，事業からも撤退している（「日本経済新聞」2015年2月19日）。

2017年に松阪工場では，100億円超を投じて自動車ガラスの製造設備を刷新し，プレス機を使ったフロントガラスの曲げ加工ラインを本格稼働させた（「日本経済新聞」2017年4月22日）。建築用のガラスに関しては，生産設備が過剰になっている中国から価格の安い製品が流れてきており，価格が上がらないという問題点がある[9)]。

関連する海外工場は，アメリカ合衆国のテネシー州にあり（Carlex Glass America LLC），自動車用のガラスを生産しているほか，加工拠点も複数設けられている。2014年には，アメリカのGuardian Industries Corp.から自動車用ガラス製造子会社２社を買収したため，インディアナ州やヨーロッパのルクセンブルクにも拠点がある。

中国では，合弁会社である聖戈班中硝安全瑠璃（青島）有限公司があり，自動車向け加工ガラスの製造，販売を行っている。電子素材向けの加工ガラスについては，台湾信徳玻璃股份有限公司が台湾にある。今後も海外生産比率が上昇すると考えられ，アジア，とりわけ中国での生産増加を見込んでいる。松阪工場を中心とした日本の拠点からの海外支援は，ますます重要になるものと考えられる。

(10)（株）神戸製鋼所　大安製造所

中部圏では，三菱重工業の国産ジェット機である三菱スペースジェット（旧MRJ）への期待から，航空宇宙産業関連の工場に注目が集まってきた。三重県内の航空宇宙産業に関連した工場でも，市場拡大に向けて，設備投資の動きがみられてきた。いなべ市に立地している神戸製鋼所大安製造所もその１つで，新工場棟が2015年に完成し，16年度には量産稼働した。

大安製造所の立地の経緯について，神戸製鋼所の社史では，以下のような記述がある。「1937年に操業を開始した名古屋工場はアルミ・銅事業本部の中でも古い工場の一つであったが，周辺の都市化により，敷地面で生産量拡大への対応や高効率生産ラインの構築に限界があった。そこで，三重県員弁郡大安町（現いなべ市）に新工場を建設し，名古屋工場の設備を移転することにした」（p.372）。加えて，航空宇宙，自動車などの主な顧客が東海圏に多く，旧大安町には用地があり，誘致も熱心であったことも重要である。

社史ではまた，「工事は1992年９月に着工，1993年８月に第１期工事として6,300トンメカニカルプレスを中心とした鍛造工場が完成。これに続いて金型鋳物工場，油圧プレス鍛造工場，機械加工工場，砂型鋳物工場の建設・移転工事を実施し，1995年４月に大安工場は全面操業を開始した」（p.372）と記されている。

大安製造所の敷地面積は26ha，工場内には，メカニカル鍛造，油圧鍛造，砂型鋳造，機械加工の専門ラインが整備されている。国内の他の工場と分業がなされ，長府製造所（山口県）ではアルミの押出材と銅板条が，真岡製造所（栃木県）ではアルミニウム板が生産されている。当工場は，アルミニウムとマグネシウムの両方，しかも鋳造と鍛造の両方を行える工場であり，こうした工場は世界的にも珍しい。特に自社でビレットから生産している工場は国内にはない。鋳造と鍛造を同じ敷地内で行っている工場は非常に少なく，塑性材の提案を顧客に対して柔軟に行うことができる点が強みとなっている。鋳造で依頼されたものでも，鍛造の方が適していればそうした提案が可能なのである。

名古屋工場の時代に確立したさまざまな技術，たとえば，世界初のマグネシウム合金鋳物での砂型低圧鋳造技術（1980 年），アルミ砂型鋳物の吸引鋳造技術（1985 年），アルミ合金･マグネシウム合金の精密鋳造技術（KPS 法，1986 年）などを，大安製造所が引きついでいる点も重要である。大安移転後も，1997 年には ISO9000 シリーズ（国際品質保証システム）の 9002 の認証取得，98 年にはボーイング社から D1-9000 の認証取得，99 年には砂型鋳造技術がボーイング社に評価され，アルミ高力合金の認定サプライヤーの認証を得るなど，高い技術優位性を維持・強化してきている。

従業者数は 491 人（2020 年 3 月末），グループや協力会社を併せると 550 人程度で，100 人弱が技術や研究に携わっている。中部圏は大手メーカーが強いため，優秀な人材の獲得には苦労を要する。団塊の世代が抜けており，技術の継承が課題になっている。

大安製造所の主要製品は，アルミ製の自動車用サスペンションで，国内シェアは高い［約 7 割］。日系自動車企業の海外現地生産が進展するとともに，部品生産の現地化要請も強まってきている。こうした動きの中で，神戸製鋼所では，2003 年にアメリカケンタッキー州に自動車サスペンション用アルミ鍛造品等の製造工場を設立した［従業員数は約 400 人で，プレス機が 6 台］。また 2010 年には，中国江蘇省蘇州市に，同じく自動車サスペンション用アルミ鍛造品の工場を新設した［従業員数は約 150 人，プレス機は 2 台］。アメリカ，中国の両工場とも，大安製造所がマザー工場であり，同様な生産ラインと技術が移管されている。

このように，大安製造所は，独特の生産設備と高い技術力を有し，開発機能を備えたマザー工場という位置づけにある。自動車の国内生産台数が伸びない中，グローバル化を進めるとともに，今後は油圧鍛造や砂型鋳造による航空部品など，高付加価値製品で稼いでいくことが重要となろう[10)]。

(11) 昭和電線ケーブルシステム(株) 三重事業所

東名阪自動車道の桑名インターチェンジから国道421号線を北西方向に進み，市街地からかなり離れたいなべ市北勢町に，昭和電線三重事業所が立地している。

昭和電線は，1936年に東京電気㈱（現東芝）の電線部門が独立してできた会社である。同社は，2020年3月期の売上高が1711億円で，住友電工，古河電工，フジクラに次ぐ国内4位の電線メーカーである。なお，世界の電線メーカーでは，イタリアのプリズミアン，フランスのネクサンス，アメリカのゼネラルが上位3社となっている。

三重事業所は，1968年に操業を開始するが，北勢町への立地理由について，『昭和電線社史』では，以下のように記している。「新工場の建設が，東京芝浦電気㈱三重工場からの巻線設備の移管に端を発したとはいえ，当社巻線需要の6割は中部以西にある状況にかんがみ，同社向けのみでなく，当社の巻線主力工場として十二分に活躍できることを念頭において，工場適地を求め，関係者は中部地方一帯を踏査した」，「候補地は二転，三転したが最終的には三重県内の2カ所に絞り，北勢町に決定した」，「土地選定の理由としては，①地価は比較的低廉である，②土地はおおむね平坦で地形がよい，③地元の労働力が期待できる，④北勢有料道路沿いにある，⑤地元の町当局からの強い要請などがあげられた」（pp.132-133）。

昭和電線グループの国内事業所は，仙台（光ファイバケーブルなどの通信ケーブル），相模原（電力機器，ゴム・プラスチック被覆線，超電導線，光周辺機器，免震，制震，防振ゴム製品），愛知（高圧の電力ケーブル，海底ケーブル），古河（被覆線），海老名（複写機用ヒートローラー）からなり，製品別分業が構築されており，三重は巻線，低圧の電力ケーブル，被覆線，裸銅線を担当している。研究開発機能は，以前は川崎の事業所にあったが，相模原事業所に移転している。

三重事業所の従業員数は203人（2020年3月末）で，昭和電線グループにおける「電線事業の底辺を支える事業所」と位置づけられている。具体的には，①電気銅から荒引線（裸線）への工程（電線の最初の工程）を担い，「ディップフォーミングシステム」（連続鋳造圧延設備）を有している。また②荒引線（裸線）をグループ内や他社に販売し，さらに③各種被覆線，④各種巻線を生産している事業所である。[11)]

生産された荒引線や銅丸線は，事業所内の昭和電線ユニマック［従業員188人］（前身のユニマックは昭和電線とフジクラの両社が巻線事業に関して2001年に設立した共同事業会社であったが，2019年に共同事業は解消し，現在は昭和電線ホールディングスの100％子会社）および被覆線・電線メーカーに外販されている。三重事業所で生産している製品の輸出はほとんどなく，国内重視の拠点であるといえる。

ところで，1968年の操業開始当時は巻線・裸線の生産のみを行っていたが，71年には被覆染工場が竣工し，75年からはディップフォーミングシステムによる荒引線の生産を開始した。同システムは，「真空中で清浄な表面状態の銅母線の周囲に溶銅を付着凝固させ，より大きな断面積を持つ荒引銅線を製造するシステム」であり，「電気銅板及び銅母線を投入する段階から荒引銅線が出てくるまでの全工程を，真空中で行うことにより，溶銅，鋳造・圧延ロッドを酸化性の環境から完全に隔絶」する製法のことであり，もともとはアメリカGE社の技術であったが，67年より契約を交わし，技術供与を受けている。現在GEは銅線を生産していないため，世界でも昭和電線のみがこのシステムを利用しており，品質の高い無酸素銅を製造している。

無酸素銅線の特長としては，水素脆化が起こりにくく，靱性，展延性，柔軟性があり，加工性に優れていること，さらに銅線表面が滑らかであり，銅粉の発生が少ないことなどがあげられる。エナメル線に加工するためには必要な品質であるが，電線として使うためには品質が高すぎるともいわれている。

また，三重事業所は，中国の天津，杭州にある富通昭和線纜（中国の富通集団との合弁会社）のマザー工場でもある。杭州工場では，ディップフォーミングシステムの技術供与も行われている。高度な社会インフラ整備に不可欠な高付加価値製品を生産しており，今後の成長が大いに期待できる工場といえよう。

（12）NTN（株）桑名製作所

名古屋から近鉄名古屋線で四日市方面に向かい，木曽・長良・揖斐の木曽三川を過ぎると，青いアルファベットの3文字NTNの看板が見えてくる。この濃尾平野の河口に位置し，東海道五十三次の宿場町として知られる桑名の地で，日本を代表するベアリング（軸受）メーカーであるNTNは，1918年3月に誕生した。工場の名前は西園鉄工所といい，50坪足らずの町工場であったという。当時21歳の工場主，西園二郎は，ボール軸受の国産化に関心を持ち，研究試作を始めていたが，西園に研究開発を要請するとともに，資金面，販売面を引き受けたのは，大阪の機械工具商・巴商会の丹羽昇であった。1923年3月に，巴商会は，NTNの商標を用いて，国産軸受の販売を開始するが，NTNは，丹羽のN，巴商会のT，西園のNのそれぞれの頭文字をとったものとされている。

その後，1927年に軸受専門の製造販売会社として，合資会社エヌチーエヌ製作所が設立され，37年には東洋ベアリング製造㈱に社名を変更，39年には前年に兵庫県で設立された昭和ベアリング製造㈱を合併し，武庫川工場（後の宝塚製作所）が稼働することになった。一方，桑名市内堀の工場は38年に火災で焼失，翌39年11月に桑名市郊外の現在の土地に桑名工場が建設された。この工場は第二次大戦前，日本最大の軸受工場で，航空機用軸受の70％を生産していたとされる。そうしたことから，米軍の重要爆撃目標の1つとされ，45年7月23日の空襲により壊滅的な被害を受けた。ただし，工作機械やその他の設備は，岐阜県の旧南濃町（現海津市）の疎開工場などに分散されていたので，戦後比較的早い時期に生産を再開することができたという。

1960年には静岡県磐田市に自動車用軸受の量産工場を設立するなど，戦後の高度経済成長とともに，会社の規模は拡大し，61年のドイツをはじめ，アメリカ，フランス，イギリスに販売会社を設立したほか，71年にはアメリカ，ドイツで生産拠点を設立するなど，その後もカナダやブラジル，イタリア，タイ，中国などに展開し，世界上位メーカー（SKF，Schaffler，日本精工，NTN，JTEKT，TIMKEN）の一角を占めている。

NTNの本社は大阪市にあるが，桑名，磐田，岡山，長野をはじめとした7か所の各製作所および国内16か所に立地する生産子会社とで分業体制が構築されている。従業員数が最も多いのは2,000人以上を擁する自動車用軸受けの量産拠点である磐田製作所で，産業機械用軸受のマザー工場である桑名製作所の従業員数は1,513人（2020年3月末）である。

桑名製作所は，「超小型から超大型まで，多様な製品を開発・生産一技術を育むNTN発祥の地」と位置づけられている。同じ桑名市には，NTN三重製作所があるが，閉鎖した宝塚製作所から移管された量産ラインにおいて，熱処理からの軸受の一貫生産が行われている。2013年に新設されたいなべ工場は，代理店向けに補修用軸受をスムーズに供給する拠点であり，少量生産に特化している。

ところで，桑名工場の生産量は，大量［軸受386万個／月，鋼球2.6億個／月］かつ多品種［約1万品種／月，カタログの品番数14万種］で，国内の産業用機械向け軸受の占める割合が高い。軸受の大小で製造工程は変わらず，基本的に鍛造，旋削，熱処理，研削，超仕上，組立の順となる。旋削までは，基本的に協力会社が行い，桑名製作所では熱処理からの工程が行われる。

1981年11月30日の「日経産業新聞」によると，桑名工場では「事務機やVTR用の内径5ミリ程度の小型ベアリングから鉄鋼圧延機，重電機用の超大型まで，約三十種類のベアリングを製造」しており，「傘下に七十社の協力工場を抱え」，「協力会のメンバーは現在三十社。ほとんどがNTNの仕事に依存している」と記されている。ただし，サプライヤー間の競合が十分でなく，品質保証も難しいため，NTN協力会は，2000年頃に解散したとのことである。

騒音が大きい鍛造に関しては地元の協力会社はなく，石川県の能登地域の生産拠点が担当している。NTNは，2007年にNTN羽咋製作所を設立，以降能登3市町に4生産子会社を設立してきたが，このうち2009年に鍛造部品を手がける羽咋丸善の志賀鍛造工場を買い取り，NTN志賀製作所の増設を進めてきた（「日本経済新聞」2012年7月7日）。これらの工場の立ち上げの際には，桑名の人員が多く出向し，設備，技術，経営管理に関する指導を行ったとのことである。[12)]

これに対し，旋削に関しては，地元での外注が多くなっている［協力会社は1980年代の70社から40社程度に減少］。地域的範囲としては，岐阜，愛知，大阪にもあるが，三重県内が半分程度であり，桑名市内にも10社程度存在している。こうした協力企業の存在とともに，桑名製作所の強みは，工場敷地内に多様な「工場」が集積している点にある。工場敷地（184,008m^2）にはほとんど余地がないが，自動車や電化製品向け軸受の「小中型工場」，ロケットや人工衛星向け軸受の「精密軸受工場」，鉄道車両や風力発電装置など各種産業機械向け軸受の「大型工場」・「超大型工場」といった多種多様な軸受が生産されるとともに，そうした多様な玉軸受用のボールを生産する「鋼球工場」，さまざまな炉を駆使して用途に応じた高性能な熱処理を行う「熱処理工場」が，一箇所に集まっている。また，生産工程の設計や設備導入，治具や金型の製作・

改良などを行い，あわせて技能伝承も推進する「もの造り戦略センター」が2004 年に新設され，翌年には「桑名輸出センター」が竣工，製品の積出港である名古屋港への物流の効率化が図られ，さらに 13 年には NTN 物流㈱が設立され，製品や半製品，調達品の物流業務の一元管理による輸送の効率化が図られてきた。

また，工場の近隣に産業機械技術開発センターと先端技術研究所といった研究開発拠点が置かれている点も重要である。前者の開発センターは，軸受ならびに軸受に関連する技術分野の開発を主に担当し，後者の研究所は，基盤商品の最先端を実現するための基礎研究や評価試験，風力発電装置用軸受などの新エネルギー分野の開拓を手がけている。

NTN の海外事業所からもわかるように，自動車用の軸受など，成熟した量産品の場合では，海外生産比率の上昇が著しい。しかしながら，軸受の内輪と外輪には適切な隙間が必要であるなど，擦り合せが重要となる製品でもある。2018 年には，ドイツの生産子会社において，工作機械向けの精密軸受の生産を始めたものの（「NTN 広報ニュース」2018 年 8 月 23 日），高い精度や品質が求められる商品については，依然として国内が中心となっている。航空宇宙用の軸受など，世界中を見渡して桑名製作所でしか生産できない商品もあり，こうした精度の高い商品でシェアを獲得していくことがますます重要になってこよう。

(13) DMG 森精機（株）伊賀事業所

大阪方面から三重に向かう幹線道路といえば，名阪国道が知られているが，その沿線には東大阪や奈良県の企業の工場が多く立地している。DMG 森精機[13] の伊賀事業所は，その代表的な工場といえよう。

森精機は，奈良県の大和郡山市で 1948 年に創業した。伊賀事業所は，名阪国道による奈良県内の事業所との近接性を理由として，1970 年に同社の拡張拠点として建設された。同社は工作機械の生産で世界トップクラスの地位にあり，伊賀事業所は同社最大の拠点であるとともに，工作機械業界で世界最大級の広さ（敷地面積 651,000㎡）を誇っている。

2019 年 12 月末時点で，伊賀事業所には 1,468 名が勤務している。研究開発から生産機能までを担う同社の中核的な拠点となっている。設計者数［約 250

名］は，他社にない規模といえる。この他の国内生産拠点としては，小型マシニングセンターの製造拠点として奈良事業所［約 500 名］と，計測機器を手がけるグループ会社のマグネスケールの工場［約 300 名］が神奈川県伊勢原市にある。旧日立精機の事業所であった千葉事業所［約 150 名］でも生産を行っていたが，2016 年に閉鎖し，伊賀事業所と奈良事業所に機能を集約した。同年には，スイスと上海の工場も閉鎖し，国内外において生産体制の見直しを行った（「日本経済新聞」2016 年 9 月 14 日）。また，奈良県大和郡山市にある奈良第一工場は元本社工場であったが，2004 年に本社機能を名古屋に移転した。2014 年には，東京都江東区に東京グローバルヘッドクォータを開設し，18 年には同じく江東区に東京デジタルイノベーションセンタを開所している。

伊賀事業所の最大の特徴は，組立工場内でのさまざまな工夫にある。組立ラインでは，2002 年に多能工が全工程を担当して生産するセル生産方式が導入された結果，リードタイムを従来の約半分に短縮することができた。しかしながら，人材育成にはかなりの時間を要するという問題に直面し，セル生産方式だけでなく，「チームライン」方式という生産方式が新たに導入されることになった。これは組立で配線，配管，精度検査などの各工程の担当者がチームを組むことに由来し，各担当者が自分の担当する工程を終えると工具を持って移動し，別の工作機械の組立場所に移るというものである（「日経産業新聞」2013 年 8 月 27 日）。作業の進捗状況は QR コードで管理されており，組立作業時間などを管理者が把握できる仕組みになっている。なお，伊賀事業所の月産能力は約 300 台であり，セル生産だけではなくライン生産も行われている。受注から出荷までは約 3 か月を要する。工作機械は標準仕様をそのまま生産することは少なく，多くは顧客向けのカスタマイズ製品となっている。

通常の白いヘルメットの従業員に混じって，赤いヘルメットの人がいるが，彼らはきさげ作業 3 年以上の経験があり，熟練度の高い従業員を示している。社内には技能士の資格を取得した従業員が多く，さらにマイスターが存在する。マイスターは技能，人格，指導育成力に優れた各職場のスペシャリストである。また組立工場内には，体験型で研修を行う「道場」が存在する。例として，きさげ（すり合わせ）道場（Scraping Dojo）では，ロボットでは加工できない表面の微細な調整が必要な加工を行う体験型研修が行われる。こうした体験型の道場に加え，DMG 森精機アカデミーでは，顧客向けに NC スクールを開講している。

組立に必要な部品を配膳出庫する「配膳エリア」も特徴的である。以前は自動ラック倉庫のシステムで部品の選択，集荷を実施していたが，10年以上前に手動に回帰した。その理由としては，品番が変わるだけで使用可能の部品が使われず，不良品在庫が増加してしまったことがある。手動に変更したことによって，棚卸しの精度が格段に向上したとのことである。

この他，24時間365日稼働しているサービスセンタがある。対人対処能力の高い女性と技術的な知識を有した男性のペアで対応している。問い合わせの約7割は電話で解決可能であるが，残りは技術サービスにあたる人員が実際に出向いて対応する。彼らの現在地はGPSで管理されており，一番早く駆けつけることのできる人員を把握できるような体制になっている。

ところで，広大な伊賀事業所の敷地内には，工作機械の組立工場だけでなく，構成部品の加工工場，基幹部品となる主軸工場，工作機械メーカーが内製することが珍しいボールねじ工場，さらに鋳物，熱処理の工場がある。フットサルコートやゴルフの打ちっぱなし，クラブハウス，寮，同社がオーナーのコンビニエンスストアやレストラン，ゲストハウスなどが設けられている。

部品取引先は，三重県内には鋳物や板金の会社が少なく，車で１～２時間の範囲内にある愛知県や奈良県内のサプライヤーも多い。また，製品の輸出にあたっては，名古屋港を利用している。輸出比率が高いことから，将来的な為替リスクも考えて，海外工場として，カリフォルニアのデービス，中国の天津，ドイツ，イタリア，ポーランド，ロシアがある。海外生産比率は上昇傾向にある。

今後の方針としては，海外で共通のユニット部品の生産を増加させる一方で，伊賀事業所では，独自技術を活かし，主軸や中核部品などのキャパシティを上昇させることを検討している。これに加え，同事業所では，KDDIと共同で5Gの基地局が設けられ，2020年４月よりデジタルファクトリーの実現に向けた実証実験が開始された。この実験では，DMG森精機の新技術である「AI切りくず除去ソリューション」に5Gを導入することで，工作機械内の大量の画像データを高速で自動収集し，さらなる高度化・自動化をめざしていくという[14]（「DMG森精機プレスリリース」2020年５月21日）。

(14) CKD(株)四日市工場

四日市市の中心市街地から国道365号線に沿って北西方向に向かうと，内陸部に造成された保々工業団地が現れてくる。本田技研工業が取得した旧八千代工業㈱四日市製作所の隣にあるのが，CKDの四日市工場である。CKDの本社は，愛知県小牧市にあり，四日市工場は1984年に設立された比較的新しい工場である。

CKDは，1943年に名古屋市で日本航空電機㈱として設立され，航空機の電装部品等の製造販売を行っていたが，終戦後の45年10月に社名を中京電機㈱に改称，電気機械器具の製造，修理，販売に転換した。47年には管球機械の製造を開始するなど，自動機械装置の製造に入っていき，56年には空気圧制御機器，60年代後半以降は，空気圧関連機器，省力機器，駆動機器，流体制御機器，半導体向けファインシステム機器へと，各種製品群に技術を展開してきた。なかでも，自動化技術と圧縮空気の制御，流体制御技術の研究開発が中軸になっている。

国内生産拠点としては，自動機械事業と電動事業であるFA事業の開発機能を担う小牧の本社工場，流体制御機器とファインシステム機器を担当する春日井工場，空気圧シリンダを担当する犬山工場と，愛知県内を中心としてきた。その後，空気圧機器のメイン工場として四日市工場が設けられ，春日井工場で生産していた一部の空圧システム機器が移管されたのである。空圧事業に関しては，SMC㈱（1956年に焼結金属工業㈱として設立，86年に社名変更）に次ぐ地位にある。

立地の決め手は，内陸で地形が良く，地元からの積極的な誘致があったこと，また当時の「東海環状テクノベルト構想」を背景としている。同構想は，先端企業を中心とした産・学・住一帯の技術集積都市を四日市から岡崎まで，名古屋周辺にベルト状に建設しようとしたものである（『50年のあゆみ』p.139）。交通の便の良さも重要で，伊勢湾岸自動車道と東名阪自動車道のJCTがあり，新名神自動車道と東海環状自動車道をつなぐ新四日市JCTも完成した。

CKDのコアテクノロジーは，圧縮空気の制御であり，これに関する機器の生産を行ってきた。従業員数は，2020年3月末で334人［2015年10月の総従業員数は698人］を数える。四日市工場は1号棟から3号棟と，金属の表面処理を行う処理棟がある。1号棟は30年前に建設された平屋の建屋であり，金属加工を行っている。2 号棟は 1997 年に半分が完成し，1 階で加工，2 階で組立が行われている。2001 年に残りの半分が追加で建設された。景気の良くない時期で，急いで増築する必要性は生じなかったため，時期にずれが生じた。3 号棟は 2007 年に建設され，1 階で組立，2 階を一部クリーンルームのある組立設備としている。工場内では自前で開発した無人搬送機が動き回っている。無人機が乗るエレベーターも市販品であるため，手作り感のある工夫をしている。徐々に自動化を進めているが，多品種生産であるため完全には難しい。空きスペースを段階的に利用してきたため，効率が悪く，設備配置の再構成が必要な状態となった。完成品の移動を自動化するため，2 号棟と 3 号棟の間に出荷品が集まるようにレイアウトが変更されている。3 号棟は「機械と人の融合」を目標に，2010 年代初めに 20 人分の作業を自動化した。一部の作業は人間が担い，機械と分業している。3 号棟の作業場では細かい作業の繰り返しが多く，女性が圧倒的に多くなっている。

四日市工場における生産技術の変化としては，1984 年から 90 年頃までは FA 化，その後 2000 年頃まではセル生産方式の導入，2000 年から 10 年までは自動化設備と人との融合が図られてきた。2010 年代における課題は，新商品開発と連動した工法の開発である。2001 年までは本社である小牧工場で設計から立ち上げまで行い，四日市で量産するという体制がとられていた。購買機能も小牧でまとめて担われていたが，2001 年に小牧から移動した。

海外の生産拠点としては，中国（無錫）［655 人］，タイ［440 人］，マレーシア［10 人規模］の生産拠点がある。インドネシアでは，2015 年に「ミニファブ」として運営を開始し，最終製品の生産を行う。韓国［10 人程］では，半導体向けに特化したクリーンルーム内での生産体制を構築している。空気圧機器のキーパーツは四日市で生産・供給する体制で，基本的には海上輸送を用いており，名古屋港を利用している。

調達先［314 社］の所在地は，四日市や三重県内は少なく，その他の東海地域が圧倒的に多い［7 割］。部品が小さいため，輸送には不向きであり，できれば近隣で調達したいと考えている。2004 年に中国から始まった海外調達［約 3 割］には，自社の海外子会社からの調達を含んでいる。

四日市工場の位置づけは，空気圧機器のマザープラス量産工場である。将来的な方向としては，マザー工場としての役割を高め，国内では開発機能を強化し，医療や食品分野などの高機能商品などを開拓していく方針である。海外においては低コスト化と適正品質を模索し，二極化戦略を採っていく方針とのことである。

(15) 富士電機(株)三重工場

今やどこにでもある自動販売機だが，時代の変化に対応したデザインと機能，省エネやIT化を中心に，進化を続けている。その自販機の国内トップシェアを誇る工場が，富士電機三重工場である。近鉄もしくはJRの四日市駅から国道1号線を北上し，富士町の信号を右折すると，富士電機三重工場に到着する。富士町という町名は，1944年に川崎からの疎開工場としてこの地に立地した富士電機の名にちなんだものである。

『富士電機社史』には，前田七之進取締役（当時）の「三重工場建設の経緯」という回想記があり，「三重県の都市計画課に居た私の学友に相談した結果，四日市と松阪とに候補地を見出すことが出来た。四日市にも塩浜の海軍燃料廠の隣地と羽津との2カ所あつたが，将来の水陸運輸の便などを考えると羽津即ち現在地の方が適当であると断定された」（p.70）と記されている。

当初，三重工場の主要製品はモータであった。電動機生産総台数は，1944年に1号機の生産を記録して以来，57年に累計50万台，59年に100万台，64年に500万台，69年に1000万台，72年に2000万台というように急拡大を遂げた。1965年の『有価証券報告書』によると，三重工場の従業員数は2,741人で，川崎工場の4,402人に次ぐ規模であったが，事業内容では，中小型電動機の他，扇風機，換気扇，冷蔵庫，洗濯機，遠心脱水機，ジューサー，クリーナーなど多様な家電製品があげられており，重電を中心とした川崎工場とは対照的であった。

その後，三重工場の従業員数は，1968年には3,000人を超え，71年には3,423人を数えるまでになるが，オイルショックにより減少，78年には1,445人となっている（**図6-9**）。これは，富士電機が家電事業から撤退したことが大きく効いている。同じ78年には，川崎電機製造㈱との合併により，鈴鹿工場（1962年に川崎電機製造三重工場として創設）が中形電動機，送風機，誘導炉，扇風機の生産工場として加わる。この鈴鹿工場がモータの主力拠点になっていく代わりに，三重工場は，自動販売機の生産にシフトしていくことになる。なお，

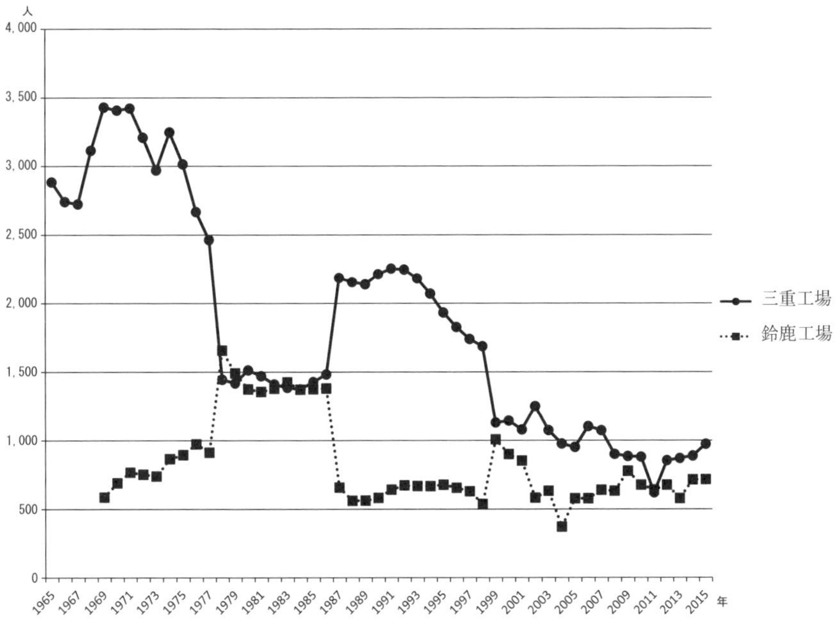

図 6-9　富士電機三重工場・鈴鹿工場における従業員数の変化

出所：『有価証券報告書』各年版より松原作成.

三重工場と鈴鹿工場の従業員数の推移は，1980 年代後半から 90 年代にかけて対照的な変化を示すなど，それぞれの工場の製品内容，海外への製品移管，工場の機能変化の影響を受けて変動してきている。[15)]

自動販売機に関わることになるきっかけは，当時の自販機製造関連会社からの依頼にあり，冷蔵庫や扇風機で培った冷却や大形板金といった技術の応用で参入が可能であった。自販機市場は 1980 年代までは順調に伸びてきていたが，90 年代に入ると減速し，2001 年の出荷額は，89 年の約 6 割に落ち込むなど，成熟市場となった。その結果，富士電機子会社の自販機工場（岐阜県可児市）の閉鎖，三重工場への集約（2001 年），三洋電機の子会社三洋電機自販機の富士電機への事業売却（2002 年），持株会社制への移行に伴う，旧三洋の自販機事業も含めた自販機部門の富士電機リテイルシステムズへの統合（2003 年）など，事業再編が進められた。さらに 2011 年には，埼玉工場を閉鎖し，三重工場に集約するとともに，自販機事業の本社機能の三重工場への移転が行われた。

三重工場が高いシェアを獲得し，維持してきた理由としては，三重工場の敷地面積が 33.2ha と大規模で，上述の事業再編の集約拠点として収容力がある点をあげることができよう。それとともに，三重工場自体の進化に注目することが重要だろう。

2003 年 1 月 20 日の「日経産業新聞」では，「自販機あえて量産堅持，ラインに溶接ロボ」という見出しで，富士電機が「三重工場に缶飲料自販機を集約して数量を確保。従来工程別に分かれていた生産ラインを移動，自動搬送装置でつなぎ，徹底したコスト管理方式を導入した」ことを報じている。また，2008 年 2 月 19 日の「日経産業新聞」では，富士電機リテイルシステムズが，コスト削減を加速するために，飲料用自販機部品（約 1,500 点）の共通化の比率を，数量ベースで現段階の 3 割から 2009 年度までに 6 割に高めることや，海外調達比率を 25％に高めることを伝えている。さらに，2013 年 2 月 26 日の「日経産業新聞」では，「富士電機，自販機で反攻」という見出しで，自販機事業の収益改善の牽引役を省エネ性能を高めた高付加価値製品群とした上で，その背景として，2 点をあげている。1 つは，基幹部品の内製化で，消費電力を下げた熱交換器や冷媒の量を細かく電子制御できる膨張弁の開発があげられている。もう 1 つは，共同開発の取り組みで，飲料メーカーと共同開発した昼間の消費電力を大幅に抑制できるピークシフト自販機，大手コンビニエンスストアが店舗に設置するコーヒーマシンの共同開発が事例として紹介されている。

このほか，三重工場では，開発・設計においては 3DCAD が用いられ，構造・熱・流体解析を行い，シミュレーションにより，実機に修正を加えているが，こうしたノウハウが蓄積されている。また自販機の性能評価のため，試験棟には降雨，照射，電波暗室，音響，塩乾，恒温，官能（飲料品質）のための試験設備が備えられている。

ところで，生産はトヨタ生産システムに学び，「一気通貫フルワーク生産ライン」にて行われる。まず①材料工程でコイル材から自販機の外箱になる板をとり，②板金工程で抜き，曲げ，溶接を行う。これらの工程は自動化が進んでいる。次に③塗装工程においては，吊りかけられた部品に粉体塗装を行う。塗装された部品は組立ラインまで自動で搬送される。ここも自動化が進んでいる。④組立・試験工程になると，缶・ペットボトル自動販売機では人の手によって冷却ユニットが取り付けられ，ベンドテストが行われる。カップ自販機では，カップ供給機構を取り付け，電照板も取り付けられる。フード機器に関しては，飲料配管機能部品を組み込み，販売・抽出機構などのチェックが行われる。それぞれの梱包，搬送も全自動となっている。

消費習慣の異なる海外で，自販機を普及させることはなかなか難しいが，三重工場がマザー工場となり，中国大連の大連富士冰山自動販売機社（従業員数約 300 人）を立ち上げた。中国では，電子マネーの普及により，古い紙幣による故障もなくなり，自動販売機の需要が増加しており，2016 年には増産に向けた設備投資も行われた[16)]（「富士電機ニュースリリース」2016 年 1 月 28 日）。

このように，国内自販機市場の成熟化の下で，三重工場では，開発機能を強化し，自販機の高付加価値化を図るとともに，さらなる生産性の向上が求められている。三重工場では，生産性の向上のために IoT を積極的に活用しており，中国の大連とも相互にリアルタイムに生産状況を把握できるようにすることで，生産効率の効率化に役立てている（「日経産業新聞」2017 年 9 月 4 日）。

(16) (株)ダイヘン　三重事業所

JR 東海の参宮線は，伊勢神宮への参詣路線として明治末に建設され，1959 年に紀勢本線の全通により，多気駅－鳥羽駅間に変更となった。紀勢本線多気駅から分岐してすぐ，ダイヘン専用線が現れてくる。1919 年に設立された大阪変圧器㈱が，1973 年に超高圧・大容量変圧器の生産工場として，三重事業所の立地を決めたのは，この引き込み線による貨車輸送を考えてのことだという。

大阪変圧器は，1985 年に㈱ダイヘンに商号を変更しているが，事業内容も柱上変圧器の単一多量生産からスタートした電力機器事業を中心にしつつも，溶接メカトロ事業，半導体関連機器事業へと拡大してきている。国内の他工場としては，大阪府の十三事業所が本社工場であり，中・小油入変圧器，モールド変圧器を，北海道の千歳工場では柱上変圧器を生産している。2007 年に新設された兵庫県神戸市の六甲事業所では産業用ロボットおよびガラス基板搬送用真空ロボットの生産を，大阪府の兼平工場では柱上変圧器の修理業務を行っている。同じ大阪の摂津工場は，2008 年に閉鎖され，主な機能を六甲事業所に移管した。また，鳥取県にある関係会社のダイヘン産業機器㈱では，溶接機，半導体製造工程に必須の高周波電源，太陽光発電用パワーコンディショナを，大分県にある関係会社のダイヘンテック㈱では，半導体製造工程用クリーンロボットを生産している。2015年には，広島県の中国電機製造㈱を子会社化し，中国電力㈱との共同経営を開始している。

三重事業所の敷地面積は17ha，造成された土地を購入し，1973年に新鋭の大型変圧器生産拠点として発足，77年に工場を増築してラインを拡充し，85年には配変（配電用変電所）の生産を開始した。95年には，再度工場を増築し，配変専用生産ラインを新設した。さらに2004年には，負荷時タップ切換器の工場を増築し，生産設備等を摂津事業所より移転した。

三重事業所の主要製品は，配変（電力用特高油入変圧器20kV ～ 77kV）や大形（電力用特高油入変圧器110kV ～ 500kV）負荷時タップ切換器である。それ以外に，可変容量分路リアクトル，発電所または変電所における変圧器故障をはじめ震災，風水害による停電時の迅速な復旧や変圧器取替時の対応を目的とした移動変圧器，絶縁油ではなく不燃性ガスを使用した地下発電所，ビルなどの設置に高い安全性を有するガス絶縁変圧器などの特殊な製品も生産している。配変の国内シェアは高く［40％超］，同社は電力会社との資本関係が弱く，特定の電力会社に依存していないため，北は北海道から南は沖縄まで全電力会社に納入できている。

主工場のレイアウトは，大きく定置式生産を行う大形変圧器生産ラインと流し生産を行う配変生産ラインとに分かれている。巻線，配線作業は恒温，恒湿，防塵のクリーンンルームで行われている。輸送手段として，配変はトラック輸送，超高圧は日本に1台しかない巨大トレーラを利用して何日かかけて深夜に松阪港まで運搬し，海上クレーンで積載した後，船で送っている。鉄道貨物輸送もあるが，耐用重量の制限が厳しいため，以前より減っている。

三重事業所と関係の深い海外子会社としては，1989年に設立したダイヘンエレクトリック（タイ）がある。2012年に東南アジアの顧客ニーズである変圧器の超高圧大容量化に対応するため，ダイヘンエレクトリックに300kV～500MVAまでの超高圧大容量変圧器の生産工場を新設するとともに，年間生産能力を3倍に増強した。これは，超高圧変圧器の生産工場として，東南アジア最大規模となる。新工場では，同社変圧器事業のマザー工場である三重事業所と同じ「日本品質」を提供できるのが強みとなっている。

このようにダイヘンは，電力会社のニーズに対応した変圧器の開発および国内民需向け変圧器の受注活動に注力する一方で，電力インフラ需要が拡大する東南アジア市場での受注拡大に取り組んでいる。また，変圧器の基盤技術を生かしたワイヤレス充電装置の開発にも注力しており，今後成長が見込まれる自動運転の電気自動車などへの活用が期待されている（「日本経済新聞 電子版」2019 年 3 月 15 日）。

(17) シャープ(株)三重工場

シャープは，三重県内に 2 つの生産拠点を有している。日本の液晶薄型テレビ全盛期,「亀山モデル」として知られた亀山工場については，三重県による多額の補助金，アップルのスマートフォン用生産ライン，高精細の中小型 IGZO ディスプレイの生産ラインへの転換など，多くの話題があり，よく知られている。それに対して，松阪市の南，多気町にある三重工場については，ほとんど知られていない。

1994 年 2 月 15 日の「日本経済新聞」（地方経済面）では,「農業の町にシャープ誘致」という見出しで，シャープが，総工費約 530 億円を投じて，世界最大規模の大型 TFT（薄膜トランジスタ）式 LCD（液晶表示装置）の生産工場を 95 年 7 月に稼働させると報じた。マイクロソフト社の Windows 95 のブームの時期で，パソコン用液晶の生産が，奈良県天理工場では手狭になったためである。立地の決め手は，地盤が固く，良質な水を得ることができ，周辺に協力会社がすでに立地していたことだという。

三重工場の敷地面積は 343,793㎡と広大で，第 1 工場（A ライン）は 1995 年に生産を開始し，マザーガラスサイズ 55cm × 65cm，40cm × 50cm の中小型 TFT 液晶パネルを生産してきたが，2015 年に閉鎖された。第 2 工場（CD ライン）は，2000 年から 68cm × 88cm の中小型 TFT 液晶パネル［車載・IA・アミューズメント用（3 ～ 15 インチ）の液晶］を生産してきた。第 3 工場（FAB2）は 2004 年にシステム液晶の生産を開始し，73cm × 92cm をマザーガラスとする中小型 CG シリコン液晶パネル［超高精細スマートフォン向け（3 ～ 6 インチ）液晶］を生産してきた。なお，第 2 工場は従来テレビ用の大型液晶を生産していたが，パソコン向けの液晶に転換，その後も多様化し，精度の高さが必要とされないアミューズメント用（ゲーム，パチンコなど）の液晶に移行した。この他，930 名収容可能な独身寮が工場に併設されている。

工場は 24 時間，年間 360 日間稼動している。従業員数は 1,290 人で，4 班 2

交替制が採られている（2019年4月1日現在)。最先端の製品も，海外を含めた子会社・協力会社との分業体制を構築している。子会社である中国江蘇省無錫の無錫夏普電子元器件有限公司は，三重工場から技術者を派遣して技術支援をしてきたが，ディスプレイ生産のほとんどの後工程を担っている。同社は2019年12月現在で5,132名を雇用している。[17)]

ところで，三重工場で注目すべき点は，生産拠点であるとともに，研究開発拠点が加わり，工場の機能が進化してきている点である。三重工場と亀山工場とは，高速道路で50分，亀山工場と天理工場も50分の時間距離の関係にある。かつては，天理で研究開発，三重で生産という分担関係であったが，2003年に技術センタービルが三重工場内に竣工し，天理から開発担当者が多数異動した。

2004年に亀山工場が本格稼働になると，今度は亀山工場との分担関係が生じた。亀山工場にはディスプレイデバイス事業のトップが，三重工場には事業部長が席を構えていた。三重工場には以前モバイル液晶本部が置かれ，テレビの不調により亀山工場が苦しいため，三重工場で行ってきた中小型液晶の技術を移管した。また，亀山工場にも500人程度の技術要員がおり，用途別のマザー工場として棲み分けが行われていた。なお，天理工場には全社的な研究開発本部があり，ディスプレイに関する要素技術の開発が行われていた。この他，MEMSディスプレイの生産を行うシャープ米子株式会社があるが，もともとは旧富士通の工場であり，同社の液晶事業撤退後に買い取ったものである。

液晶パネルの大きさに対応する「世代」で，各工場を再整理すると，天理工場では主に第1世代から第3世代が，三重工場では2.5世代から第4世代が，亀山工場では第6から第8世代のディスプレイが生産されてきた。堺工場は第10世代に相当する。このように，液晶事業は世代交代が目まぐるしい上に，パネルの大型化とともに設備投資額も莫大になる。シャープは液晶事業の不振によって巨額赤字を抱え，2016年に台湾の鴻海グループの傘下に入った。経営再建を進めるにあたって，液晶生産の集約が行われ，2016年8月には天理工場での液晶パネル生産をやめ，稼働率が大幅に落ち込んだ三重工場でも第3工場の一つのラインが停止された[18)]（「日本経済新聞」2016年2月21日)。

2020年3月，新型コロナウイルスの感染拡大の下，国内で不足するマスクの量産を，シャープが三重工場で開始するということで話題になった。これは，工場の稼働率が低く，クリーンルームが空いていることの裏返しでもある。主力の液晶事業が依然として厳しい状況に置かれる中で，地域に雇用を創出する大規模事業所として，三重工場の新たな展開が望まれる。

(18) 東芝産業機器システム(株)三重事業所(旧東芝三重工場)

三重県内の市町村を対象に，製造業従業者数に占める専門的・技術的職業従事者の割合を算出してみると，1990年，2010年とも10％を超えていたのは，朝日町のみであった。朝日町は，桑名市と四日市市に挟まれ，面積は5.99km^2で，三重県で最も面積が小さい自治体である。北西部の丘陵地での宅地開発の結果，2005～10年の人口増加率が35.3％となり，全国一を記録した。その朝日町を代表する工場が東芝三重工場である。

東芝三重工場の敷地内には，「東芝モータ百年」と刻まれた碑が建てられている。『東芝百年史』では，東芝三重工場は，1938年に当時の芝浦製作所鶴見工場から分離して設立され，「この地が選ばれたのは鋳物の産地桑名市に近く，交通の便や人的資源に恵まれ，さらには地元の積極的な誘致によるものであった」（p.271）と記されている。従業員数は3,663人で，電動機，変圧器，計器用変成器などが主要製品とされていた。

しかしながら，当工場が生産してきた製品の多くは，1980年代以降，海外生産に切り替えられていく。1990年12月3日の「日経産業新聞」では，1961年には4,500人いた正規従業員が2,600人と半分に減ったが，売上高は倍増したとされ，「同工場の90年度の売上高は前年度比9.1％増の1200億円を見込むが，うちモータ，変圧器，電磁開閉器など従来品は65％まで低下，プリント基板，インバーター，FA機器といった『ニューハード製品』が35％を占めるまで成長した」と報じられた。

1990年代にはグローバル競争が激化するとともに，国内市場においても海外からの輸入品との価格競争が厳しさを増し，2000年代に入ると，国際競争力を強化するために，企業組織の再編が行われた。東芝は2000年に小形モータ部門などの産業機器部門を分社化し，三重工場の大半を新設する製造子会社・東芝産業機器製造㈱に移管，その後製品分野によっては三菱電機やシュネデール社と統合してグループ会社を設けたりし，2013年には社名を東芝産業機器システム㈱に変更，現在に至っている。工場の敷地面積は約27haと広いが，建物は古くなってきており，また関係会社が利用している区画もある。2014年時点の従業員数は，主力となる東芝産業機器システム三重事業所において常用雇用が約1,000人で，このうち，約300人が設計に従事している点が注目される。

モータの生産は海外が中心で，アジアではベトナム（2010年設立）および中国の大連（1991年設立）に工場があり［ともに従業員400人程度］，三重事業所がマザー工場となっている。海外工場では比較的標準的な大ロット製品を，日本では標準品でない小ロット製品をそれぞれ生産しているが，ベトナムでは日本や米国などへの輸出品も手がけてきている。三重事業所の強みとしては，高品質製品の短納期対応があげられ，それを前述の設計部隊が支えている。

三重事業所の機能としては，海外関係会社に対する設計・製造・技術支援を行うマザー工場，高効率機器（モータ・変圧器），車載モータ・インバータなどの技術開発機能を有する量産工場であるとともに，生産設備の製造技術開発も行っており，今後もマザー工場としての機能の進化が期待される。

(19) キオクシア(株)四日市工場

四日市市臨海部の第3コンビナートから北西方向に，64号線が一直線に伸び，東名阪自動車道の四日市東インターチェンジと交差する。その一帯は山之一色町という地名だが，ここに世界最大規模のフラッシュメモリの生産拠点がある。キオクシア四日市工場である。キオクシアは，2017年に経営不振に陥った東芝から切り離された半導体メモリ事業を承継した企業であり，2019年に東芝メモリ㈱から社名変更された。

当工場の主要製品であるNAND型フラッシュメモリは，東芝が世界で初めて開発・生産した製品である。四日市工場の発足当時は，DRAMの生産が行われていたが，2000年代初頭のIT不況による影響を受け，2001年に汎用DRAMの生産，販売を中止している。2002年以降はフラッシュメモリ専門の工場となり，現在に至っている。

研究開発は，2018年に完成した四日市市工場のメモリ開発センターと，大船の拠点を中心とし，横浜市，川崎市に点在している「横浜テクノロジーキャンパス」で行われている。また，海外にも研究開発拠点が複数あり，アメリカ，イギリス，イスラエルにも開発センターを設けている。さらに，インドでは委託開発も行っている[19)]。ただし，近年開発スピードが速まっており，より生産拠点の近くで開発を行い，早くラインにのせようとする傾向がある。大船にはクリーンルームがないため，開発やラインに近い部分の技術機能は四日市に置かれている。

東芝が四日市市に工場を立地した理由としては，産業インフラおよび交通の便に優れていること，温暖な気候，豊富な水などがあげられている。また名古屋や三重（朝日町）に東芝の工場が既にあり，人材のシフトがしやすかった点も指摘されている。

ところで，キオクシア四日市工場のウェブサイトでは，4 つの時期に分けて東芝時代の 20 年の歩みを説明している。第 1 期（1992 ～ 96 年）は創設期で，最先端メモリ製品の量産拠点として 92 年に発足し，93 年には前工程・後工程の一貫ラインが完成，16 メガ DRAM の生産が開始され，95 年には第 2 クリーンルーム棟が竣工し，96 年には 64 メガ DRAM の生産が開始されるなど，順調なスタートをきった。従業員数の伸びも大きく，92 年の従業員数 134 人から 96 年には 1,400 人強へと大幅に増加した。

第 2 期（1997 ～ 2001 年）は試練の時期とされ，2000 年までは，128 メガ DRAM，NAND 型フラッシュメモリなど，次世代メモリ製品の開発が進み，後工程の子会社「四日市東芝エレクトロニクス」が発足などしたが，2001 年の IT 不況により，汎用 DRAM から撤退，「四日市東芝エレクトロニクス」も解散となり，2000 年～ 01 年にかけて，従業員数，生産高ともに減少することになった。

写真 4　東芝四日市工場（2014 年当時）

出所：（株)東芝提供.

第3期（2002～06年）は復活期とされ，組織体制の見直しや技術・開発体制の整備など，メモリ事業構造改革が進められ，NAND型フラッシュメモリの量産に特化することになった。市場規模の爆発的な伸長を背景に，2005年に第3クリーンルーム棟が完成，従業員数，生産高も順調に伸びていった。

第4期（2007～11年）は飛躍期とされ，2007年6月には世界最大級の第4クリーンルーム棟が完成し，量産化が強化されるとともに，2008年には次世代メモリ製品の研究開発組織「先端メモリ開発センター」が開設された。その後，半導体市場の悪化が一時的にあったものの，2009年には32nmのNAND型フラッシュメモリ，10年には24nmの世界最小チップサイズの大容量の量産が開始され，翌11年4月には第5クリーンルーム棟が完成，世界初・世界最小の19nmの量産がスタート，微細化・高速化の推進が図られた。また，第4，第5クリーンルーム棟による生産能力の増強に伴い，従業員数も2009年以降4,000人を超えている。一方で，激しさを増すグローバル競争と2008年のリーマンショックにより，生産高は一時的に減少傾向を示したものの，その後の景気回復等に伴って再び生産量は増加に転じた。なお，2014年には，第5クリーンルーム棟の第2期工場が竣工し，稼働開始となっており，競争力の強化が図られている（**写真4**）。その後も，2016年には新第2製造棟，2018年には第6製造棟が稼働開始となり，四日市で拡張を続けるとともに，2019年には岩手県北上市で北上工場が完成し，2020年に量産を開始している。

従業員数（2020年4月1日現在）は約6,200人で，2011年頃との比較でも，1,500人程度増加している巨大な工場である。四日市工場では前工程が主であり，労働力の必要な後工程は台湾やフィリピンなどで担われている。ただし試作を含めた10％程度の後工程は，国内で行われている。2011年に竣工した第5クリーンルーム棟は，鉄骨2層5階建て構造となっており，実際の高さとしては10数階のビル程度の高さがある。2階と5階はFab階で，実際の生産が行われている。1階と4階は，Sub-Fab階としてユーティリティなどが設置され，それぞれの上の階の生産を支えている。

クリーンルームはクラス10,000で，クリーンルーム内は自動搬送システムによって搬送車に載った「フープ」（クラス1以下のクリーン度で気密性の高い容器にウェハを25枚収納）が天井を移動している。比較的高速で移動しており（フル生産時は3.5m／秒），処理前の「フープ」を置くストッカなど，一つの場所に集まって渋滞が起きないようにするため，天井バッファ（Over Head Buffer）という次の装置の近場に一時待機場所がつくられている。これによって搬送効率が格段に向上したという。

第3，第4，第5のクリーンルーム棟は，それぞれ別の製品・工程を担当しているように見られがちだが，実は一部600mもあるコンベアで接続されており，フープが保護ケースに入れられ，コンベア上を移動し，統合生産が行われている。装置を移動する費用を考慮すると，製品を動かす方が合理的と考えられた結果とのことである。

世界における半導体分野の競争は年々激しさを増しており，最先端技術の追求及び規模的な拡大が必要になっている。そのため，研究開発や生産設備の増強に巨額の費用を要するものの，製品そのものの付加価値は，成熟化が進むことによって低下することが避けられないことから，生産コストを下げ続けていくことが課題である。

(20) 日本キャボット・マイクロエレクトロニクス（株）三重（芸濃）工場

津市中心部を流れる安濃川の上流をめざし，田園地帯のなか42号線を北上し，伊勢自動車道の芸濃インターチェンジが近くなると，小高い山の上に，白い建物が見えてくる。日本キャボット・マイクロエレクトロニクス三重工場である。

同社の親会社，キャボット・マイクロエレクトロニクス社（Cabot Microelectronics Corporation）は，シカゴの空港から車で1時間圏にあるアメリカイリノイ州オーロラ市に本社を置き，世界初の半導体研磨剤の製造開発・供給を1985年から手がけてきたキャボット社から2000年に分離独立して創業した。アメリカの化学企業キャボット社は，1882年にカーボンブラックの製造会社として創業し，現在はスペシャリティケミカルと機能材料分野を中心とした事業展開を行っている。

キャボット・マイクロエレクトロニクス社は，2005年にアメリカのSurface Finish社（研磨），2006年にアメリカのQEDテクノロジー社（レンズ研磨），2009年に台湾のEpochマテリアル社（CMPスラリーの競合相手）を買収し，事業の拡大を進めてきた。また，2018年にアメリカのKMGケミカル社（半導体や木材向けの特殊化学品）を16億ドルで買収した。売上高は2019年9月決算で約10億ドル，従業員数は約2,000人であり，急成長を遂げた100社の一つとして2019年にFortuneにも取り上げられている（「Cabot Microelectronicsプレスリリース」2019年10月7日）。

主な製品は，半導体用のCMP（Chemical Mechanical Polish）スラリー，シリコン研磨用スラリーのほか，CMP用研磨パッドで，CMPスラリーの製品開発，供給を世界で初めて行った企業である。CMPは，液体スラリーによって，半導体表面の平坦化処理を行うプロセスで，もともとIBMとの関係で発展してきた処理技術である。

三重（芸濃）工場は，敷地面積約5ha，アジア初の生産拠点として1998年に工場棟が建設された［2014年1月時点の従業員数は167人］。半導体産業は，1950年代末，アメリカのシリコンバレーで誕生したが，80年代後半からは日本がアメリカをしのぐようになり，90年代も上位10位の多くを日本企業が占める状況が続いていた。日本の中で三重に立地した理由は，全国市場の中央部に位置し，製品輸送の便が良いことによる。液体をドラムに詰めて海上輸送することが多く，県内の港湾ということで，四日市港を中心に利用している。国内は主にトラック輸送を利用している。

製造工程は，原材料の混合・攪拌，調整・攪拌，充填と比較的単純ではあるが，タンク内での分散・混合に技術やノウハウが必要であり，韓国・台湾の製品も輸入して販売している。日本国内の市場が縮小していることもあり，製品の輸出比率は上昇傾向にある。

ところで，韓国や台湾で半導体産業が台頭し，マレーシアなどでのハードディスク生産が伸びてくるにつれ，2000年代後半以降，キャボット・マイクロエレクトロニクス社は，台湾，シンガポールで生産を開始したほか，三重工場には研究棟（APTC: Asia Pacific Technology Center）が併設されることになった。2011年以降もアジア地域の拠点をさらに拡張する方針が打ち出され，11年の三重工場の拡張に続き，13年にはAPTCも拡張された。なお，台湾では研磨パッドの製造も行っており，新竹，高雄でパッド，高雄でCMPスラリー（もともとはEpochマテリアルの拠点）が生産されている。高雄には研究開発機能も併設されている。

また，サムスンやハイニクスなどの大手顧客のいる韓国のオソンにも，2010年頃に生産拠点を新設しており，研究開発機能も併設されている。研究開発は分野別の分業がなされており，シンガポールではHD関係，台湾や韓国では各地の顧客が要求する製品の開発が行われている。

三重工場に併設されているAPTCは，クラス１のクリーンルームのある最先端開発実験施設で，スラリー開発ラボ，砥粒分散ラボ，分析・アプリケーションラボなどからなっている。研究開発機能のグローバルな分業が構築されており，研磨材料の化学的性質や粒子の状態など，サイエンティストによるリサーチの部分は主にアメリカで担われ，アジアの拠点では開発が中心になっている。APTCは，アメリカの研究所と日本の顧客との間にあって，顧客の特性にあった製品を開発する役割を担っているのである。

なお，顧客としての日本の半導体産業は，かつての勢いを失ってきているとはいえ，パワー半導体などの特定分野では，依然として優位性を保っている。パワー半導体は，研磨の観点からは「難研磨物」であり，今後の成長が見込める分野といえる。研磨分野の研究者と協力して，難研磨物の研磨に関する技術開発を進めていくことが重要になっている。

このように，三重工場が韓国や台湾の工場を支援するアジアのマザー工場として，また研究開発拠点として期待される側面が強い一方で，量産拠点としての役割も重要である。アメリカ本社の生産拠点では，アメリカとヨーロッパの市場をカバーしているが，成長するアジアをカバーする三重工場は，単一工場としての製造量は世界最大規模となっている。日本国内にも新市場の可能性があり，製品の世代交代の時期でもあるため，新たな世代にうまくマッチングさせていくことが課題となっており，製造機能と開発機能が一体となった三重工場の役割はますます重要になっていくものと思われる。

(21) パナソニック(株)ライフソリューションズ社　津工場

近鉄の津駅から国道23号線（伊勢街道）を10数km南下，藤方の信号を過ぎて左手に工場の正門が見えてくる。正門を入ってすぐ目に入ってきたもの，それは松下幸之助が植えた松の木である。旧工場名は，松下電工津工場という。1990年代に多くの日本企業で組織改変が進められるが，当工場も免れず，現在はパナソニック・ライフソリューションズ社（以下，LS社）の津工場と呼ばれている。

当工場は，松下航空工業が伊勢織物㈱と寿精機㈱の土地・建物を買収したもので，1943 年に松下航空工業㈱の津兵器製造所として操業を開始した。開設当初は軍需品生産が目的であり，海軍との関係が強く，三重県津市の伊勢湾岸に立地したとされる。終戦後は，1945 年に松下電工㈱と改称し，パナソニックの創業事業である配線器具などの生産を行ってきた。

津工場の従業員数は，2020 年 3 月末時点で 1,605 名である［2014 年時点では約 1,100 名，男女比は 2 対 1，平均年齢は 42 歳，そのうち 700 人以上が技能士の認定を受けており，一人で 3 種類の資格をもつ人も少なくない］。こうした従業員は，地元の工業高校を卒業した県内出身者が中心である。事業分野の研究開発に関しては，パナソニックの本社が置かれている門真市を中心に行われているが，津工場の「ものづくり調達革新センター」でも生産技術が蓄積されている［津工場内で同分野を担うのは 100 人程度で，本社で採用された大卒の人材が携わっている］。

2014 年，津工場では LS 社のエナジーシステム事業部内のパワー機器，システム機器に関する開発，生産機能，ものづくり調達革新センターの一部が担われている。具体的な製品は，配線器具，照明制御リモコン機器，エネルギーマネジメント商品などである。製品種類は細かくみると，1 万品番を数えるほどで，多品種量産工場といえる。

その中でも配線器具は，国内市場において高シェア［約 85%］を占めており，同製品はほとんどが津工場で生産されている特徴的な製品である。配線器具市場は，各国で規格が異なるという参入障壁があり，市場規模や販売ルートの特殊性もあり，海外企業の参入による影響を受けにくいという特徴がある。需要の変動も小さいため，比較的安定した事業である。製品は国内市場向けがほとんどであり，輸出は共通部品や照明制御リモコン機器などである。

生産体制については，主に工場内での一貫生産を基本としており［かつては「松栄会」と呼ばれた協力会組織があった］，とりわけ「五設一体」思想がベースとなっている。五設一体とは，マーケットニーズ，基礎技術の開発，商品企画，生産，販売，アフターサービスまで一体のものとして考える一貫システムのことであり，松下電工時代から引き継がれてきた考え方である。製品開発のスピードと柔軟な対応がこれにより実現している。

当工場の特徴は，「自動生産ライン」にあり，汎用製品は一貫自動生産が行われている。1989 年に建てられた工場建屋では，1 階で金属加工された部品と

4階で成型加工された部品が，2階で自動組立される流れとなっている。自動化設備が充実し，多くの機械がひしめき合う自動組立のフロアでは，高速［月産1000万個］・高精度とともに，「高速銀接点かしめ加工」などの加工方法の追求もされている。その一方で，センサーや調光などのさまざまな機能が付加された高級品については，主として女性によるセル生産が別棟で行われている。完成した製品は，1日1便，愛知県小牧市の物流センターに陸送される。

照明制御リモコン機器やエネルギーマネジメント商品については，もともと協力企業であったパナソニック電工東海㈱と㈱オームズを2011年に統合して設立したパナソニック・ライフソリューションズ電材三重㈱が担っている。同社はパナソニックの完全子会社であり，津市内に本社工場とあのつ台工場がある他，県内には大紀工場，紀宝工場がある。

ところで，パナソニックは，1990年代に企業組織の大きな変更を行ったが，そうした企業組織の再編により，県内の旧松下電工の津工場と伊勢工場との関係は希薄になった。松下電工時代に分工場として設立された三重県内の伊勢工場は，LS社ではなくインダストリアルソリューションズ（IS）社に属しており，相互の関係はあまりなくなっている。

配線器具などの海外事業については，タイ，中国，韓国，台湾，トルコ，インド，ベトナム，インドネシアなどに進出しているが，各国で規格が異なるため，地産地消が基本であり，生産に関して津工場との関係はあまり強くない。ただし，海外への技術支援に関しては，各国に出向や出張ベースで経営経理担当者，商品開発者，技能士などを派遣している[20)]。また，海外人員の研修も行われるなど，津工場はマザー工場としての機能を果たしている。国内市場で圧倒的な強さを誇るとはいえ，国内市場の縮小が予想される中，海外事業のマザー工場としての役割は，より重要になると考えられる。

(22) 住友電装（株）四日市製作所

四日市というと，多くの人は，石油化学コンビナートをまず思い浮かべるだろう。しかしながら，それは第二次大戦後の話であり，第一次大戦による好景気で，国内の他の都市と同様に，四日市でも事業熱が盛んで，新しい企業が続出したとされる。その1つが，1917年に伊藤小左衛門，九鬼紋七の地元財界の両巨頭と電線製造技術に詳しい深沢久作の3人が共同経営者となって創業した東海電線製造所で，同年12月には東海電線㈱が設立された。『住友電装70年史』には，「製造工場は，四日市市浜田4205番地，三重人造肥料㈱の土地・建物を借用した」（p. 3）との記載がある。これが，世界第2位の自動車用ワイヤーハーネス（自動車用組電線）企業・住友電装の出発点である。

東海電線㈱は，1931年に現住友電気工業㈱（以下，住友電工）と技術・資本提携を行い，1957年9月に川崎航空機のバス用ハーネスの生産を開始，1959年の鈴木自動車の2輪ハーネス受注により，現在の主力製品であるワイヤーハーネスの本格生産を開始した。住友電装は，ワイヤーハーネス事業を住友電工と分業しており，住友電工が事業戦略と営業，同社が開発，設計，製造を担当し，1995年に両社が共同出資した㈱オートネットワーク技術研究所（以下，AN技術研究所）が研究開発を担っている。

ワイヤーハーネスは，多数の電線やコネクタ，テープ・チューブなど多数の部品を複雑に組み付け，自動車に搭載された各種電子機器や制御装置を結ぶもので，高級車では自動車1台に約3,000本の電線が使われていると言われている。住友電装では，銅線だけではなく，軽量化を実現するアルミハーネスにも力を入れている。また，ハイブリッド車や電気自動車が生産されるようになり，高電圧・大電流に対応した高耐熱性や電磁ノイズ対策など，ワイヤーハーネスの研究・開発の重要性が増してきている。長年にわたり蓄積してきた設計の履歴も重要であり，これについては「e-MACS」と呼ばれるITを活用したシステムにより管理がなされている。

四日市製作所には，同社の中心事業であるワイヤーハーネス事業本部および前述したAN技術研究所が置かれている［2015年8月末時点で，従業員数1,750人，男女比7対3，平均年齢40歳］。かつては女性の比率が圧倒的に高かったが，現在は男性の比率が高くなっている。生産ラインは，地元高校を卒業した人材が中心に担っており，地元雇用の受け皿として長年貢献してきている。

2013年までは四日市製作所の敷地内に本社があったが，本社は近鉄四日市駅前に移転している。国内の関係会社も含めると13,000人の従業員数を数えるが，約半数が三重県内の拠点で働いている。鈴鹿製作所［2,500人］には，電線・部品・電子事業本部，AN技術研究所と評価実験施設，津製作所［1,000人］には，部品・電子製造拠点，御薗事業所［500人］には，特品事業本部がそれぞれ置かれ，三重県内で拠点間の分業が構築されている。

ところで，社史には，「ワイヤーハーネスの生産は労働集約型であり，しかも工程の大部分は外作で行っている」，「ハーネスの生産は外注への依存度が高かったものの，最終工程である組み立ては自社で行っており，その組み立てのほとんどが女子の作業であった」（p.133）との記載がある。1980年代までは，地域内での内職に頼っていた部分も多く，近隣の民家の軒先には，ハーネスの部品を入れた箱がよく見られたとのことである。1990年代以降，海外生産の拡大により，外注依存度は急速に低下し，協力会社からなる共栄会もなくなってしまった。

形状が複雑なワイヤーハーネスの生産は，典型的な労働集約型部門で，事業のグローバル展開がきわめて進んでいる。[21)] 一方で，住友電装社内には1981年にハーネス生産技術開発委員会が設けられ，徹底したハーネス生産の自動化・無人化への挑戦が行われてきた。自動ゴム栓挿入機や自動仮結機，全自動圧接機などの設備が開発され，量産ラインに投入された。生産現場では，不断に自動化と効率化が図られており，ワイヤーを切断する機械，仮結束，組立図板での組立とテープでの結束，導通検査，二次検査などの流れ作業がシステマティックに構築され，結束や接続する順番がきわめてわかりやすいような配置がなされている。一連の作業は複雑に見えるが，数週間の研修で実践できるようになるとのことである。こうした生産現場での効率化のノウハウを，海外から日本に派遣される研修生に伝えるとともに，日本から派遣される技術者が海外拠点に普及させ，工場やオペレーターによる品質や生産性のばらつきをなくし，「世界同一最高品質」を実現する努力がなされている。

同社は，ワイヤーハーネス事業における世界シェアの拡大をめざしており，海外事業における再編も実施している。具体的には，中国がこれまで担ってきた海外向け製品をベトナムなどのASEAN諸国に，また北米向けのアジアでの生産をメキシコにシフトさせるなど，賃金水準と輸送費とを考慮した地域間での調整が行われている。また，中国やタイなどの海外工場の中でも比較的歴史が長い工場を，日本のマザー工場に準じた「準マザー工場」と位置づけ，現地スタッフによる自律的な体制の構築がめざされている。その背景としては，日本では少人数による能率的な工法が実施される一方で，海外では多人数による生産（一つの組立図板に2人がつくなど）が行われるなど，工法が異なることがあげられる。また生産する製品の量が異なるため，四日市や国内関係会社などの日本の工場が完全なマザーとして機能するのは難しいのではないか，ということも指摘されている。

このように，海外での生産が大半になる中で，国内拠点においては，設計や生産技術の効率化とともに，研究開発機能の重要性が高まってきている。その中心は，AN 技術研究所で，四日市と鈴鹿との連携も重要といえよう。今後の展開としては，ハイブリッドや電気自動車の時代を見すえてワイヤーハーネスの技術を高度化させること，自動車以外の周辺需要を開拓すること，そしてコスト競争力を強化することが求められている。

(23)（株)デンソー　大安製作所

四日市の中心市街地から国道 365 号線に沿って北西方向に向かい，いなべ市に入り西に向かうと，広大な工場が現れてくる。デンソーの大安製作所である。デンソーの本社は愛知県刈谷市にあり，池田，安城，西尾，高棚，幸田，豊橋，阿久比，善明と大半の生産拠点を愛知県内に集中させてきた。大安製作所の設立は 1982 年で，愛知県内の工場からやや離れた三重県内に立地を定めた。

大安製作所の敷地面積は 85.5ha あり，東西に長い敷地の中央に 601，東側に 602，西側に 603 の 3 工場が配置されている。601 工場では，点火製造部が点火コイルなどを，602 工場では，走行安全製造部がブレーキ制御用アクチュエータ，機能品製造部が VCT や各種センサ，セラミック製造部が排気センサなどを，それぞれ生産している。2007 年に新設された 603 工場では，走行安全製造部の ABS 製品及びエアバックのセンサ関連の生産とセラミック製造部のモノリスの生産などが行われている。また，点火コイル，長寿命プラグや排気センサなどは，世界トップレベルのシェアを有しており，環境と安全・安心に関連する製品に特化した製作所である。

デンソーでは，2005 年から「N 分の 1 ライン」と呼ばれる従来よりもコンパクトで効率を高めた生産設備に取り組んでおり，各工程の生産速度を合わせることで，工程間で滞留する在庫量を減らしたり，省エネにつなげたりできるという（「日本経済新聞」1993 年 2 月 25 日)。

研究開発体制としては，デンソーの基礎研究所では基礎研究が行われており，技術開発センターは本社にあり，製品化に向けた研究開発を行っている。さらに事業部の開発グループは 3 年から 5 年先の製品開発・設計を行っている。

大安製作所は生産技術が中心であり，工程やラインの設計も行われている[22]。生産技術に関しては，ほぼ全ての海外拠点と何らかの関係があり，マザー工場であるといえる。ここでいうマザー工場とは，古いライン，汎用ラインを移管する元となり，人材教育を行うことができ，海外の研修生の人材教育の体制が整っている拠点をさす。

ところで，大安製作所では，「One 大安」という目標を掲げ，三重の地で生き残ることのできる「ダントツ・最強マザー工場」をつくることをめざしている。具体的には，①管理・間接部門のスリム化と価値創造，② DPTC とのコラボレーションによる車両視点でのコスト最小化を目標としている。従来，製造部間に大きな壁があり，横の連携が不十分であった点を改め，各部長が定期的にランチミーティングを行い，大安製作所内での風通しを良くし，製作所内でのシナジー効果を模索している。こうした「One 大安」の取り組みの一環として，602 工場にひさしを設け，製造部間で別々に行っていた同じ出荷先へのパッキングを統合し，省時間化を図ろうとしている。

また，CS^3（シーエスキュービック）という標語もあり，① Customer Satisfaction，② Contribution & Symbiosis，③ Cheers & Smiles を掲げ，一人一人がコスト意識とスピード感を持ち，「さすが大安製作所！」と言われるような事業所をめざしている。背景として，ボッシュなどとの競争に勝つためには，生産コストの削減はもちろん，生産性向上に向けて，明るく元気な職場作り（モチベーション向上）が根幹にあると考えられている。

こうした経営方針の一環として，中央食堂がリニューアルされ，「憩い語り合える食堂」がめざされている。また，構内の「エコ移動」のために電気自動車約 30 台をカーシェア用に設置している。大安製作所では CSR 活動を多く実施しており，2019 年には「緑化優良工場等表彰」を受賞するなど，工場緑化も積極的に行っている。電気は約 6 割を自家発電で賄っているが，2015 年に高効率の大型発電機を納入し，自家発電率を 8 割近くまで上昇させる予定である。CO_2 排出量に関しても大幅に低減している。障害者の雇用や中小企業の生き残り支援なども行っている。

大安製作所の位置づけは，マザー工場プラス量産工場である。設備は比較的新しく，生産性は高くなっている。同工場は，日本で技術力を培っていく拠点として期待されている。

(24) トヨタ車体(株)いなべ工場

東名阪自動車道の桑名インターチェンジを降り，国道421号線を北西方向に進み，桑名市から東員町，いなべ市に入ると，東側の丘陵部に次々とゴルフ場が現れてくる。ゴルフ場とゴルフ場の間に，大きな工場が見えてくるが，これがトヨタ車体のいなべ工場である。

トヨタ車体は，1936年に豊田自動織機製作所が自動車組立工場を建設し，37年〜38年にかけて，愛知県刈谷の工場として，車体の製作と架装を担当したことを出発点とする。45年に刈谷工場が，トヨタ自動車工業から分離独立，社名をトヨタ車体工業とし，トラックボデーの専門メーカーとして発足することになった。1950年代から60年代前半までは，小型トラックやマイクロバスを中心に生産を伸ばし，吉原工場，富士松工場を開設していった。65年にはハードトップ車「コロナ」を日本で最初に生産するなど，乗用車のボデー部門に進出し，67年にはワンボックス車「ハイエース」の生産を開始する。1967年に生産累計100万台，79年には500万台，90年に1000万台と，70年代，80年代にワンボックス車市場を開拓しつつ，順調に生産台数を増やしてきた。

1990年にRV（レクリエーショナル・ビークル）の先駆けとして「エスティマ」の生産を開始するが，「競合各社がRV市場に新製品を投入し，競争はますます激しさを加えていった。このような状況下において，21世紀の強力な戦略工場とするため，三重県員弁町に工場用地を確保し新工場を建設した」（p.149），と『トヨタ車体50年史』では記されている。いなべ工場の建設理由については，さらに以下のような記述がある。

「既存の刈谷工場が古く，製品の多様化，品質の高度化への対応が難しくなり，度重なる能増によって，物流スペース，工程密度が高く，生産能力が限界となってきた。また，作業環境や労働条件の向上のために工場のリフレッシュや時短への対応が必要となった。これら諸々の必要性に対応するため平成2年1月に約80万㎡の土地を確保し，新工場を建設することとした」（p.149）。

しかしながら，いなべ工場の建設中にバブルが崩壊し，92年後半からRVの販売に陰りが見え始め，フル生産は先送りされ，計画の半分の年間5万台で93年に操業を開始することになった（「日本経済新聞」1993年2月25日）。その後，95年に投入されたミニバン「グランビア」の販売が好調となり，90年代後半は「ハイエース」とともに，年間10万台体制をとってきた。また2002年には，ミニバン「アルファード」の生産開始と，刈谷工場の主力生産ライン廃止に伴う「ハイエース」の移管により，生産能力の増強がなされ，いなべ工場の累計生産台数は2003年100万台，2008年200万台，2013年300万台を達成してきた[23)]。

ところで，いなべ工場は，21世紀の先端的工場づくりをめざし，「High Cost Performanceを基軸とした自然と人と技術の共生」を基本コンセプトとして建設された。県道の西側（A地区）に車両工場，完成車ヤード，東側（B地区）に部品工場，テストコースを配置し，車両工場内もプレス・ボデー工場，塗装・組立工場を，振動や騒音を考慮するとともに，工場内物流ラインの最短化をねらい，配置した。さらに，工場内のレイアウトも，人の作業ゾーンとロボットによる自動化ゾーン，固定設備ゾーンと非固定ゾーン，メインラインとサブラインなどを合理的に配置し，編成効率と可動率の向上が図られている。なお，専用のエンジン工場はなく，トヨタ自動車から供給されており，海外工場から調達されているものもある。なお，構内には，東海特装車，TABMEC，コベルク，トヨタ車体精工，豊臣機工，東海部品工業など，関連部品企業が誘致されており，物流コストの削減がなされている。

組立工場のラインは2つあり，1つが「ハイエース」，もう1つが「アルファード」と「ヴェルファイア」であるが，ロングセラーと最新車種と対照的な車種構成となっている。とりわけ，「ハイエース」の生産ラインはかなり長く，独特の特徴があるとされ，トヨタグループの中では，各務原市にある岐阜車体工業（2007年よりトヨタ車体の子会社）と当工場でしか生産できないとされている。

海外の生産拠点は5カ国8拠点，駐在員事務所は5カ国5拠点となっている。TAW（タイ）はハイエース，TAC（タイ）は特装車，TABM（マレーシア）はハイエースなどのボディパーツを生産しており，いなべ工場はこれらのマザー工場となっている。インドネシア，アメリカ，台湾については，富士松工場がマザー工場となっている。

このように，いなべ工場は，トヨタ車体の代表的な車種，戦略的車種の両方を生産する新鋭量産工場であり，海外工場を支援するマザー工場でもある。同業他社ともに，今後，国内生産台数の減少が予測される中で，どのように生産を維持するかが問われているが，ここでしか生産できない特徴的な生産ラインと生産性の高い新しい生産ラインをもつ当工場は，今後も重要な役割を果たしていくものと考えられる。

(25) 本田技研工業(株)鈴鹿製作所

生産現場での雇用の形態が多様化したために，正確な比較が難しくなっているが，三重県で従業員数が多い工場といえば，前述のキオクシアと本田技研工業の鈴鹿製作所となろう。『有価証券報告書』で鈴鹿製作所の従業者数の推移をみると，1960年代後半から70年代前半にかけて，2千人台から7千人台に急増した後，オイルショックで減少，80年代以降再び増加に転じ，1990年代初めには1万人を超え，ピークを迎える。そしてバブル崩壊後，減少傾向が続き，最近は6千人台となっている[24]（**図6-10**）。2000年代前半から従業員数が減少傾向にあったのは，生産体質を強化するため，2003年に生産ラインを3本から2本に減らしたことが影響している。

本田技研工業が鈴鹿市に立地を決めた経緯については，1959年7月にアロハシャツ姿の本田宗一郎が現地視察のため，鈴鹿市役所を訪れた際のエピソードが伝えられている。市長室で出した「冷えたお茶と熱いおしぼり」，現地で職員に旗をあげさせて区画の広さを実感してもらった説明など，何が決め手になったのかは定かではないが，当時の杉本龍造市長の計らいが効いたことは確かなようである。

鈴鹿製作所の敷地面積は89ha，1960年に二輪車「スーパーカブ」の量産工場として設立された。その後，67年には四輪工場が稼働し，69年には2本目，89年には3本目の生産ラインを加えて，「シビック」などの小型車の量産拠点として，生産台数を大きく伸ばしてきた。その一方で，88年には軽のエンジンを，91年には二輪車の生産を，それぞれ熊本製作所に移管し，小型車に特化するとともに，海外の工場を支援するマザー工場としての役割も果たしてきた。2000年代以降は，全社的なフレキシブル生産体制強化の動きに応じて，No.1ラインの溶接工場，塗装工場・組立工場の生産体質改革工事（2000年），生産ラインの3本から2本への変更（2003年）を実施しつつ，「フィット」や「インサイト」など人気車種の生産を担ってきた。

しかしながら，2008年のリーマンショック以降，国内自動車各社は，戦略の大幅な見直しを迫られることになる。2012年12月22日の「日本経済新聞」では，ホンダが16年度に600万台（12年度計画比5割増）の販売目標を打ち出したとし，「先進国と新興国でそれぞれ 300 万台を目指していく」，「原動力となるのは小型車『フィット』だ。……世界六つの地域でそれぞれつくり込む。仕様や部品の調達先，価格設定を少しずつ変え，各地域に最適なクルマに仕上げる」，「日本は輸出に頼らずに自立する」との伊東社長の話を報じている。こうした中で，鈴鹿製作所では，2011 年に軽自動車の生産が再開され，「N BOX」の大ヒットを受け，軽自動車の生産拠点として位置づけられるようになっている。2018 年には軽の商用車である「N VAN」の生産も開始した。

鈴鹿製作所での生産車種は 9 車種，N BOX 系を生産する No.1 ラインとフィット系，「CR-Z」を生産する No.2 ラインがあり，それぞれ日産約 1,000 台となっている。[25] 鈴鹿以外の自動車生産ラインは，埼玉製作所の寄居工場に 1 本，狭山工場に 1 本あり，この他栃木製作所にはパワートレイン，浜松にはトランスミッション製造部がある。狭山工場については，2021 年度までに四輪生産を寄居工場に移管し，部品の生産についても 2023 年度頃までに終了し，閉鎖される予定である（「日本経済新聞」2018 年 8 月 1 日）。なお，熊本製作所は，二輪車の国内唯一の拠点で，世界各地の二輪車生産拠点のマザー工場となっている。

ところで，本田技研工業の研究開発部門は，本田宗一郎の思想を反映して，

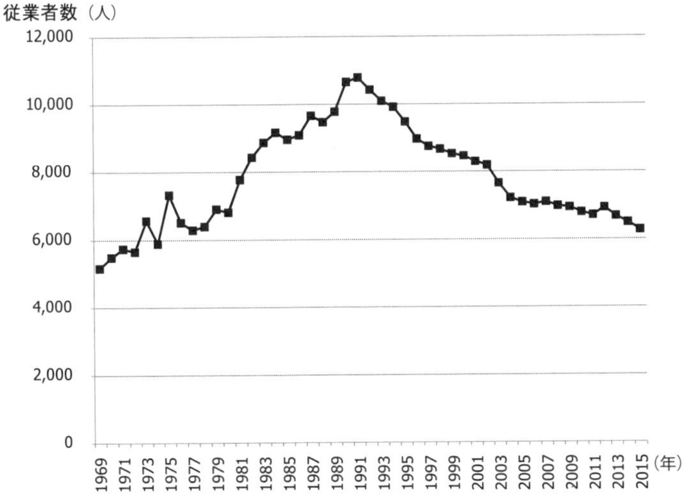

図 6-10　本田技研工業鈴鹿製作所における従業員数の変化

出所：『有価証券報告書』各年版より松原作成.

製造会社とは別会社の本田技術研究所で行われてきた。しかしながらこの間，開発部門が工場に併設される動きが出てきている。2011年の東日本大震災時に，栃木県の研究所が被害を受けた際，研究・開発要員が250人程度パソコンを持って鈴鹿に移動してきたことがきっかけとなった。この際に開発が従来と比べて早く進んだため，「鈴鹿モデル」として，埼玉などでも採用され始めている。2012年3月1日の「日経産業新聞」では，「グローバルに展開する商品は従来通り本田技術研究所が担うが，ローカルの商品は研究所に権限を集中させず，生産拠点が自ら考え，開発する。軽については鈴鹿製作所で開発から生産，調達までを自己完結できる体制にする」という松本執行役員の談話を紹介している。

鈴鹿では，2012年に鈴鹿分室として立ち上り，2013年には専用の開発棟も建設された。当初は120人程度であったが，2014年現在では約200人と増加傾向にある。こうした動きにあわせて，車体骨格部品メーカーの㈱ジーテクトやシート生産の㈱タチエスなど，関連メーカーも，ホンダの「軽」向けの開発要員を鈴鹿製作所に近い生産拠点で増員する動きが出てきている。

ところで，軽自動車の生産再開は，生産ラインの工程革新をも伴うものであった。2012年2月27日の「日経産業新聞」は，「軽から変わるホンダ」という見出しで，鈴鹿製作所での「N BOX」の生産ラインの工程革新の内容を詳しく紹介している。先に骨格を組み，外板を取りつける「インナーフレーム構造」，厚さの異なる鋼板を1つに成形する「テーラードブランク製法」，鋼板を加熱しながら加工して強度を高める「ホットスタンプ」といった3つの手法の導入で，車体を従来より10%軽量化，燃費に換算して2～3%改善したという。

取引先に関しては，三重県，愛知県を中心に，七日会という協力会［54社］が存在している。ただし，かつての系列は崩れつつあり，中国地方や九州などの旧マツダ系の会社との取引も増えている。また，これまで軽自動車の受託生産を行っていた八千代工業㈱の四日市工場は，2018年にホンダの完全子会社であるホンダオートボディー㈱となった。同社は，新たに樹脂タンクを他のメーカーに納めるなど，部品専業企業として再スタートを切った（「日経産業新聞」2018年4月10日）。

このように，鈴鹿製作所は軽自動車の生産拠点に大きく変わってきた。「日本独自規格の軽に詰め込んだ様々な仕掛けは，海外の工場や他の車種への展開が視野に入っている」という談話にもあるように，クルマづくりを革新する「工場マザー」としての役割が期待されている。ホンダの国内事業は，軽自動車の販売のゆくえにかかっており，鈴鹿製作所の役割はますます重要になっているといえよう。

(26) ジャパン マリンユナイテッド(株)津事業所

三重県の県庁所在都市である津市に，造船所があるということはあまり知られていない。ジャパン マリンユナイテッド（JMU）津事業所は，津市雲出鋼管町1番地3に立地している。「鋼管町」という地名は，広島県福山市にもあるが，これは京浜地区に本拠地を置く日本鋼管の地方工場にちなんだものである。福山の方は製鉄所だが，津には1969年に造船所が開設された。

『日本鋼管株式会社七十年史』では，津に立地した理由として，「船舶・重工両部門の工場に適するよう自由に地形を選択できたこと，土質が超大型造船所建設に適していたこと，周辺の海域が広く，航路・泊地の条件に恵まれていること，気象・地震の心配が少ないこと，波浪についての心配が少ないこと，後背地の環境条件・労働力に恵まれていること」が，列挙されている。前半の立地理由を活かして，当造船所では，建造ドックを，幅75m，長さ500m，深さ11.8m，両端と中間にゲートを有する世界初の両開き式ドック（canal dock，愛称キャナロック）とした。これにより，ボトルネック工程となるドック建造の回転を高めることで生産効率の向上が図られている。造船工場も，建造ドックに対し，直角に配置された「T型工場配置」で，ブロックの運搬・移動距離の短縮化がめざされ，製造ラインも，直線・連続的に配置され，部材の中間ストックを作らない（ノーアドバンス）方式となっていた。

ただし，後半の立地条件については，台風等による風の影響を受けやすいことや，東南海地震が近い将来に想定される等，必ずしも当初のもくろみ通りになっていない部分もある。また，中部圏では，造船業の協力業者が少なく，協力工労働力の確保に苦労しているとのことである。

日本の造船業では，1970年代のオイルショックによる構造不況，87年の第二次造船不況，90年代以降の韓国や中国との受注競争などにより，設備の削減，人員の整理，造船所統廃合が行われてきた。当造船所も，そうした何度もの危機を乗り越え，今日に至っている。50万トンの大型造船基地として1969年に生産を開始以降，順調に生産量を伸ばし，オイルショックによる不況期までに，25万〜36万重量トン船を40数隻建造してきた。その後の造船不況により，78年以降は人員整理に追い込まれ，大幅な減少を経験した。1980年代以降は，石油掘削リグなど，船以外の仕事を増やすとともに，LPGやLNG運搬専用船などの付加価値の高い船造りに取組むなど，その時々のマーケット状況に応じた船種を確保し危機を脱してきた。また1994年3月には，NKKの造船部門のスクラップ・アンド・ビルド策が打ち出され，横浜市の鶴見製作所は縮小の上存続，静岡県の清水製作所は，津製作所に集約されることになった。

その後も，大手造船企業では，脱造船化と合併の動きが続き，2002年10月にNKKと日立造船の造船事業が統合され，ユニバーサル造船が誕生，津事業所では，20万トン級のばら積み船や30万トン級の原油タンカーや鉱石専用船などが建造された。その後2008年3月に，旧NKKの流れをくむJFEホールディングスが，ユニバーサル造船を子会社化し，2013年1月にユニバーサル造船とIHI子会社のアイ・エイチ・アイマリンユナイテッド（IHIMU）が統合して，ジャパンマリンユナイテッドが誕生，現在に至っている。旧日立造船の熊本県の有明事業所では，超大型タンカーやばら積み船，旧IHIの呉事業所では大型コンテナ船，旧NKKの津事業所では，LNG輸送船や中大型ばら積み船をそれぞれ担当するという棲み分けが形成されている[26]。なお，JMUの2019年度の売上高は2361億円で，グループ別造船・海洋事業の売上高ランキングでは国内第2位，世界第7位である。

津事業所に併設された技術研究所には，船型試験水槽や氷海水槽などがある。ともに希少性の高い施設で，南極観測船「しらせ」の建造や環境負荷を考慮した次世代型船舶の開発などに貢献してきている。このうち船型試験水槽は，全長240m，全幅18m，水深8mの広さを誇り，パラフィンでつくった船舶模型を用いた船の形状などの試験を行っている。コンピュータによるシミュレーションにより，船の推進性能を推定する手法が行われるようになってきているが，より精度の高い性能検証を行うためには，試験による実証とデータの蓄積は不可欠なものであるとされる。

2015年時点の津事業所の総従業者数は約2,000人で，社員は1,000人弱（うち現業職は660人，設計150人，品質保証・管理70人），残りは関連会社・研修生と協力会の従業員から構成される。この他，研究所には60人が配属されている。団塊の世代の入れ替わりもあり，若い従業員が増加傾向にある。造船業は熟練が必要であり，技術をいかに継承していくかが課題となっている。また，購買によって調達しているものは船価に対して 60 ～ 70％であるが，地元からの調達は少ない。JMU 津協力会という関連協力会があり，近隣企業のみ 30 数社で構成されているが，人手不足で，従業員の確保が課題になっている。

合併の効果としては，大型プロジェクトへの対応が可能になったという点があげられる。以前は一つの事業所で手いっぱいになってしまっていたが，船種ごとに振り分けが可能になった。また，前述のように，造船所間の分業が基本だが，8 万トン（パナマックス）も生産するようになり，大型ばら積み船，大型油漕船，液化ガス運搬船（LNG 船）などで，高価格船を含めたプロダクトミックスが図られている。

ただし JMU は，国内の商船建造能力を約 2 割削減するため，京都府舞鶴市の舞鶴事業所での新船建造を 2021 年に撤退する方針を示した。商船の建造は，津事業所を含めた 3 拠点に集約される予定である（「日本経済新聞」2020 年 2 月 4 日）。

また，2020 年には国内造船売上首位の今治造船と JMU の資本業務提携が正式に発表され，環境対応の船舶の開発や営業力の強化で，巨大化する中国企業，韓国企業へ対抗していこうとしている（「日経産業新聞」2020 年 4 月 6 日）。

世界の造船業における競争がますます激しさを増す中で，国内造船業の生き残りをかけた再編が進められている。

(27) 味の素(株)東海事業所

四日市市の工業地区は，大きく臨海部と沿岸部，内陸部の 3 つに分けることができる。沿岸部の工場は，臨海部のコンビナート企業から原料を受けることを想定して立地したものが少なくない。赤白の煙突がそびえ立つ味の素東海事業所もその 1 つである。『味の素八十年史』（1990 年）では，竣工当時（1963 年）の東海工場と四日市コンビナート各社との関連が図示されている。敷地面積は 23 万 4 千㎡もあり，「計測，制御，遠隔操作などについて当時としては最先端の技術を導入し，配置面でも特別の配慮を払って，合成法のメリットであるオートメーション化を徹底し」（p.280），月産 300 トンの能力をもつ世界最初の合成法 MSG（グルタミン酸ナトリウム）工場となった。ただし，製法の変更によって，コンビナートとの近接性の意味は現在は薄れている。なお，東海事業所内には「味の素東海バード・サンクチュアリ」が設けられ，工場に取り残された天然の湖沼に，植栽や観察小屋を整備し，野鳥や昆虫の保護区としている。

味の素㈱の国内生産拠点は，川崎，東海，九州の各工場で，工場別の従業員数の変化をみると，創業の地である川崎工場の従業員数の減少が目立つ。これに対し，同じ敷地内にある中央研究所の従業員数がオイルショックで一度減少した後，再び増加傾向にある。地方生産拠点である東海工場と九州工場は，1980年代前半まではほぼ同じ規模であったが，80年代後半以降，東海工場の従業員数が増加し，両工場の差が開いてきている[27)]。

東海事業所では，1963年から「味の素」の生産を始め，64年にはイノシン酸の生産も開始した。74年以降は発酵法に製法を変更し，75年から「ほんだし」の生産をスタートした。81年には医薬品の有効成分となる原薬の生産を開始し，82年からはアミノ酸系甘味料「アステルパーム」を生産している。87年には製剤工場が完成，89年からは医薬用アミノ酸の生産も始めている。2000年代以降も，医薬汎用プラントや立体自動倉庫，四日市受注センターなどの設備投資がなされてきた。

ところで，東海事業所の特徴は，性格の異なる2つの製造部が「同居」している点にある。第1製造部は，甘味料や調味料など食品を担当，第2製造部は，原薬や製剤など，医薬品を担当している。さらに，バイオ・ファイン研究所に属する素材・用途開発研究所素材工業化研究室が置かれている点も，注目すべき点といえよう。味の素の研究開発の中心は川崎にあるが，工業化のためのプロセス，ノウハウに関する部分の研究開発は，工場で行う必要があるため，東海事業所が担っている。このように，同一敷地内に異なる事業部が立地し，しかも兼任をする人もいるために，東海事業所では，「労傾」という言葉で表現されるように，事業部がオーナーとなり，労働コストの傾斜配分，人件費が分割される仕組みが機能している。

また，東海事業所でうかがった話で，「もはやマザー工場ではない」という表現が印象に残っている。かつて東海事業所は，ブラジルとインドネシアで工場を立ち上げる際に，いろいろな指導を行った。しかしながら，両工場とも現地スタッフが育っており，既に自立しているという。これには，業種特性が影響していると考えられる。すなわち，食品工業の場合，製品が成熟化しているため，日本国内の工場が技術革新を不断に行い，海外工場にノウハウを波及させるようなことはほとんどなくなっていると考えられるのである。

2017年に味の素は，これまで東海事業所の包装業務をも担っていた味の素パッケージング㈱関西工場（大阪府高槻市）の機能を東海事業所に集約し，約150億円を投じて，ICTや自動化技術を導入した調味料等の製造・包装一貫工場を新設すると発表した（「味の素プレスリリース」2017年9月29日）。また，2018年には，環境負荷の低さから需要が高まっているアミノ酸洗浄剤の顆粒タイプの生産設備が増強されるなど，東海事業所への新たな投資が進められている（「日経産業新聞」2018年11月19日）。

甘味料の「アステルパーム」などの輸出中心の量産品において，中国などの新興国企業との競争が激化する中で，「ほんだし」などの国内向け製品の競争力をいかに強化するか，東海事業所の役割が重要になってきているといえよう。

(28) 太陽化学（株）本社工場

四日市市の内陸工業団地に，太陽化学㈱の本社工場が立地している。同社は，1946年に四日市市赤堀で太陽化学工業有限会社として創立，49年に食品用香料の製造を開始，52年には日本初の食品用乳化剤を開発，57年には食品用安定剤の製造販売を開始するなど，食品会社に素材を提供する会社としての地歩を築いてきた。また，58年には太陽フード㈱を設立し，日本で初めて鶏卵加工品の企業化を行ない，60年代，70年代にかけて，鶏卵の酵素処理，加工乳糖の製造，マイクロ波加工法による即席食品素材の製品化など，研究開発を重ね，82年には鶏卵の高度加工技術の開発により科学技術庁長官賞を受賞している。80年代以降も，緑茶抽出物「サンフェノン」や水溶性食物繊維「サンファイバー」などの開発・応用を進めるとともに，90年代以降はアメリカ，中国，インドなどに製造・販売拠点を設立するなど，グローバル展開を図ってきた。

同社の事業内容は，大きく3つに分けられる。第1はニュートリション事業で，カテキン，テアニン等の緑茶関連商品や水溶性食物繊維等の機能性食品素材，ビタミンやミネラル製剤などの製造・販売，第2はインターフェイスソリューション事業で，乳化剤，乳化安定剤，増粘安定剤などの製造・販売，第3がアグリフード事業で，鶏卵加工品，即席食品用素材，農産加工品などの製造・販売にあたる。これら3つの事業領域で2,000品目以上の製品を取り扱っている。ただし，食品の製造工程で中間財として投入されるものや，最終製品も国内の食品メーカー名で販売されるものが多い。したがって，新製品の開発については，取引先の国内食品メーカーと競合しないニッチな分野を指向していく必要があるとのことである。

太陽化学㈱南部工場は，四日市市中心部に近い末永工場が区画整理事業にかかったため，1990 年に移転したもので，約 12.8ha の敷地面積に本社棟と工場棟が建設されている。工場建屋および生産設備は，食品の安全性にかかわる危害要因を管理した HACCP プランに基づいて製造管理がなされている。多品種少量の製品群ごとに製造ラインが分かれており，マイクロ波を用いた先進的なラインも導入されている。

主な出荷先は，国内のよく知られている食品企業が多く，陸送が中心となっている。自動車産業のジャストインタイムと同様に短納期が求められことが多く，物流費が増加しているとのことである。一方で，原料は 7 割以上が輸入となっており，その多くは名古屋港，四日市港を利用している。円安による原料コスト増の影響が大きいほか，インドからのグァー豆のように，シェールガスの採掘の際に使用されるようになり，価格が高騰しているようなものもある。

太陽化学では，本社工場の他に，四日市市宝町に塩浜工場と研究所があり，研究開発のスタッフだけでも 100 人を数える。[28] 同社のウェブサイトには，国内・海外での受賞歴が数多くあげられているとともに，鶏卵の機能と利用，乳化剤といった同社の技術軌道の原点の紹介，健康食品や化粧品などへの取り組みなど，研究開発型企業を標榜する姿勢が示されている。また，東京本社のカスタマーセンターでは，課題を解決する提案型の技術営業が主に行われている。東京本社には美味しさを科学的に解析する「おいしさ科学館」が併設されており，食品製造・販売企業，外食産業など，食に関わる関係者との知識・情報交換の場となっている。

ところで，四日市の本社工場は，マザー工場としての機能も果たしている。海外工場は，中国の江蘇省無錫，河南省開封，インドのムンバイなどに展開してきたが，本社工場から現地へ駐在員が赴き，立ち上げを支援するとともに，現地人材の研修を本社工場で実施してきた。海外工場では，単一製品の専用ラインが中心であり，現地工場の自立化が進んできているとのことである。

人口減少が進む日本国内では市場の拡大は望めないため，グローバル化の推進は必須となるが，新たな課題として，グローバルな観点からの食品の安全性の確保が求められてきている。太陽化学では独自に，製品の仕様，技術情報，原料情報を一元管理するシステムを構築しているが，こうしたデータベースの構築とともに，原料まで含めた品質・安全性の確保が重要となっている。同社では，原料調達を商社経由から直接取引に切り替えていくとともに，契約茶園および加工工場での検査，フルーツ原料産地への自社のスーパーバイザーの派遣などを実施している。

こうした食品産業のグローバルなサプライチェーンの安全性の確保に関しては，世界の食品関係企業により，GFSI（グローバル・フード・セーフティ・イニシアチブ）が2000年に設立され，食品安全管理標準規格であるGFSI認証制度が設けられている。上述のように，国内工場では多品種少量の製品群ごとに製造ラインが分かれており，海外の子会社では単一製品を専用のラインで製造するというように，国内外で生産システムが異なっている。こうした違いを反映して，同社では，GFSI認定の食品安全規格の中でマネンジメントシステムとして，国内ではSQF（Safe Quality Food）を，海外工場ではFSSC22000（Food Safety Systems Scheme）を認証取得している。国内工場では2012年に初めてSQFレベル2の認証を取得し，2015年には南部工場，塩浜工場の中の5部門で認証取得している。また，海外の無錫やムンバイの工場では2013年度にFSSC22000の認証を取得している。

このように，グローバルサプライチェーンの安全性の確保も含めて，マザー工場としての四日市本社工場の役割はますます重要になっているのである。

(29)(株)井村屋　高茶屋本社工場

井村屋は，1896年に三重県松阪市で初代の井村和蔵がようかんの製造を始め，1947年に二代目の井村二郎が株式会社として設立した企業である。井村屋の高茶屋本社工場は，第二次世界大戦中に建設された海軍工廠の一つである津海軍工廠の跡地に立地し，戦後の1948年に操業を開始した。

操業開始当初は，乾パンなどのビスケットを生産しており，1949年以降はキャラメルの生産も開始したが，和菓子の生産は行っていなかった。創業時の商品であるようかんの生産が再開されたのは，1951年のことであった。これ以降，1960年代にはカステラ，ゆであずき，肉まん・あんまん，氷みつ（シロップ）

が，1963年から本格的にアイスクリーム事業に参入し，1973年には「あずきバー」などのアイスの生産が始められ，調味料などを除く同社の主要製品のほぼ全てを生産する工場として成長してきた。

上記の主要製品は，国内の各市場の中でトップシェアを占めており，高い市場競争力を持っている。なかでも，「あずきバー」は，長年のヒット商品となっており，和菓子を好む高齢者層を中心とした人気が根強く，2018年度には年間約2億7500万本と過去最高の売上本数を記録した。また，コンビニなどで販売される肉まん・あんまんについても，発売から50年以上が経過したロングセラー商品である。「あずきバー」をはじめとする冷菓事業は，2019年度における同社の売り上げの27.3%を占めているほか，肉まん・あんまんを中心とした点心・デリ事業の売り上げも，23.0%に上っている。

2016年現在，高茶屋本社工場では，和菓子，アイス，肉まん・あんまん，カステラ，豆腐などが生産されている。ようかんに関しては，2013年に同社の創業の地である松阪市に松阪NEWようかん工場を新設し生産機能を移管した。また，愛知県の豊橋市に立地しているグループ会社の日本フード㈱でも，アイスなどの生産が行われている。

1996年から稼働している肉まん・あんまんの生産工場では，最盛期になると一日に約90万個が生産される。工場の2階で生地を練って切断し，1階で成型が行われる。成型工程では，包あん機が生地で具材を包むが，完全な自動化は難しく，一つのラインに7～8名が配置されている[29]。肉まん・あんまんは主に冬に売れる季節商品であることから，6月頃からはアイスや水ようかんなど，夏に売れる商品の工場に人員の配置換えが行われる。

敷地内に研究開発を行う建屋はないが，地元の三重大学や，近畿大学などとあずきの機能性に関する共同研究に長年取り組むなど，製菓や食品における機能性の向上にも尽力している。実際に，災害時の備蓄用で賞味期限が5年と長い「えいようかん」や，高齢者向けの高カロリー豆腐など，新たな製品の開発に至っている。また，「あずきバー」や肉まん・あんまんなどの定番製品についても，より上質な素材を使用し，手間を惜しまない製法を用いて付加価値を高めたゴールド製品の開発に力を入れている。さらに同社は，中国やアメリカを中心とした海外事業展開も進めているが，そうした海外工場で働く従業員の研修も本社工場が担っており，マザー工場としての機能も有している。

同工場では新規投資も積極的に進められており，2015年には木質チップを使用して蒸気を作り出すボイラが稼働した。さらに，44年ぶりとなる冷凍倉庫の建て替えも行い，保管能力が従来の倉庫の約3倍となる，地上30mの大型冷凍倉庫「アイアイタワー」が2016年に稼働した。2017年には「点心・デリ工場」が稼働し，肉まんなどの生産能力を増強している。同年には本社工場に隣接した土地と工場建屋を取得し，2018年にはAZUKI・FACTORYとして改装して稼働させるなど，あずき関連製品の生産能力も高めてきている（井村屋グループ㈱2019年度『有価証券報告書』）。

同社は，原点である和菓子やあずきといった創業時からの事業を改めて重視する「菓子ルネッサンス」という方針を掲げつつ，菓子以外の製品についても，新たな価値を付加する方向をめざしているのである。

(30) 倉敷紡績(株)三重工場

津市を流れる志登茂川の河口，その左岸に小さな船溜まり場の跡がある。ここで，オーストラリアから四日市港に運ばれてきた羊毛が搬入され，毛糸が生産されていたという。工場の名は倉敷紡績津工場といい，今回訪問したクラボウ三重工場はその跡地に立地している。

倉敷紡績は，岡山県倉敷市の美観地区にある大原美術館で知られる大原家の孝四郎が，初代社長となり，1888（明治21）年に倉敷紡績所を設立して以来，日本を代表する繊維企業として発展をしてきた。津工場は，倉敷紡績が1935年に設立した倉敷毛織の紡毛事業から出発し，38年には梳毛事業を加え，全国的にも珍しい羊毛工業一貫体制の工場であった。津工場の立地理由としては，「水量に恵まれ，原料の受入港である四日市に近く，また機屋，整理業者も付近に多いということ」（『倉敷紡績百年史』p.186），そして当時の掘川市長以下，津市の熱心な誘致支援があったとされる。

最盛期（第二次大戦後初期）から1960年代前半の間は，約2,000人が勤務，オイルショックにより従業員数は半減したとされるが，津工場の羊毛生産は，1980年代前半まで活況を呈していた。1980年代といえば，繊維工業が構造不況で苦しんでいた時期ではあったが，当工場は例外的で，「倉紡津工場，織布工場大幅増設－高収益へ一貫体制強化，ファッションに機動的対応」という見出しで新聞記事が書かれていた（「日本経済新聞」1984年3月30日）。

しかし，その後の羊毛価格の高騰や中国からの安価な製品の流入などにより，羊毛事業は営業赤字が続き，とうとう2009年9月末に津工場は閉鎖されることになった。閉鎖時の従業員数は，130人にまで減少していたという。

その後，倉敷紡績では，津工場跡地約17.2haの活用策を検討した結果，約4.5haについては，新事業を展開，残りの用地については，太陽光発電施設（メガソーラー）として活用することになった。倉敷紡績では，1962年に非繊維事業としてポリウレタンフォーム事業へ進出以降，繊維事業から化成品，エレクトロニクス，バイオメディカルなどに事業を多角化してきている。なかでも，化成品事業部のフィルム部門は，2010年頃からの太陽光パネルなどの普及により，市場規模が拡大してきている。にもかかわらず，大阪府の寝屋川工場，愛知県の安城工場とも増設の余地はなく，2012年に機能性フィルムの生産拠点として三重工場が設立されることになったのである。

化成品事業部の工場は，大阪府の寝屋川工場（硬質ウレタンフォーム，合成木材，精密製品），静岡県の裾野工場（軟質ウレタンフォーム，フレームラミネート加工），群馬工場（セラミックス外装化粧材），岡山県の鴨方工場（軟質ウレタンフォーム，フレームラミネート加工），三重工場（機能性フィルム）といった製品別の分業体制になっている。なお，フィルムに関しては，関連会社のシーダム㈱も生産している。同社は以前ダイセル化学系列の会社であったが，2007年にクラボウが買収，傘下に入っている。

三重工場は，3つの工場からなり，第1工場では太陽光パネル関連のエラストマー多層フィルム，第2工場では自動車関連のホットメルトフィルム・ラミネートフィルム，第3工場では新たに開発されたスーパーエンプラフィルムの生産が行われている。スーパーエンプラフィルムの研究開発は，寝屋川の技術研究所で始められ，安城でテストラインが立ち上がり，量産化のめどが立ち，三重工場に導入されたものである。同フィルムは電子部品や半導体関連部材で用いられることが多く，これにより汎用樹脂からスーパーエンプラまでの各種樹脂に対応した製膜技術を有することとなった。

三重工場の2020年3月末時点の従業員数は46名で，製品開発に関わる若い従業員が多く，開発機能を備えた生産拠点といえる。強みとして，原料メーカーではないため，使用する原料の制限がなく，製品開発の自由度や柔軟性が高い点があげられる。マスマーケットについては，原料系のメーカーが占めているため，車の天井フィルムなどのように，加工のフィルムメーカーとしてニッチな部分を開拓していきたいとしている。

関連のある海外生産拠点としては，タイおよびメキシコにおいて協力工場があり，フィルムの処方，製法を指導しており，三重工場は量産工場であるとともに，技術開発機能もあり，マザー工場としての機能をも果たしている。なかでも，開発機能は重要であり，顧客の訪問が頻繁で，開発案件を多く抱えているという。今後はそれらの絞り込みが必要であるとともに，人的な増強も考えられる。設備は新しく，敷地の拡張余地もあるので，社内では化成品事業のトップ工場になることが期待されている。

(31) 北越コーポレーション(株)(旧北越紀州製紙(株)) 紀州工場

2014年に尾鷲市まで延伸した紀勢自動車道から国道42号線を南下，熊野灘に面し細長く続く白砂青松の七里御浜を抜けた先に，北越コーポレーション紀州工場が見えてくる。同工場の立地する旧鵜殿村（現紀宝町）は，三重県最南端に位置し，熊野川を隔てた南側は和歌山県新宮市と隣接している。

北越コーポレーションは，2009年に北越製紙が紀州製紙を完全子会社にするとともに商号変更した後，2011年に紀州製紙を吸収合併し，2018年に北越紀州製紙から商号変更した国内第5位の製紙会社である。紀州工場は，旧紀州製紙の創業拠点であり，同社の主力拠点として操業を続けてきた。旧紀州製紙は，林業・製材業を主な産業としていた紀南の有力な林業家が，同地域の新たな産業として，建築用不適格材を原料にしたパルプの生産が適していると判断したことにより，1950年に設立された。工場の候補地として，新宮市も検討されたが，旧鵜殿村が工場誘致にきわめて熱心であったことから，1951年に現在の場所で操業を開始した。紀州工場は，かつて杉・檜といった「熊野材」の集散地であった熊野川の河口左岸に位置し，威厳のある独特な工場景観を形成している（**写真5**）。鵜殿港に隣接する同工場の敷地面積は，330,000㎡と広く，旧鵜殿村の面積の約1割を占めるなど，地域経済を支える工場である。

同工場の代表的な製品は，「紀州の色上質」として知られる高品質の色上質紙である。33の色，特薄口から超厚口までの7段階の厚さというバリエーションがあり，本の見返し・帯，チラシや包装紙などに用いられる。パルプから紙までの一貫生産工程により，また長年培ってきた色調整の技術蓄積により，生産性が高く高品質な製品づくりが強みとなっている。色上質紙を生産するメーカーは国内には3社しかない〔北越紀州製紙は3分の2のシェアを占めていた〕。

工場内では，紙の原料となる木材チップをパルプにし，洋紙を生産する一貫体制が築かれている。創業の経緯からもわかるように，当初は国産木材チップの使用割合が高かったが，1990年代以降減少し，現在は海外からの輸入チップがほとんどである。特に近年では，平地への植林によって林業の効率化の進むチリからの輸入が圧倒的に多くなっている。また，再生紙となる古紙パルプも生産しており，中部や関西地域から古紙を回収している。同工場で使用するパルプは，9割以上が工場内生産されており，こうした一貫生産によってコスト競争力を保っている。

木材チップは，連続式蒸解窯の中で蒸煮されてパルプとなり，漂白して抄紙工程へ送られる。チップを蒸煮した際に発生する黒液は，回収されてバイオマス燃料として利用され，工場で消費する全エネルギーの約6割をまかなってきた。さらに，2008年には次世代型バイオマスボイラが稼働し，CO_2 発生量と石油燃料の使用量が大幅に減少した。

製紙の工程で必要となる水については，以前は熊野川の下流から取水していたものの，ダムの建設により塩分濃度が上昇したため，徐々に上流から取水するようになっている。

写真5　北越紀州製紙紀州工場（2016年当時）

出所：　北越紀州製紙(株)提供.

情報コミュニケーション手段の変化，ペーパーレス化の進展等により，紙需要が減少し，紙の生産量は減少傾向にある[30]。

こうした生産量の変化や，機械化による省力化が進んだことに伴い，1990年代の最盛期には900名を数えた従業員は，

2020 年 3 月末時点で 302 名にまで減少ししている［関係会社を含めても 570 名程度］。特に，センサーの高性能化によって，色合わせの職人や指先の感触で品質の善し悪しを判断する職人など，検品作業に必要となる人員数が大幅に減少したことが大きな要因となっている。かつては仕上げを中心に女性が 200 人いたこともあったが，男性中心の 3 交替勤務となっている。研究開発機能については，旧北越製紙の長岡工場の隣に研究所があるため，紀州工場には品質管理や検査を行う人員が 10 名弱配置されているのみで，生産機能が中心になっている。

製紙業は装置産業であるため，機械の稼働率を可能な限り上げる必要がある。そのため，「紀州の色上質」のような色のついた紙の生産においては，まず薄い色から作り始め，完全に機械を止めて色を切り替えるのではなく，徐々に濃い色にしていき，最も濃い色まで到達した後，機械を清掃してまた薄い色から作り始める。こうした連続的な生産方式では，途中で中途半端な色の紙ができてしまうが，こうした紙は，再度製紙原料として使用される。

北越コーポレーションで最大規模の工場は，旧北越製紙の新潟工場で，年間 100 万トンを超える生産能力を有し，北米や中国への輸出拠点としても位置づけられている。これに対し，紀州工場は中規模ではあるものの，色上質紙など国内で圧倒的なシェアを誇る製品を生産している。新宮港の近くに倉庫を設け，海上輸送を強化するなど，物流コストをおさえつつ多様な需要に対応することも求められており，立地特性をどのように活かすかは同工場にとって永遠の課題となっている。

3. 三重県における中核工場の特徴

以上，三重県工業の特徴を概観するとともに，31 の県内中核工場について，「工場カルテ」の解説を行ってきた。それぞれ，石油精製，石油化学，窯業・土石，非鉄金属，一般機械，電気機械，輸送用機械，繊維，食品，製紙と業種は多様であったが，多くの工場が単純な生産拠点にとどまらず，海外の工場を支援するマザー工場であったり，開発機能を有する拠点に変わってきていたり，進化と呼べるような変わり方をしてきていた。そうした変化は，東京や大阪にある本社の意思決定の結果ではあるけれども，少なくない工場が三重県の新たな政策の下での補助金を受けていた。政策が既存工場の進化を促す方向を強化し，それに対応して工場の機能も進化してきたといえるのである。

また，各工場において，IoT や AI を活用したセンサーやカメラの設置によるデータの収集，作業工程の可視化や効率化，研究開発などを行う動きが顕著になってきている。三重県では，2018 年に改定した「みえ産業振興戦略」の「みえ産業振興ビジョン」において，取組方向の 1 番目に，「ものづくり産業の第 4 次産業革命への適応」が掲げられ，ものづくり産業のスマート化を促進するために，県の立地補助金に「スマート補助金」を新設するなどの施策が打ち出されてきている。

こうした三重県での取り組みをはじめとして，産業立地政策も現在大きく変わろうとしている。この点については，次章で詳しくみていくことにしたい。

注

1）工場の従業員数については，『有価証券報告書』により最新の数字を示したが，訪問時にうかがった数字は，非正規の従業員も含めて，実際の工場の規模を示そうとしたために，かなりの乖離がみられることもある。

2）三菱ケミカルウェブサイトによる（https://www.m-chemical.co.jp/rd/rd-location/yokkaichi.html）。鎌倉（2018）では，特許分析により，旧財閥系総合化学企業の研究開発拠点の特性や拠点間の関係性を検討しているが，「横浜が核となる一方で，合併前の中心的な拠点であった四日市も，企業を中心としたパートナーとの独自のネットワークを，依然として築いていることがわかる」としている（p.109）。

3）2015 年 8 月 4 日の「日経産業新聞」によると，四日市事業所と南陽事業所に約 39 億円を投じ，歯科材料などに使う高機能セラミック「ジルコニア」の生産能力を 3 割引き上げると発表した。従来の産業向けに加え，歯科材料や高級腕時計など宝飾品向けの需要が増えていることに対応するとのことである。

4）新研究棟の隣接地では，医療機器の開発業者とともに材料の開発を行うカスタマーラボ棟が整備された。（「東ソーニュースリリース」2016 年 10 月 11 日，「日経産業新聞」2019 年 12 月 17 日）。

5）「JSR 会社概況 2019」によると，四日市研究センター内の研究所は，エッジコンピューティング研究所が加わり，5 研究所になっている。また，横浜の新研究所では，ライフサイエンス研究や同社が近年IBMなどと連携しながら力を入れているインフォマティクス技術に関する研究を実施する予定であるという（「JSRニュース」2019年11月11日）。鎌倉（2018）では，JSRの海外研究開発拠点への訪問調査を踏まえて，アメリカとベルギーにおける半導体素材事業，韓国と台湾におけるディスプレイ事業，両者の違いに着目しながら，国内と海外との研究開発機能の分業について論じている。新たな研究開発拠点の登場により，どのような変化が生じるかが，今後の検討課題といえる。

6）サランラップの紙箱を生産する協力企業である山下印刷紙器㈱は，2019年に敷地内に鈴鹿工場を新設するなど，生産体制の効率化が進められている（以下の山下印刷紙器ウェブサイトによる http://www.yamashita-pac.com/company/profile.html）。

7）大日本住友製薬ウェブサイトによる（https://www.dspharma.co.jp/profile/office/）。

8）2012年にがん領域のバイオベンチャー企業ボストン・バイオメディカル・インクを買収，2013年にはアメリカマサチューセッツ州ケンブリッジに，新たながん研究開発拠点を設置し，画期的な抗がん剤を2017年度に上市することが予定されていた。しかしながら，開発中の抗がん剤の治験が思うように進んでおらず，新たな創薬ベンチャー企業との提携などによる模索が続いている（「日本経済新聞」2019年9月7日）。

9）経済産業省は，2015年に国内大手のAGC，日本板硝子，セントラル硝子の3社に設備の統廃合を求める報告書を発表し，2019年にはAGCとセントラル硝子が事業統合を決めた。松阪工場の型板ガラス用の窯は2021年に大規模な更新を予定しているが，統廃合を含め，今後の生産体制については両社間で検討が進められている（「日本経済新聞」2019年12月27日）。

10）三菱スペースジェットは先行きが不透明な状況にあるだけでなく，新型コロナウイルスの感染拡大による航空機需要の大幅な落ち込みの影響を考慮すると，新たな需要先の検討も必要になってくるだろう。また大安製造所では，他のアルミ製品・銅製品を生産する同社の拠点とともに，2016年から17年にかけて製品の検査データを改ざんしていたことが発覚した。こうした不正の再発を防止するため，検査データを自動で取り込み，編集ができないようにするシステムの導入を進めているという（「日本経済新聞」2017年11月15日）。

11）三重事業所の敷地面積は約15haで，市道を挟んで東側と西側に区画が分かれているが，地下道でつながっている。東側に裸線工場やエナメル線工場などがあり，西側に被覆線工場がある。工場内は古い設備が多いが，2010年代前半にイタリアのSAMP社の7本の銅線を一つに撚ることが可能な巻線設備を導入するなど，新たな設備投資も行われている。

12）2017年には，NTN能登製作所内に軸受の熱処理工場が新設され，能登地域でも一貫生産体制が整った（「日経産業新聞」2017年7月10日）。

13）DMG森精機という社名は，森精機製作所時代の2009年に資本業務提携を結んだドイツの工作機械メーカーDMGと2013年に社名統一を実施して誕生した。両社は2016年に完全な経営統合を行っている。この統合によって変化した点として，欧州での事業展開，5軸加工機ラインアップの強化，デザイン性の向上が指摘されている。

14）2022年にはJR奈良駅近くに奈良商品開発センタが設けられ，こうした要素技術や先進技術の開発は同センタに集約されることが予定されている（「日本経済新聞」2020年6月11日）。

15）富士電機パワエレ機器事業本部が2015年5月29日に発表した「パワエレ機器事業事業戦略」によると，「鈴鹿工場のパワエレコンポーネントグローバルマザー工場化」が重点施策としてあげられ，回転機の国内生産拡大，「パワエレテクニカルセンター」の設立による開発体制の集約が実施されている。

16）2016年には，タイの工場で飲料や食品，日用品を販売する自販機の生産を開始したほか（「日本経済新聞」2016年11月27日），2017年には，自販機事業から撤退したクボタのインドネシア工場を取得し，インドネシアとマレーシアで事業を拡大している（「日本経済新聞」2017年9月13日）。これに対し，国内市場は成熟化しており，2020年には，国内3位に位置していたパナソニックが自販機事業から撤退するとしている（「日本経済新聞」2020年2月28日）。

17）無錫夏普電子元器件有限公司ウェブサイトによる（http://www.sharp-wsec.com/companyinfo.htm）。

18）鴻海の傘下に入ったシャープは，冷蔵庫の生産を大阪府の八尾工場からタイに移管するなど，国内工場の再編を進めてきている。2018年には，亀山とともに液晶テレビの生産を行ってきた栃木県矢板市の工場を閉鎖し，亀山に集約することになった。亀山工場では，2017年よりアップル向けのスマホ用センサー部品やカメラ部品の生産を開始し，多くの外国人期間労働者を雇用していたが，

2018年にセンサー部品の生産が中国の鴻海グループ拠点に移管され，大量の雇い止めも問題となった（「日本経済新聞」2018年12月4日）。

19）キオクシアウェブサイトによる（https://about.kioxia.com/ja-jp/rd/organization.html）。

20）2007年に現地の大手企業を買収したことにより，パナソニックが配線器具において最大手となっているインドでは，買収先の工場における生産改革を津工場の人員が行った（「日本経済新聞」2020年6月4日）。

21）世界32カ国に101の海外関連会社があり，その内訳はアメリカ11社，ヨーロッパ・アフリカ32社，アジア・オセアニア58社となっている。組立に携わるオペレーターは，全世界で約17万人を数える。2014年度の生産実績をみると，ASEANが34%，中国が29%，米州が16%，欧州が11%，アフリカが8%で，日本は2%にとどまっていた。

22）従業員数は2020年3月末時点で4,666人で，各製造部には生産技術者が配置され，工程やラインの設計を行っている。また工機にも設計部隊が相当数おり，DPTC（㈱デンソーパワートレインテクノロジーズ）においても，パワートレイン制御開発のテストが行われている。

23）いなべ工場の生産能力は年間20万6千台で，日当たりの生産計画は，「ハイエース」と「レジアスエース」で432台，「アルファード」と「ヴェルファイア」で513台である。「アルファード」の輸出比率は10%程度なのに対し，「ハイエース」は55%と高くなっている。従業員数は3,200人（2015年8月現在），うち期間工が約80人，協力会社からの派遣が約800人であるが，生産ラインの従事者が大半で，研究開発機能は，本社富士松工場内の開発センター，生産技術センター，豊田市の寿新規開発センターが担っている。

24）2014年12月1日時点の従業員数は6,700人，これは正規雇用のみの数字で，有期雇用者は約1,200人，全体で8,000人弱である。『有価証券報告書』では，2020年3月末時点で6,180人となっている。

25）2012年に国内向けの生産が急増し，概ね50万台ほどの生産台数で推移してきた。その一方で，「シビック」，「フィット」などで行っていた輸出はほとんど行われていない。

26）津事業所では，2014年に受注した4隻のLNG船の連続建造を行っているが，20年超ぶりのLNG船建造であったことや，防熱工事などのトラブルのために引き渡しが大幅に遅れ，多額の損失が生じた。2018 年に 1 番船が引き渡されたが，タンクを製造していた IHI は同事業からの撤退を決め，JMU も同型の LNG 船の建造は受注分で最後になる見通しであるという（「日経産業新聞」2018 年 10 月 18 日）。

27）東海事業所の従業員数は，2014 年 1 月 1 日時点で 474 人であり，基幹職が 48 人，一般職が 298 人ここまでが正社員で，嘱託・派遣・パートは 128 人であった。この他，構内では，メンテナンスや物流関係のグループ企業が立地しており，エリア人数としては 761 人を数える。ただし，以前は 1,000 人を超えていた時期もあり，人員規模は縮小してきている。2020 年 3 月末時点の『有価証券報告書』では，254 人となっている。

28）2014 年 8 月の調査時点で，本社工場の従業員数は，常用雇用が 265 人，パートが 73 人，男女比は 7:3，平均年齢は 45 歳となっていた。

29）高茶屋本社工場の従業員数は 2016 年 2 月の調査時点では 548 名で，毎年高卒者で約 20 名，学卒者で約 20 名を採用していた。特に高卒者については，主に県内の高校から採用しており，地域の雇用創出に大きく貢献している。従業員の構成としては，24 時間稼働で夜間は男性が多いこともあり，男性の割合が約 65％と多くなっていた。研究開発要員数は 57 名と従業員数の 1 割以上を占めており，生産技術に携わる人員を合わせると，約 80 名となり，以前より増加してきていた。

30）1990 年代頃に年間約 30 万トン以上の生産量を誇っていたが，2016 年 2 月時点では抄紙機も 6 台から 4 台に減らし，年間 25 万トン程度となっていた。生産される紙の種類の構成比は，PPC 用紙などの上質紙が約半分を占め，色上質紙が 25％，包装紙が 15％，特殊塗工紙が 10％程度となっていた。

第Ⅲ部

政策編

第7章
今後の産業立地政策と工場

1. 日本における産業立地政策の転換

(1) 産業立地政策の変遷

わが国における産業立地政策の変遷を回顧すると，いくつかの転機を見いだすことができる[1]（**表7-1**）。1950年代後半以降の戦後高度成長期においては，既存の工業地帯における過密問題への対応が重要な政策課題とされた。1959年には「首都圏の既成市街地における工業等の制限に関する法律」，1964年には「近畿圏の既成都市区域における工場等の制限に関する法律」が制定され，制限区域内の一定面積以上の工場（首都圏では500㎡以上，近畿圏では1,000㎡以上）および大学等の新設・増設が制限された。1960年には太平洋ベルト地帯構想が打ち出され，鉄鋼や石油化学といった重化学工業の臨海コンビナートへの立地促進のために，新産業都市や工業整備特別地域に代表される拠点開発方式による工業拠点整備が進められた。

1970年代に入ると，工場の地方分散がより明確に打ち出されるようになる。1972年に工業再配置促進法が制定され，大都市およびその周辺の工業集積地域を「移転促進地域」，工業の集積の程度が低く，人口増加率の低い地域を「誘導地域」とし，「移転促進地域」から「誘導地域」への工場移転が促進された。

オイルショック後の1980年代以降は，技術立国路線に基づき，テクノポリスセンターやリサーチパーク，ソフトパーク，オフィスアルカディアなどの産業基盤整備がなされ，ハイテク工業，ソフトウェア，オフィス機能といった産業・機能の地方分散政策が採られてきた。とりわけ，1983年に施行された「高度技術工業集積地域開発促進法（テクノポリス法）」は，ハイテク工業の誘致をめざす地方自治体の活発な動きにより，全国で26もの地域が指定された。テク

表 7-1　産業立地政策の変遷

産業立地政策	年	国土政策等
	1950	国土総合開発法
工業等制限法（2002年に廃止）	1959	
	1960	太平洋ベルト地帯構想
新産業都市建設促進法（2001年に廃止）	1962	全国総合開発計画
工業整備特別地域整備促進法（2001年に廃止）	1964	
	1969	新全国総合開発計画
工業再配置促進法（2006年に廃止）	1972	
工場立地法	1973	
	1977	第三次全国総合開発計画
高度技術工業集積地域開発促進法（テクノポリス法） （1998年に新事業創出促進法に統合）	1983	
	1987	第四次全国総合開発計画
地域産業の高度化に寄与する特定事業の集積の 促進に関する法律（頭脳立地法） （1998年に新事業創出促進法に統合）	1988	多極分散型国土形成促進法
地方拠点都市地域の整備及び産業業務施設の 再配置の促進に関する法律（地方拠点都市法）	1992	
特定産業集積の活性化に関する臨時措置法 （地域産業集積活性化法）（2007年に廃止）	1997	
新事業創出促進法 （2005年に中小企業新事業活動促進法に変更）	1998	21世紀の国土のグランドデザイン
産業クラスター計画（2010年度より国の予算なし）	2001	
知的クラスター創成事業（2011年度で廃止）	2002	
中小企業新事業活動促進法	2005	国土形成計画法
企業立地の促進等による地域における産業集積の 形成及び活性化に関する法律（企業立地促進法）	2007	
地域経済牽引事業の促進による地域の成長発展 の基盤強化に関する法律（地域未来投資促進法）	2017	

出所：　各種資料より松原作成

ノポリス地域へのハイテク工業の立地は，十分に進まなかった地域が少なくないが，大学や試験研究機関などの集積が，1990 年代後半以降の地域イノベーション施策に受け継がれていくケースもみられた（松原宏，2017）。

その後，1985 年の円高以降の海外立地の本格化と 1990 年代以降のバブル崩壊後の不況の下で，工業の地方分散は減退し，産業の空洞化が問題になった。1997 年に策定された「特定産業集積の活性化に関する臨時措置法」（以下では「地域産業集積活性化法」と呼ぶ）では，産業空洞化の影響を受けている「基盤的技術産業集積（A 集積）」と「特定中小企業集積（B 集積）」を指定し，技術の高度化や新分野への進出を支援することにより，地域産業集積の活性化を促進しようとした。とりわけA集積では，金型製造や鋳鍛造などの基盤的技術の高度化事業が重視され，既存の産業集積地域25地域が指定されたが，その中には広域京浜地域や大阪府中央地域など大都市圏内の集積地域も含まれ，これまでの地方重視の政策転換の兆しがみられるようになった。

21世紀に入り，グローバル化，人口減少，財政危機といった経済社会の変化の下で，産業立地政策は転期を迎えている。2001年には新産業都市建設促進法および工業整備特別地域整備法が，2002年には工業等制限法が廃止され，2005年には中小企業新事業活動促進法にかつてのテクノポリス法や頭脳立地法を含んだ新事業創出促進法が統合され，2006年には工業再配置促進法が廃止になった。これまでの工業等諸機能の地方分散政策から，地域経済の自立と国際競争力のある新産業の創造，産業集積を柱にした政策に重点が移されるようになったのである。

(2) 産業集積政策から地域未来投資促進法へ

表7-2は，この間の主な産業集積政策を比較したものである。「地域産業集積活性化法」が，基盤的技術産業集積や地場産業集積の空洞化防止を，「産業クラスター計画」が，産学官連携による新たな産業集積の創出を，それぞれ目的としていたのに対し，「企業立地促進法」は，企業誘致による既存産業集積の高度化を主たるねらいとしていた。

また，「地域産業集積活性化法」と「企業立地促進法」が，県や複数市町村を計画区域としていたのに対し，「産業クラスター計画」では地方ブロック圏域へと広域化した点にも留意する必要がある[2)]。

施策内容等をみると，前述の「地域産業集積活性化法」では，公設試験研究機関や賃貸工場などの整備が進められた。しかしながら，産業集積地域といっても類型によって集積と企業との関係，集積内・外の企業間関係は異なっており，一律の支援策を講じることの限界が認識されるにいたり[3)]，10年の時限がきたこともあり，2007年に「企業立地促進法」に代わることになった。

「企業立地促進法」では，地域の強みと特性を踏まえた個性ある地域の産業集積の形成，活性化がめざされたということもあり，国が地域指定を行うトップダウンではなく，地方公共団体が集積区域と集積業種，成果目標などを定め

表 7-2　産業集積政策の比較

	地域産業集積活性化法	産業クラスター計画	企業立地促進法
期間	1997年～2007年	2001年～*	2007年～2017年
「目的」**	中小企業支援による既存 産業集積の空洞化防止	産学官連携による新たな 産業集積の創出	企業誘致による既存 産業集積の高度化
計画数	基盤的技術産業集積 （A集積）　25地域 特定中小企業集積 （B集積）　118地域	第1期　9地方ブロック 19プロジェクト 第2期　9地方ブロック 17プロジェクト	2014年4月時点で193計画
計画地域 スケール	A集積:可住地7万haの 隣接市町村内に,「基盤的 技術産業」100社, 工業 出荷額1千億円以上	地方経済産業局の管轄 区域(区域内の空間戦略 は, 一部を除き, 不明確)	単独市や広域連携もあるが, 全県1地域か県内地域分割が ほとんど
主な施策内容	試験研究施設・機器の整備, 賃貸工場の整備, 研究開発・ 人材育成機能	産学官ネットワーク形成, 技術開発支援, 起業家育成支援	企業立地計画, 事業高度化 計画を通じた支援, 人材育成 支援
「特徴」**	地方だけではなく, 大都市圏の 集積地域も指定	各地域のクラスター的 組織の交流・連携	地域産業活性化協議会での 自治体間連携
「問題点」**	衰退傾向に歯止めかからず	実質的な成果が不十分	企業立地の低迷で魅力弱まる

注＊　2010 年度から国の予算はなく，自律化期に.
　＊＊　「　」の事項は , 筆者の見解.
出所：　松原作成.

た基本計画を作り，それを国が同意するというボトムアップの政策が採られた。そうした基本計画の下で承認された企業の新増設や設備投資計画に対して，税制優遇などの支援策が講じられるという仕組みになっていた。そのため，同意された基本計画は，2016 年 10 月時点で 191 計画と多くなり，日本列島の大半が「集積区域」に覆われる事態になった。[4] 2015 年度末時点で承認された「企業立地計画」は 3,598 件，「事業高度化計画」は 2,130 件と順調に推移し，企業立地件数については 1 計画当たり 51 件と目標の 81％であったのに対し，集積区域全体の付加価値額増加率がマイナスとなるなど，十分な成果をあげることができなかった。ただし，地域産業活性化協議会での自治体間連携が進展した点は，従来にはない特徴点といえよう。

これらの法律とは異なり「産業クラスター計画」は，マイケル・ポーターの産業クラスターの考えに触発された経済産業省の地域経済産業グループおよび地方経済産業局が進めた施策と位置づけられる。各地方経済産業局単位でバイオや半導体など，プロジェクトを決め，産学官会員の協議会等を設立し，交流会やセミナー等を開催し，マッチングや新製品開発，販路開拓を行うもので，熱心な取組がなされたが，文部科学省の「知的クラスター創成事業」が民主党政権下の事業仕分けにより廃止とされて以降，経済産業省は予算をつけなくなり，以降「自律化」期に入ったとされている[5)]。

また2015年末から2016年3月にかけて，経済産業省内で「新たな産業立地政策に関する研究会」が，5回にわたり開催された[6)]。これを受けて2016年3月末には，産業構造審議会地域経済産業分科会が開催され，立地環境整備課長より，議論の要点が説明された[7)]。そこでは，「地理的集積の意義の相対化」が指摘され，今後の検討の視点として，「従来の企業誘致や企業立地（創業）の支援に加えて，製造業に限らず，既存の地域の企業の事業高度化（成長・拡大）支援にも重点を置くこと」などがあげられた。

2016年11月から12月にかけては，産業構造審議会地域経済産業分科会が開催され，「地域経済牽引企業を軸とした『地域への未来投資』の促進に向けて」というサブタイトルを付けた『地域経済産業分科会報告書』がまとめられた[8)]。そこでは，「企業立地促進法」の改正が打ち出され，「地域経済の好循環に向けて，地域経済の自律的基盤の強化を図るためには，地域の将来像をかたちづくる『地域への未来投資』を呼び込むことが，今後はより一層重要となる」と指摘され，これまでの集積業種や集積区域の指定をなくし，製造業のみならずサービス業等の非製造業を含む幅広い事業主体による「地域経済牽引事業」を支援する方向性が示された。その後2017年2月末には，「企業立地促進法の一部を改正する法律案（通称：地域未来投資促進法案）」が閣議決定され，同年7月末には「地域未来投資促進法」が施行されることになった。

図7-1は，「地域未来投資促進法」における「地域経済牽引事業」の概要を示したものである。従来の政策と異なる点としては，まず第1に，集積業種・区域の選定がなくなり，製造業だけではなく，IT産業やコンテンツ産業，農林水産業，観光業やスポーツビジネスなど，幅広い業種の企業による地域経済牽引事業が対象になる点があげられる。

第2に，市町村および都道府県の基本計画に国が同意するという「企業立地促進法」と同じ手法だけではなく，広域的な連携を含む，地域の公設試験研究機関等が連携する「連携支援事業」を，国承認の事業として新設した点が注目される[9)]。

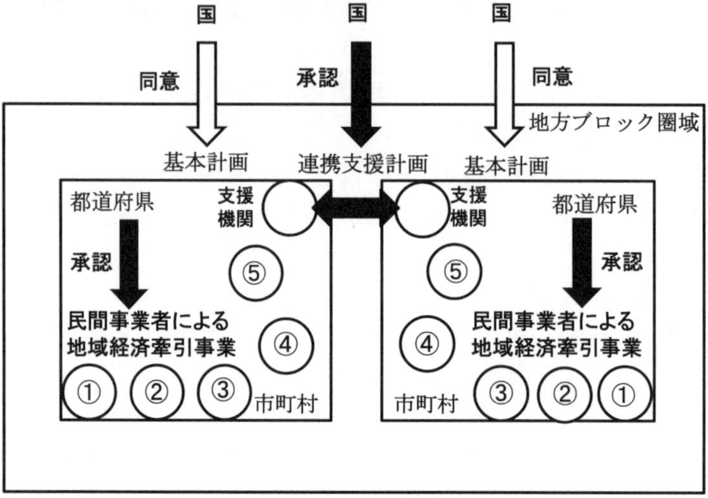

図 7-1　地域経済牽引事業計画の承認スキーム

注：　図中の○は各地域経済牽引事業を示し，番号は以下の事業例を示す．
①先端ものづくり分野，②農林水産，地域商社，③第 4 次産業革命関連
④観光，スポーツ，文化，まちづくり関連，⑤ヘルスケア，教育サービス等．

出所：「地域未来投資促進法案について」（経済産業省地域経済産業グループ　2017 年 2 月 28 日）をもとに松原作成．

第 3 に，減税措置や規制緩和を中心とした支援策のみならず，地方創生交付金などと連動させることで，既存の施設や設備の更新や新設など，ハード整備に対する補助金が投入されることも，インパクトを大きくしている。

「地域未来投資促進法」では，その前身の「企業立地促進法」と同様に，都道府県や市町村が基本計画を作成し，国が同意する仕組みになっており，2020 年 6 月 26 日時点で同意された基本計画は 245 を数える。基本計画の作られ方は地方ブロックごとに多様で，北陸や九州では県を単位としているのに対し，北海道では単独もしくは複数の市町村を単位としている。関東，中部，近畿では，県と市および地域を，東北や中国，四国はそれらに産業分野が加わる形で，基本計画が策定されてきた。促進する分野ごとの内訳は，成長ものづくりが 195 件，観光・スポーツ・文化・まちづくりが 135 件，農林水産・地域商社が 94 件，第 4 次産業革命が 87 件となっていた[10]。

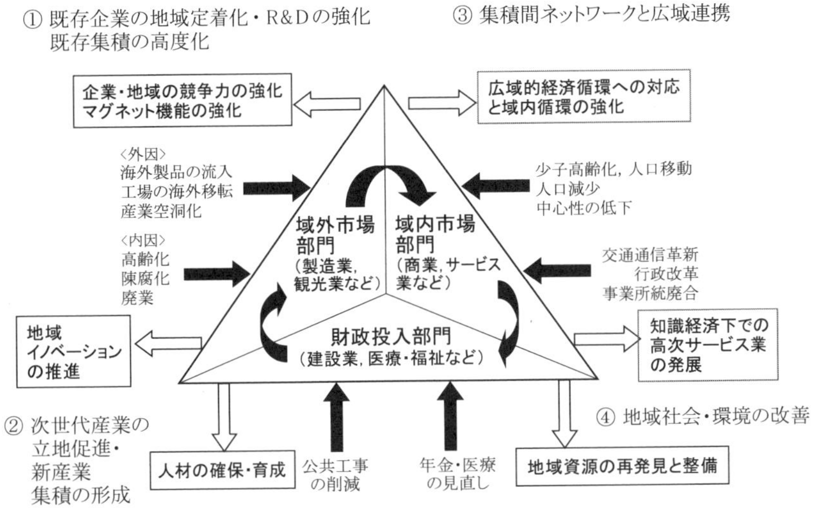

図７-２　地域経済の縮小化と政策的課題

出所：　松原作成．

2. 地域産業政策の転換と工場の進化

図7-2 は，地域経済の存立構造と政策的課題をまとめたものである。ここでは，地域経済を構成する産業や機能を大きく３つに分けている。域外市場部門は，域外に製品を出荷し，域外から所得を稼いでくる部門，域外から人を呼び込み，所得を落としてもらう部門であり，製造業や農林水産業，観光業，広域的な商業・サービス業などが該当する。域内市場部門は，域外市場部門からの所得をもとに，地域住民の域内消費によって成り立っている産業であり，小売業や消費者サービス業などから成る。これらに対し，財政投入部門は，市場メカニズムとは異なる公的な所得再分配，補助金や公共工事などの財政出動により主として成立している産業で，教育や医療，福祉サービス業などがあてはまる。

これら３部門の円滑な循環によって地域経済が成り立っているとみることができるが，地域経済の現実は厳しく，産業の空洞化や人口減少，財政危機など，地域経済の縮小化をもたらすようなさまざまな圧力（黒い矢印）が働いている。図ではまた，こうした縮小経済化をはねかえし，地域経済の自立と競争力を強化するための政策のあり方（白い矢印）を示している。

第１は，工場機能の進化を促し，集客力を発揮するマグネット機能の強化を図り，地域イノベーションを惹起していくことである。本書の地域編では，神奈川県の「インベスト神奈川」や三重県の立地補助金との関係にふれながら，東海道線沿線の大規模工場や三重県の地域中核工場のマザー工場化や研究開発拠点化の事例を紹介してきた。また第２章では，工場跡地の活用を取り上げたが，従来型の商業施設や集合住宅などへの転換とは別に，体験型産業観光の拠点，芸術･文化のマグネット拠点として活用していくことも検討すべきだろう。地域イノベーションについては，第５章で北陸各県の公設試験研究機関や大学と企業との産学官連携について取り上げながら，工場の技術軌道の転換を促す地域イノベーション施策の意義について言及した。

第２は，域内循環を強化するとともに，広域的経済循環への積極的な対応を行い，商業・サービス業などの高質化を図ることである。人口減少に直面する多くの地域にとっては，域内市場部門の量的縮小は避けがたい状況にある。これに対し，サービスの質的向上により，消費の域外への漏出を少なくするとともに，近隣の自治体との連携を強化することで，広域圏域全体としての中心性を維持・強化していくことが肝要だと思われる。

第３は，これまで当たり前のように思っていた地域の自然や歴史，文化といった地域資源を見つめ直し，地域社会の良さを地域経済の競争力などの領域に広げ，そうした地域の自立や競争力を担う人材の育成と呼び込みを図ることである。もちろん，地域資源の不足や地域社会の劣化，人材の流出に悩む自治体は少なくない。しかしながら，知恵をしぼれば地域資源の再発見はどこでも可能であり，視野を広域に拡げれば，地域資源の不足を補うことは難しくないように思われる。また，地域に固着されたストックばかりではなく，情報や知識のフローを活かすことを考えれば，随分と展望は違ってくるように思われる。当該地域での印象的な体験や記憶をもった人々と地域との関係が構築され，情報や知識の交流が維持されるとすれば，そうした人々が遠隔地にいようとも，貴重な「地域資源」として活かすことができるのではないだろうか。外からの視点にさらされることで，地域社会の再生が促進され，つながりを契機として，新たな人材が地域に定着することも，あながち夢のような話でもないように思われる。

前節の最後に，現行の「地域未来投資促進法」について紹介したが，地域経済牽引事業を**前掲図 7-2** に位置づけることが重要であるように思われる。今回の法律では，先端ものづくり分野や第４次産業革命関連といった製造業に関わる事業だけではなく，農林水産，地域商社，観光，スポーツ，文化，まちづくり関連，ヘルスケア，教育サービス等があげられており，域外市場部門だけではなく，まちづくりは域内市場部門に，ヘルスケアは財政投入部門に関わる幅広い事業が支援の対象となる。

問題は，個々別々の牽引事業をどのように関連づけて地域全体の進化につなげていくかということである。基本計画や連携支援計画に個々の事業を位置づけ，意図的に牽引事業の波及効果を大きくするような産業連関効果などの地域波及効果を大きくするような方向づけが必要になるだろう。

筆者が考える新たな政策の方向性は，以下の２点である。１つは，広域経済圏の国際競争力強化をめざした新政策に位置づけることである。そのためには，第１に，国内中核工場の進化を促すことが重要であり，既存工場のマザー工場化，研究開発機能の地方移転の促進があげられる。また，連携支援計画の下に地域中核企業を位置づけ，その競争力を強化し，地域経済への波及効果を高めることも重要である。そのためには，地方経済産業局を中心に，広域経済圏の政策展開を強化することが求められる。そこでは，産業立地・インフラマップの整備等のデータベースの蓄積が必須であり，産業分野と重点整備地区を含む広域圏産業計画・圏域構造計画の策定が鍵を握っている。中核拠点のネットワーク構築，大学や試験研究機関の高度化・ネットワーク化，空港・港湾・高速道路などの産業インフラの戦略的整備，工業団地やテクノポリスセンターなどの既存施設の再活性化とともに，広域経済圏の政策運営体制の確立が求められる。

２つめが，地域資源を活かした地域活性化政策の強化である。その際，「地域未来投資促進法」と地方創生の動きとの連携が重要といえよう。地域資源の再発見と集積地域の基本計画の刷新が必要であり，移出産業およびマグネット機能の強化，地域イノベーションの推進，IT 産業やクリエイティブ産業などの新産業の振興とともに，産業クラスターや地域産業活性化協議会などで形成されてきた地域のネットワーク組織を再興していくことが求められよう。

注

1） 工業立地政策を通史的にまとめたものとしては，米花稔（1981），伊藤喜栄（1988），山崎澄江（1997），山口広文（2000），小田宏信（2005），細谷祐二（2009），武田晴人（2011），日本立地センター（2013），根岸裕孝（2018）などがあげられる。このうち山口は，誘導対象の変化としては，重化学工業から先端技術産業へ，さらに研究開発機能，ソフトウェア産業，対事業所サービス業，オフィス業務への動きを，また政策手法の変化としては，公共投資中心から民間活力活用へ，ハード・インフラからソフト・インフラへ，中央政府主導から地方自治体主導へといった諸点を指摘している。

2） 広域的取組へのアプローチは，産業構造審議会産業立地部会（1996年4月5日～1997年5月26日）での議論に端緒が認められる。そこでの中間答申では，スーパーテクノゾーン構想（1995年）や21世紀活力圏創造事業（1996年）が取り上げられていた。その後，「産業クラスター計画」では，地方経済産業局単位の産学官連携が中心的な政策課題とされ，またクラスター間連携も追求された。しかしながら，「企業立地促進法」では再び，都道府県主導になるなど，地域密着型の産業集積が重視されることになった。

3） A集積25地域の工場に対して，「工業集積内の企業行動の実態に関するアンケート調査」が行われ，中小零細工場が多く集積する「大都市型」や「地域産業発展型」の集積地域に比べ，大企業の大工場を中心に関連企業が集積する「企業城下町型」や「分工場誘致型」では，集積内における分業上のメリットが小さく，とりわけ「分工場誘致型」では，受発注の空間的拡がりが大きくなっている点が明らかにされた。調査結果の概要については，松原（2007）を参照。

4） 自治体側としては，企業誘致や既存企業の設備投資を促したいとするために，集積区域は広めに，対象業種は多めに設定する傾向がみられた。佐藤正志（2014）は，「集積区域」の設定について，「1県1地域型」，「1県地域分割型」，「1県事業分割型」，「単独市型」，「広域連携型」に類型化し，「1県1地域型」が西日本で多く，「1県地域分割型」が東日本に多いことを示した。その上で，四日市市と北上市を取り上げ，政府間関係に着目して，政策形成プロセスを明らかにしている。「企業立地促進法」をめぐる地方自治体と国との関係については，政権交代の影響も含めて，さらなる検討が求められよう。

5） 産業クラスター政策の経緯については，以下のウェブサイトを参照（http://www.

meti.go.jp/policy/local_economy/tiikiinnovation/industrial_cluster.html）。

6）この時期，日本立地センター立地総合研究所関東地域政策研究センターでは，広域関東圏の産業集積地域の実態分析を実施しており，研究会の場でも報告をしたことがある。実態分析等の成果は，松原編（2018）にまとめられている。

7）第 11 回経済産業省産業構造審議会地域経済産業分科会（2016 年 3 月 30 日）資料 3「今後の産業立地政策に関する論点案」は，以下のウェブサイトを参照（https://www.meti.go.jp/shingikai/sankoshin/chiiki_keizai/pdf/011_03_00.pdf）。

8）『経済産業省産業構造審議会地域経済産業分科会報告書－地域経済牽引企業を軸とした「地域未来への投資」の促進に向けて－』2016 年 12 月 14 日（https://www.meti.go.jp/shingikai/sankoshin/chiiki_keizai/pdf/20161214001_01.pdf）。

9）2020 年 6 月 26 日時点で国により承認された「連携支援計画」は 87 を数える。このうち，産業支援機関や公設試験研究機関，大学が県内で連携するパターンがほとんどで，複数の県にまたがるパターンは 14 に留まっている。筆者が機構長を務める東京大学地域未来社会連携研究機構は，2018 年度の経済産業省「地域中核企業創出・支援事業」に参画し，2018 年 12 月には連携支援計画「北陸地域における工作機械を中心とした産業高度化連携支援計画」が国の承認を受けた。

10）2020 年 4 月 30 日までに 2,212 件の地域経済牽引事業計画（のべ 2,847 事業者）の承認がなされている。業種別内訳は製造業が 2,020 件と大半を占め，そのうち食品製造業（279 件），金属製品製造業（264 件），輸送用機械器具製造業（213 件），生産用機械器具製造業（191 件），化学工業（127 件）の順であった。

文　献

青木英一（1997）『首都圏工業の構造』大明堂．

青野壽彦（2011）『下請機械工業の集積－首都圏周辺における形成と構造』古今書院.

青野壽彦・合田昭二編（2015）『工業の地方分散と地域経済社会－奥能登織布業の展開』古今書院.

赤羽孝之（1975）「長野県上伊那地方における電子部品工業の地域構造」『地理学評論』48：275-296.

赤羽孝之（1980）「長野県南佐久地方における電気機器工業の地域構造」『地理学評論』53：493-510.

赤松裕二（2020）『改訂版　化粧品業界のブランド戦略―日本と韓国における化粧品会社の戦略比較―』大阪公立大学共同出版会.

浅沼萬里（1997）『日本の企業組織－革新的適応のメカニズム』東洋経済新報社.

味の素株式会社編纂（1990）『味をたがやす－味の素八十年史』味の素.

安保哲夫編（1994）『日本的経営・生産システムとアメリカ－システムの国際移転とハイブリッド化』ミネルヴァ書房.

アンダーソン, C.(2012)『メイカーズ―21世紀の産業革命が始まる』関 美和訳, NHK出版.

碇義朗（1981）『日本の自動車工業―先進9社の生産技術　比較研究』日本能率協会.

碇山洋・佐無田光・菊本舞編（2007）『北陸地域経済学：歴史と社会から理解する地域経済』日本経済評論社．

伊倉退蔵監修（1996）『新・神奈川県の地理』神奈川県立三崎高等学校内神奈川県高等学校教科研究会．

板倉勝高（1966）『日本工業地域の形成』大明堂．

板倉勝高ほか（1968）「阪神の工業―京浜との対比において」『人文地理』20：1-32.

井田泰人（2012）『大手化粧品メーカーの経営史的研究』晃洋書房.

伊藤喜栄（1988）「工業立地政策の展開と工業立地の動向」川島哲郎・鴨澤巖編『現代世界の地域政策』大明堂：243-270.

岩間英夫（1993）『産業地域社会の形成・再生論－日立鉱工業地域社会を中心として』古今書院.

上野和彦（2007）『地場産業産地の革新』古今書院.

上野和彦・政策科学研究所編（2008）『伝統産業産地の行方―伝統的工芸品の現在と未来』東京学芸大学出版会.

NOK株式会社編（1993）『NOK50年の軌跡』NOK株式会社.

榎本俊一（2015）「後発工作機械メーカーの戦略的 M&A 展開―森精機の経営資源獲得とグローバル化―」『商学論纂（中央大学）』57（1・2）：471-502.
江波戸昭・赤坂暢穂・樋口兼久（1975）「『納屋工場』の成立と変貌－岡谷市長地地区の場合」『駿台史学』36：80-102.
太田勇・高橋伸夫・山本茂（1970）「日本の工業化段階と工業都市形成（上）（下）」『経済地理学年報』16：1-29, 16-2：1-23.
小川一朗編（1989）『東京大都市圏の地域変容』大明堂.
奥谷晃宏（2013）「世界初の建材開発と事業創出に挑みし, 我が悪戦苦闘の記」『歴史の証言』小松精練株式会社：303-316.
小田宏信（2005）『現代日本の機械工業集積』古今書院.
オルドリッチ, H. E.（2007）『組織進化論』若林直樹・高瀬武典・岸田 民樹・坂野友昭訳, 東洋経済新報社.［Aldrich, H. E.（1999）*Organization Evolving*, London: Sage］.
花王ミュージアム・資料室編（2012）『花王 120 年』花王株式会社.
鹿嶋洋（1995）「京浜地域外縁部における大手電機メーカーの連関構造―T 社青梅工場の外注利用を事例として」『地理学評論』68：423-446.
鹿嶋洋（2016）『産業地域の形成・再編と大企業―日本電気機械工業の立地変動と産業集積』原書房.
加藤護（2012）「居抜き利用の促進による設備投資の拡大に関する考察」『不動産研究』54（4）：13-23.
神奈川県（2010）『「インベスト神奈川」の取組状況』.
鐘紡株式会社社史編纂室（1988）『鐘紡百年史』鐘紡株式会社.
株式会社コーセー（2018）『70 years 1946-2016 : boosting growth for greater prosperity : 成長そして飛躍へ』株式会社コーセー.
株式会社資生堂編（1972）『資生堂百年史』株式会社資生堂.
鎌倉夏来（2012）「首都圏近郊における大規模工場の機能変化－東海道線沿線の事例－」『地理学評論』85：138-156.
鎌倉夏来（2014a）「研究開発機能の組織再編と立地履歴―旧財閥系総合化学企業における空間的分業の事例―」『地理学評論』87：291-313.
鎌倉夏来（2014b）「化学産業における技術軌道と研究開発機能の立地力学―機能性化学企業 3 社の事例」『経済地理学年報』60：92-11.
鎌倉夏来（2018）『研究開発機能の空間的分業―日系化学企業の組織・立地再編とグローバル化』東京大学出版会.
鎌倉夏来・松原宏（2012）「多国籍企業によるグローバル知識結合と研究開発機能の地理的集積」『経済地理学年報』58：118-137.
鎌倉夏来・松原宏（2018）「内陸工業集積：神奈川県相模原市－都市化の進展と産業集積

の縮小」松原宏編『産業集積地域の構造変化と立地政策』東京大学出版会，87-111.
川上智子（2005）『顧客志向の新製品開発―マーケティングと技術のインタフェイス』有斐閣.
川島哲郎（1963）「日本工業の地域的構成」『経済学雑誌』48/4：19-59 .
川島哲郎（1986）「経済地理学の課題と方法」川島哲郎編『経済地理学』朝倉書店：1-14.
河村哲二編（2005）『グローバル経済下のアメリカ日系工場』東洋経済新報社.
河邑肇（1997）「NC 工作機械の発達を促した市場の要求―日米自動車産業における機械加工技術」『経営研究』47（4）：103-122.
韓金江（2009）「日本の工作機械工業の国際化―90 年代以降の海外進出を中心として―」『アジア経営研究』15：61-70.
韓金江（2012）「中国市場を巡る中国と日本の工作機械メーカーの戦略動向―切削型工作機械業界の状況を中心として―」『アジア経営研究』18：99-108.
紀州製紙株式会社社史編集室編（2001）『紀州製紙 50 年のあゆみ』紀州製紙.
北川博史（2005）『日本工業地域論－グローバル化と空洞化の時代』海青社.
北村嘉行（1961）「日本四輪自動車工業の地域的展開」『地理学評論』34：326-343.
北村嘉行（1985）「わが国における織物工業の地域構造」立正大学 60 周年記念会編『地域の探求』古今書院：365-376.
北村嘉行・矢田俊文編（1977）『日本工業の地域構造』大明堂.
九州地域産業活性化センター（1995）『国際水平分業と九州地域の将来展望に関する調査報告書－テクノマザーランド九州の実現に向けて』.
熊野和夫（2012）「北陸の工作機械メーカーと裾野産業」『北陸経済研究』399：3-22.
倉敷紡績株式会社編集（1988）『倉敷紡績百年史』倉敷紡績.
栗原光政（1978）『工業地域の形成と構造』大明堂.
経済産業省（2015）『平成 26 年度地域経済産業活性化対策調査（跡地等を含む産業用地・施設等の需給動向の把握・分析）報告書』日本立地センター.
合田昭二（2009）『大企業の空間構造』原書房.
神戸製鋼所創立 100 周年記念事業実行委員会・コベルコビジネスサポート編集（2006）『神戸製鋼 100 年：1905-2005』神戸製鋼所.
50 年の歩み編集委員会編（1997）『50 年の歩み』日本カーバイド労働組合.
近藤章夫（2007）『企業戦略と空間的分業―エレクトロニクス企業の地理学』古今書院.
近藤章夫（2009）「エレクトロニクス企業における立地調整と産業クラスターの意義」松原宏編『立地調整の経済地理学』原書房：91-105.
紺野昭（1967）『工業地計画論』相模書房.
斎藤由香（2001）「スペインにおける日産自動車の進出と物流システムの構築」『地理学

評論』74：541-566.
坂本和一（1988）『現代工業経済論』有斐閣.
榊原清則（2005）『イノベーションの収益化―技術経営の課題と分析』有斐閣.
佐々木滋生（1992）「90年代の企業革新と＜事業統括立地＞の展望（1）」『産業立地』31：32-39.
佐々木滋生（1993）「90年代の企業革新と＜事業統括立地＞の展望（2）」『産業立地』32：4-13.
佐々木雅幸（1992）『現代北陸地域経済論―グローバルな地域再編成と内発的発展』金沢大学経済学部.
佐藤正志（2014）「地域産業政策の形成過程と政府間関係―企業立地促進法に着目して」『E-journal GEO』9（2）：65-88.
佐藤正之（1988）『京浜メガテクノポリスの形成』日本評論社.
沢井実（2013）『マザーマシンの夢―日本工作機械工業史』名古屋大学出版会.
産業タイムズ社（1985）『半導体産業計画総覧（1985年版）』産業タイムズ社.
シーケーディー株式会社社史編纂委員会編纂（1995）『50年のあゆみ―技術で拓く技術が拓く』シーケーディー.
JSR株式会社総務部社史担当・日本経営史研究所編纂（2008）『可能にする，化学を。JSR50年の歩み』JSR.
資源エネルギー庁資源・燃料部（2017）『石油精製・流通研究会最終報告書（概要）』.
柴田友厚（2009）「日本工作機械産業の技術発展メカニズム―モジュール化によるNC装置と工作機械の共進化―」『研究　技術　計画』24（4）：338-347.
柴田友厚（2012）『日本企業のすり合わせ能力－モジュール化を超えて』NTT出版.
昭和電線電纜50年史編纂委員会（1986）『昭和電線電纜50年史』昭和電線電纜.
末吉健治（1999）『企業内地域間分業と農村工業化』大明堂.
杉浦勝章（2001）「1990年代における石油化学工業の産業再編と立地再編」『経済地理学年報』47：1-18.
鈴木孝男（2001）「中京地域における工作機械産業の集積」『千葉商大論叢』39（3）：209-240.
鈴木均（2015）『サッチャーと日産英国工場―誘致交渉の歴史1973-1986年』吉田書店.
鈴木裕介（2016）「工作機械業界の現状と今後の展望―付加価値の源泉の変化に起因する業界構造変化についての考察―」『Mizuho Industry Focus』180.
住友電装株式会社社史編集室編（1987）『住友電装70年史』住友電装.
外枦保大介（2018）『進化する企業城下町―進化経済地理学からのアプローチ』古今書院.
大日本製薬八十年史編集委員会編（1978）『大日本製薬八十年史』大日本製薬.
竹内淳彦（1968）「電気機械器具工業の地域構造」『地理学評論』41：571-584.

竹内淳彦（1969）「日本における工作機械生産の地域構造」『地理学評論』42：650-666.
竹内淳彦（1971）「日本における自動車工業の地域的構造」『地理学評論』44：479-497.
竹内淳彦（1972）「京浜における機械工業の底辺構造」『人文地理』24（4）：36-54.
竹内淳彦（1973）「大都市における工業集中地域の構造―東京を中心として」『経済地理学年報』19（2）：40-57.
武田晴人（2011）『通商産業政策史　1980-2000　第5巻　立地・環境・保安政策』経済産業調査会.
武田薬品工業株式会社編（1983）『武田二百年史』武田薬品工業株式会社.
武見芳二（1930）「大東京地域の工場分布―工業位置決定の要因」『地理学評論』6:921-938.
塚本僚平（2013）「地場産業の産地維持とブランド化―愛媛県今治タオル産地を事例として」『経済地理学年報』59：291-309.
辻本芳郎・板倉勝高・井出策夫・竹内淳彦・北村嘉行（1962）「東京における工業の分布」『地理学評論』35：477-504.
辻本芳郎編（1981）『工業化の地域的展開―東京大都市圏』大明堂.
ドーア，R.（1987）『イギリスの工場・日本の工場―労使関係の比較社会学』山之内 靖・永易浩一訳，筑摩書房.
東京芝浦電気株式会社（1977）『東芝百年史』東京芝浦電気.
東陶機器株式会社編（1988）『東陶機器七十年史』東洋陶器株式会社.
東洋曹達工業株式会社総務部編（1978）『社史四十年東洋曹達』東洋曹達工業.
富樫幸一（1986）「石油化学工業における構造不況後の再編とコンビナート立地変動」『経済地理学年報』32：163-181.
都丸泰助・窪田暁子・遠藤宏一編（1987）『トヨタと地域社会』大月書店.
友澤和夫（1999）『工業空間の形成と構造』大明堂.
トヨタ車体株式会社編（1996）『モノづくりの真髄を求めて―トヨタ車体50年史』トヨタ車体.
中岡哲郎（1971）『工場の哲学』平凡社.
中澤高志（2014）『労働の経済地理学』日本経済評論社.
中野茂夫（2009）『企業城下町の都市計画－野田・倉敷・日立の企業戦略』筑波大学出版会.
中村剛治郎（2008）「工業地帯・大都市圏・国土の構造―横浜・川崎・神奈川経済を事例とする比較分析―」中村剛治郎編『基本ケースで学ぶ地域経済学』有斐閣：75-98.
中谷正（1993）『色いろ染めて半世紀－ある染色会社の軌跡』小松精練株式会社.
新津新生（1999）「招致・疎開工場と戦後長野県の工業化 -- 製糸業から精密・電子工業へ」『長野県立歴史館研究紀要』5：63-77.
西村睦男（1951）「日本の工業分布－１－」『人文地理』3（4）：10-20.
西村睦男（1952）「日本の工業分布－２－」『人文地理』4：296-309.

日産化学工業株式会社（2007）『百二十年史』日産化学工業株式会社.

新田安信（2010）「北上川中流域における工業基盤の史的探求―中島飛行機疎開工場にみる地場産業への技術移転」『富士大学紀要』43：45-72.

日本経済新聞社編（2016）『シャープ崩壊』日本経済新聞出版社.

日本化粧品工業連合会編（1995）『化粧品工業 120 年の歩み』日本化粧品工業連合会.

日本鋼管株式会社（1982）『日本鋼管株式会社七十年史』日本鋼管.

日本工業立地センター（1972）『工業立地ハンドブック』日本工業立地センター.

日本工作機械工業会（2017）『日本の工作機械産業 2017』日本工作機械工業会.

日本地誌研究所編（1967）『日本地誌　第 8 巻―千葉県・神奈川県』二宮書店.

日本立地センター（2013）『財団法人日本立地センター 50 周年誌　産業立地と歩んだ 50 年』.

沼尻晃伸（2002）『工場立地と都市計画－日本都市形成の特質 1905-1954』東京大学出版会.

根岸裕孝（2018）『戦後日本の産業立地政策』九州大学出版会.

ネルソン，R. R. ウィンター，S. G.（2007）『経済変動の進化理論』後藤晃・角南篤・田中辰雄訳，慶應義塾大学出版会.［Nelson，R. R. and Winter S. G.（1982）*An Evolutionary Theory of Economic Change*. Cambridge: Belknap Press］.

野澤一博（2020）『イノベーションの空間論』古今書院.

野田正穂・青木栄一・原田勝正・老川慶喜編（1996）『神奈川の鉄道 1872 － 1996』日本経済評論社.

畠山俊宏（2013）「東レ合繊クラスターを通じたイノベーションの発生プロセス－コーディネート機能に着目して」『社会システム研究（立命館大学）』27：81-102.

日立製作所戸塚工場編（1970）『日立製作所戸塚工場史 1』.

日立製作所戸塚工場編（1988）『日立製作所戸塚工場史 2』.

藤川昇悟（2012）「新興集積地における自動車部品の域内調達とグローバル調達」伊東維年・柳井雅也編『産業集積の変貌と地域政策－グローカル時代の地域産業研究』ミネルヴァ書房.

不二越五十年史編集委員会編（1978）『不二越五十年史』株式会社不二越.

富士電機製造株式会社（1957）『富士電機社史』富士電機製造.

藤本隆宏（1997）『生産システムの進化論』有斐閣.

藤本隆宏（2001）「アーキテクチャの産業論」藤本隆宏・武石　彰・青島矢一編『ビジネス・アーキテクチャ』有斐閣：3-26.

藤本隆宏・西口敏宏・伊藤秀史（1998）『サプライヤーシステム』有斐閣.

藤森勉（1960）「造船独占資本の立地と地域構造―岡山県玉野市三井造船の場合」『人文地理』12：302-325.

藤森勉（1980）「北陸における工業地域の形成と構造」植村元覚・二神弘編『北陸の都市

と農村』古今書院：63-108.
藤原貞男（2007）『日本自動車産業の地域集積』東洋経済新報社.
ブリヂストン創立75周年社史編纂事務局（2007）『ブリヂストン七十五年史』株式会社ブリヂストン.
米花稔（1981）『日本の産業立地政策—地域開発から都市整備までの30年』大明堂.
法政大学比較経済研究所・佐々木隆雄・絵所秀紀編（1987）『日本電子産業の海外進出』法政大学出版局.
北陸経済研究所（2016）『北陸主要10業種の現状と展望：時代の変化に対応する成長戦略』.
細谷祐二（2009）「産業立地政策，地域産業政策の歴史的展開—浜松にみるテクノポリスとクラスターの近接性について（その1）（その2）」『産業立地』48（1）：41-49, 48（2）：37-45.
松橋公治（1982a）「両毛地区自動車関連下請工業の存立構造—日産系二次下請企業層を中心に—」『経済地理学年報』28：137-156.
松橋公治（1982b）「両毛地区における自動車関連下請小零細工業の存立構造」『地理学評論』55：403-420.
松原宏（1989）「多国籍企業の経済地理学序説」『西南学院大学経済学論集』24-2：127-154.
松原宏（1991）「化学工業のファイン化」矢田俊文・今村昭夫編『西南経済圏分析』ミネルヴァ書房：52-65.
松原宏（2006）『経済地理学—立地・地域・都市の理論』東京大学出版会.
松原宏（2007）「地域経済循環の構造と産業集積地域」『産業立地』46：12-17.
松原宏（2008a）「立地調整の経済地理学序説」『東京大学人文地理学研究』19：45-59.
松原宏（2008b）「製造業のグローバル化と工場立地の変容」『不動産研究』50：5-15.
松原宏（2009a）「立地調整の理論と課題」松原宏編『立地調整の経済地理学』原書房：3-19.
松原宏（2009b）「資源と産業　1　工業」菅野峰明・佐野充・谷内達編『日本の地誌5　首都圏Ⅰ』朝倉書店：117-132.
松原宏（2017）「日本のテクノポリス政策の今日的意義」伊東維年編『グローカル時代の地域研究』日本経済評論社：314-327.
松原宏・鎌倉夏来（2018）「EUにおける産業集積政策」松原宏編『産業集積地域の構造変化と立地政策』東京大学出版会：317-330.
松原宏編（2009）『立地調整の経済地理学』原書房.
松原宏編（2013）『現代の立地論』古今書院.
松原宏編（2018）『産業集積地域の構造変化と立地政策』東京大学出版会.
水野真彦（1999）「制度・慣習・進化と産業地理学—90年代の英語圏の地理学と隣接分

野の動向から」『経済地理学年報』45：120-139.
宮川泰夫（1977）「単一企業都市豊田の工業配置―独占資本の地域的運動形態 」『経済地理学年報』23（3）：17-43.
宮崎智彦（2008）『ガラパゴス化する日本の製造業』東洋経済新報社.
村上雅康（1973）『造船工業地域の研究―相生・因島両地区の場合』大明堂.
メトカーフ，J. S.（2011）『進化的経済学と創造的破壊』八木紀一郎・古山友則訳，日本経済評論社.［Metcalfe，J.S.（1998）*Evolutionary Economics and Creative Destruction*. London: Routledge］.
森尾淳・中塚高士（2014）『持続可能な地域の条件に関する研究―若者の人口動態分析を通して―』平成25年度国土政策関係支援事業　研究成果報告書.
矢田俊文（1967）「日本における製油所立地の動向」『日本エネルギー経済研究所研究報告』2：1-59.
柳井雅人（2000）「産業再編の連鎖と立地：鉄鋼業を軸として」『経済学研究（九州大学）』67（4/5）：55-79.
山口貞雄（1988）『高炉工場の立地と変遷―日本鉄鋼業の推移』大明堂.
山口隆英（1996）「日本的生産システムの国際移転とマザー工場制」『商学論集（福島大学）』64（3）：35-56.
山口広文（2000）「戦後日本の産業立地政策―産業構造変化と政策体系の変遷－」『レファレンス』50（11）：47-89.
山口不二雄（1977）「戦後日本資本主義における工業配置の諸類型について」『法政大学地理学集報』6：1-39.
山口不二雄（1982）「電気機械工場の地方分散と地域的生産体系―宮城県・熊本県の実態調査事例の分析を中心に」『経済地理学年報』28：38-59.
山崎澄江（1997）「1980年代における産業立地政策」『通産研究レビュー』9：136-163.
山武総務部社史編纂グループ編（2007）『山武百年史―新たなる価値創造・オートメーションの拓く未来　azbil』株式会社山武.
山本正雄編（1976）『日本の工業地帯（第3版）―変貌する地域構造』岩波新書.
與倉豊（2017）『産業集積のネットワークとイノベーション』古今書院.
渡辺利得（1970）『産業立地の基礎』ミネルヴァ書房.
和田一夫（2009）『ものづくりの寓話―フォードからトヨタへ』名古屋大学出版会.
和田一夫（2013）『ものづくりを超えて―模倣からトヨタの独自性構築へ』名古屋大学出版会.

Balassa，B.（1961）*The Theory of Economic Integration*，Homewood，Illinois: Richard D.Irwin.（バラッサ，中島正信訳『経済統合の理論』ダイヤモンド社，1963年）.

Boschma, R., Coenen, L., Frenken, K., and Truffer, B.（2017）Towards a Theory of Regional Diversification: Combining Insights from Evolutionary Economic Geography and Transition Studies. *Regional Studies*, 51（1）, 31–45.

Boschma, R. and Martin, R.（2007）Constructing an Evolutional Economic Geography. *Journal of Economic Geography*, 7: 537-548.

Boschma, R. and Martin, R.（2010）*The Handbook of Evolutionary Economic Geography*, Cheltenham：Edward Elgar.

Chesbrough, H.（2003）*Open Innovation: New Imperative for Creating and Profiting from Technology*, Boston：Harvard Business School Press.

Christopherson, S., Michie, J. and Tyler, P.（2010）Regional Resilience: Theoretical and Empirical Perspectives. *Cambridge Journal of Regions, Economy and Society,* 3: 3-10.

David, P. A.（1985）Clio and the Economics of QWERTY. *American Economic Review,* 75: 332-337.

Dosi, G.（1982）Technological Paradigms and Technological Trajectories: A Suggested Interpretation of the Determinant and Direction of Technological Change, *Research Policy*, 11: 147-162.

Howlett, M. amd Rayner J.（2006）Understanding the Historical Turn in the Policy Sciences: A Critique of Stochastic, Narrative, Path Dependency and Process-Sequencing Models of Policy-Making Over Time. *Policy Sciences,* 39: 1-18.

Hymers, S.（1972）The Multinational Corporation and the Law of Uneven Development. In Economics and World Order, ed. Bhagwati, J.W., London: Macmillan.（ハイマー，宮崎義一編訳（1979）『多国籍企業論』岩波書店).

Krumme, G.（1969）Notes on Locational Adjustment Patterns in Industrial Geography. *Geografiska Annaler,* 51 B: 15-19.

Lösch, A.（1940）*Die raumliche Ordnung der Wirtschaft,* Jena: G. Fischer.（レッシュ，篠原泰三訳『経済立地論 新訳版』大明堂，1991 年).

Mahoney, J.（2000）Path Dependence in Historical Sociology. *Theory and Society* 29: 507-548.

Massey, D.（1984）*Spatial Divisions of Labour: Social Structures and the Geography of Production*, London: Methuen.（マッシィ，富樫幸一・松橋公治訳『空間的分業―イギリス経済社会のリストラクチャリング』古今書院，2000 年).

Martin, R. and Sunley, P.（2010）The Place of Path Dependence in an Evolutionary Perspective on the Economic Landscape. In *The Handbook of Evolutionary Economic Geography*, ed. R. Boschma and R. Martin, 63-92. Cheltenham：Edward Elgar.

Mazzoleni, R.（1997）Learning and Path-Dependence in the Diffusion of Innovations: Comparative Evidence on Numerically Controlled Machine Tools. *Research Policy*, 26: 405-428.

McNee, R. B.（1960）Toward a More Humanistic Economic Geography, *Tijdschrift voor Economische en Sociale Geografie*, 51: 201-205.

Mina, A., Ramlogan, R., Tampubolon, G., and Metcalfe, J. S.（2007）Mapping Evolutionary Trajectories: Applications to the Growth and Transformation of Medical Knowledge. *Research Policy*, 36: 789–806.

Nomaler, Ö., and Verspagen, B.（2016）River Deep, Mountain High: Of Long Run Knowledge Trajectories within and between Innovation Clusters. *Journal of Economic Geography*, 16: 1259-1278.

Piore M. J. and Sabel, C. F.（1984）*The Second Industrial Divide*, New York: Basic Books Inc.（ピオリ・セーブル，山之内靖・永易浩一・石田あつみ訳『第二の産業分水嶺』筑摩書房，1993年）.

Rosenberg, N.（1963）Technological Change in the Machine Tool Industry, 1840-1910. *The Journal of Economic History*, 23（4）: 414-443.

Scott, A.J.（1988）*Metropolis: From Division of Labor to Urban Form*, Berkeley: Univ. of California Press.（スコット，水岡不二雄監訳『メトロポリス』古今書院，1996年）.

Setterfield, M.（1993）A Model of Institutional Hysteresis. *Journal of Economic Issues*, 27: 387-398.

Suzuki, J., and Kodama, F.（2004）Technological Diversity of Persistent Innovators in Japan: Two Case Studies of Large Japanese Firms. *Research Policy*, 33: 531–549.

Tripple, M., Grillitsch, M. and Isaksen A.（2018）Exogenous Sources of Regional Industrial Change: Attraction and Absorption of Non-local Knowledge for New Path Development. *Progress in Human Geography*, 42（5）: 687-705.

Vernon, R.（1966）International Investment and International Trade in the Product Cycle, *Quarterly Journal of Economics*, May：190-207.

Verspagen, B.（2007）Mapping Technological Trajectories as Patent Citation Networks: A Study on the History of Fuel Cell Research. *Advances in Complex Systems*, 10（1）: 93–115.

Vlčková, J., Kaspříková, N., and Vlčková, M.（2018）Technological Relatedness, Knowledge Space and Smart Specialisation: The Case of Germany. *Moravian Geographical Reports*, 26（2）, 95–108.

Watts, H. D.（1980）*The Large Industrial Enterprise: Some Spatial Perspectives*, London: Croom Helm.

Watts, H. D. (1981) *The Branch Plant Economy*, London: Longman.

Watts, H. D. (1987) *Industrial Geography*, London: Longman. (ワッツ，松原宏・勝部雅子訳『工業立地と雇用変化』古今書院，1995 年).

Weber, A. (1909) *Über den Standort der Industrien, 1. Teil*, Tübingen: Verlag von J. C. B. Mohr. (ウェーバー，篠原泰三訳『工業立地論』大明堂，1986 年).

Yamamoto, D. (2011) Regional Resilience: Prospects for Regional Development Research. *Geography Compass*, 5: 723-736.

工場索引（詳しく記述している工場のみ）

あ 行

か 行

さ 行

た 行

な 行

は 行

ま　行

や　行

事項・人名索引

あ　行

か　行

さ　行

た 行

な 行

は　行

ま　行

や　行

ら　行

わ　行

著者略歴

松原　宏（まつばら・ひろし）

1956年　神奈川県生まれ

1985年　東京大学大学院理学系研究科博士課程修了

現在　東京大学大学院総合文化研究科　教授　理学博士

専門　経済地理学

主著　『不動産資本と都市開発』ミネルヴァ書房（単著，1988）

『先進国経済の地域構造』東京大学出版会（編著，2003）

『経済地理学－立地・地域・都市の理論』東京大学出版会（単著，2006）

『立地調整の経済地理学』原書房（編著，2009）

『日本のクラスター政策と地域イノベーション』東京大学出版会（編著，2013）

『地域経済論入門』古今書院（編著，2014）

『産業集積地域の構造変化と立地政策』東京大学出版会（編著，2018）

担当　第1章，第2章，第3章1，2，3（1），（2），4（1），（2），第5章，第6章，第7章

鎌倉夏来（かまくら・なつき）

1987年　神奈川県生まれ

2016年　東京大学大学院総合文化研究科博士課程修了

現在　東京大学大学院総合文化研究科　准教授　博士（学術）

専門　経済地理学

主著　『研究開発機能の空間的分業－日系化学企業の組織・立地再編とグローバル化』東京大学出版会（単著，2018）

担当　第3章3（3），4（3），第4章，第6章

初出一覧

第1章第4節

鎌倉夏来・松原宏（2012）「大規模工場の機能変化と進化経済地理学」『東京大学人文地理学研究』20: 57–79.

第2章

松原宏（2008）「製造業のグローバル化と工場立地の変容」『不動産研究』50: 5–15.

松原宏（2012）「日本企業の立地調整と産業立地政策の課題」『JOYO ARC』44: 6–11.

松原宏（2012）「日本企業の立地調整と工場跡地利用」『不動産研究』54: 3–12.

松原宏（2013）「工業用地の地域的変化と工場跡地活用の方向性」『産業立地』52: 9–14.

第4章

鎌倉夏来（2012）「首都圏近郊における大規模工場の機能変化－東海道線沿線の事例」『地理学評論』85: 138–156.

第5章

松原宏（2018）「北陸地方における地域イノベーションの成果と課題」松原宏・外枦保大介『地方ブロック圏域における地域イノベーションの成果と課題』『NISTEP DISCUSSION PAPER』159: 25–47.

工場《こうじょう》の経済《けいざい》地理学《ちりがく》

《改訂新版《かいていしんぱん》》

●

2020年11月10日　第1刷

著者…………松原《まつばら》 宏《ひろし》，鎌倉《かまくら》夏来《なつき》

発行者…………成瀬雅人

発行所…………株式会社原書房

〒160-0022 東京都新宿区新宿1-25-13
電話・代表 03 (3354) 0685
http://www.harashobo.co.jp
振替・00150-6-151594

印刷・製本…………株式会社明光社印刷所

ISBN978-4-562-09216-1, Printed in Japan